国际时尚设计丛书 · 营销

时尚产业规则

THE FASHION GAME

［美］戈登·肯德尔（GORDON KENDALL） 著

张天一　蔡建梅　顾冰菲　译

 中国纺织出版社

内 容 提 要

《时尚产业规则》一书为永恒发展的时尚主题提供了全新的视角。让读者可以接近真正发生在时尚界的事情：参加时装秀，和时装设计师一起工作并见证一个新季度时装系列产品诞生的过程，成为一名时尚零售店的买手，或成为一名对时尚富有见解并撰写评论、博客的推手等。此书简洁、易读，既有专业名词解释，也有时尚职业相关的项目操作内容，可以作为学生教材使用，也可以为初入时尚职场的人士学习参考。

Authorized translation from the English language edition, entitled FASHION GAME, THE, 1E, by KENDALL, GORDON, published by Pearson Education, Inc., Copyright © 2015 by Pearson Education , Inc. or its affiliates.

All rights reserved. No part of this book may be reproduced or transmitted in any form or by any means, electronic or mechanical, including photocopying, recording or by any information storage retrieval system, without permission from Pearson Education, Inc.

CHINESE SIMPLIFIED language edition published by PEARSON EDUCATION ASIA LTD., and CHINA TEXTILE PRESS Copyright © 2019.

This edition is manufactured in the People's Republic of China, and is authorized for sale and distribution in the People's Republic of China exclusively（except Taiwan, Hong Kong SAR and Macau SAR）.

原书ISBN：9780135117897
本书封面贴有Pearson Education（培生教育出版集团）激光防伪标签。无标签者不得销售。
本书中文简体版经Pearson Education授权，由中国纺织出版社独家出版发行。本书内容未经出版者书面许可，不得以任何方式或任何手段复制、转载或刊登。

著作权合同登记号：图字：01-2016-4722

图书在版编目（CIP）数据

时尚产业规则 /（美）戈登·肯德尔著；张天一，蔡建梅，顾冰菲译. -- 北京：中国纺织出版社，2019.1
（国际时尚设计丛书. 营销）
书名原文：The fashion game
ISBN 978-7-5180-5684-2

Ⅰ. ①时… Ⅱ. ①戈… ②张… ③蔡… ④顾…
Ⅲ. ①服装—市场营销学 Ⅳ. ①F768.3

中国版本图书馆CIP数据核字（2018）第259515号

策划编辑：孙成成   责任编辑：谢冰雁   责任校对：楼旭红
责任设计：何 建   责任印制：王艳丽

中国纺织出版社出版发行
地址：北京市朝阳区百子湾东里A407号楼   邮政编码：100124
销售电话：010-67004422   传真：010-87155801
http://www.c-textilep.com
E-mail:faxing@c-textilep.com
中国纺织出版社天猫旗舰店
官方微博http://weibo.com/2119887771
北京华联印刷有限公司印刷   各地新华书店经销
2019年1月第1版第1次印刷
开本：889×1194 1／16 印张：17
字数：295千字 定价：88.00元

凡购本书，如有缺页、倒页、脱页，由本社图书营销中心调换

时尚产业规则概述

在《时尚产业规则》里，无论你是学生、一个年轻时髦的人或时尚零售专家，还是仅仅是一个感兴趣的消费者，你都会发现时尚令人兴奋的原因和方式。

《时尚产业规则》为永恒发展的时尚主题提供了全新的视角。它让你尽可能地接近真正发生在时尚界的事情：参加时装秀、和时装设计师一起工作并见证一个新季度系列的诞生、成为一个零售店的买手、发短信告诉别人你在街上看到的别人的穿着、写对于最新时尚见解的博客或者展示与时尚起源有关联的研究。简单来说，这篇文章真实地呈现了你可能为自己考虑过的工作，并且提供了关于时尚和时尚零售的真实见解。最重要的是，它清楚地介绍了你如何成为时尚产业的一员！

许多时尚营销书籍遵循一种循序渐进的方式，一种从最初的发展开始，追踪到最终产品的时尚"理念"，而且最终以消费者为终点。虽然这样一种方法可能可以清楚地解释时尚产品的生产，但是它没有涉及人们之间的关联性，即促使时尚产生的人之间的相互依赖性。人们之间的关联性不能够和其他的方面独立开来考虑，他们之间的关系是时尚产业规则概念的核心。下面的内容是为了帮助你在复杂的、相互关联的、迷人的领域里找到自己关于时尚的路，这些领域包括了商店、设计师和品牌——所有你喜欢的东西！和任何职业一样，无论你有多少激情，都必须具备实际性的知识。从那时起，如何使用这些信息将由你决定。这本书可以成为你"转型"的基础，成为你在建立时尚职业生涯的战略参考。

《时尚产业规则》将你进入时尚界所需要的信息都整合在一起，并将其置于简洁、易读的格式中。它包含了清晰的话题解释，还结合了有趣的项目，这些正是你在职业生涯中要做的工作。这些活动的存在是有原因的！它们可以让你预览"现实生活"中时尚产业竞技场上将会发生的事情。除了关于时尚的照片，《时尚产业规则》还在试图传达一种幽默感和对时尚清晰的理解。在这里，你会发现许多你需要了解的关于时尚、时尚零售以及与之相关的业务，但更重要的是，你能找到自己可以愉快地追求时尚的方式。

但老实说：如果你发现接下来的信息很"无趣"，并不是你所期待的那样，那你需要思考时尚及与其相关的行业是否真的适合你。举个例子，很多人渴望成为零售商店的买手。这个想法很棒！但是他们能到哪里直接工作呢？大多数已有名气的买手都是从助理买手开始的，这是一个艰难的、低报酬的工作。更重要的是，他们所有人都必须是"数字"人——必须拥有高于平均水平的数学技能，即他们必须"擅长"数学！

本书探究了关于时尚设计师、娱乐商店、"红毯"全套装备和品牌的世界。要成为其中一员，你需要了解数百万、甚至数十亿美元的行业和个体企业是如何运作的，以及是谁在运作方式上做出了一系列艰难的决定。同样，当你学习这些内容时，问问你自己：是否愿意付出个人的努力，给自己发自内心的动力和决心朝着成为时尚产业规则参与者的方向努力？知识、努力和领悟如何使用这些工具只是其中的一部分，那还需要别的吗？

个人技能。时尚职业生涯需要人际交往，与你以前可能没有见过的人联系，甚至是自己不喜欢的人！并且，你会发现保持"时尚的眼睛"能够更好地猜测消费者们的感受，如什么是他们愿意去购买的、什么东西是他们觉得能够代表自己的，时刻寻找能够满足消费者需求的机会出售商品是十分有必要的。顺便说一句，不要忘记，你所有的知识、印象和想法最终必须是积极地影响自己的，或者不超过自己公司的盈利"底线"的。毕竟，时尚是一门生意。你准备好了吗？开始的时候，要想成为你想成为的时尚产业参与者，你需要先了解一些你需要了解的概念，并以此来达到你的目标。那么，这对你意味着什么呢？

《时尚产业规则》将教你如何快速地专心地阅读和理解"交易"中所传达的信息。这些信息通过印刷刊物、博客和网站向时尚和零售渠道专家传达。通常情况下，这些资源会早于消费者数天、数周、甚至数月得到信息。《时尚产业规则》一书可以使你能够从专业资源中获取更详细和更专业的信息交流能力。

使用"行业规则""参与者"和"法规"（你很快就会知道更多）的范例将使你有可能建立起自己非常重要的时尚财富。

然后，带着头脑中的这些目标和其他需要你花时间的任务，怎样最高效率地去了解《时尚产业规则》，让你的时间效益最大化，并享受它？当你在探究这些疑惑的同时，你会找到答案。

《时尚产业规则》适合你吗？

任何对时尚感兴趣的人都应该发现《时尚产业规则》是有实用性和娱乐性的！

包含了如此多的研究领域和与时尚相关的各种职业介绍，毫无疑问，《时尚产业规则》提供了无数的方法并且会起到很大的作用。如果你只是想更多地了解时尚，或者明确地想在以下领域进行时尚研究，那么《时尚产业规则》就是为你准备的：

时装或服装设计

配饰设计

服装工程设计，包括服装生产和制造

时尚营销

零售业

视觉陈列

时尚教育或消费者研究

策展（博物馆）研究。

这是本书将介绍给你的一些明显学科。无论你是在修读证书、两年制大专或四年制学士学位课程，《时尚产业规则》都为你在这些领域的学习提供了信息、视角和开始的想法。换句话说，这本书为你提供了一个简单的方法来处理在学习和工作中会遇到的所有关于时尚和与时尚有关的行业的细节。无论你是否是商科、市场营销或具有创业想法的学生？这本书包含了你从学习中需要了解到的概念，并将它们运用到现代时尚和零售行业中的方法。

时尚不仅仅包括服装和个人配饰。现在，它还包含了"生活方式"。这些概念和方法可以让你拥有时尚的、最新的生活方式，想想例如拉夫·劳伦（Ralph Lauren）和王薇薇（Vera Wang）等提供了家具、家居和装饰用品的时尚设计师。除此之外，他们还和其他人一起设计生活用品、装饰画、壁纸、地毯、床上用品和浴巾，甚至还有瓷器和水晶。如果你是正在学习成为室内设计师、室内装潢师、家居产品专业人士，甚至只是想知道更多关于家居产品信息的时尚爱好者，那么这本书应该也对你有所帮助。《时尚产业规则》的概念可以适用于，甚至可以解释为什么有那么多"设计师"和品牌的家居延伸产品的存在。

你是否好奇过为什么你会在某些特定的商店里看到你所做的时尚项目，而不是在其他商店？就这个问题而言，你是否曾经好奇过，为什么看似相似的服装有时会有天壤之别或价格迥异？任何想要成为一个更有见识的时尚购物者的人，都应该参考一下《时尚产业规则》的内容，寻找诸如此类的问题的答案。

感谢你花时间阅读这篇概述并提前了解本书。现在，你知道这里包含了一个潜在的概念、一个核心的概念。你也知道这本书可能会被应用在许多不同的研究领域。作为进一步的预览，当你用本书完成你的学习时，你将能够完成以下任务：

1. 确定时尚和零售行业的四种"参与者"，描述他们的活动以及他们供应、生产、销售或推广的产品种类。

2. 解释他们在职业活动中遵循的四个"规则"。

3. 说出所有时尚产业规则参与者都想要达到的一个"目标"。（这可能会让你大吃一惊！）

你所要做的就是拿起一本行业杂志，或者访问一个关于时尚的网站。你应该能够理解自己在那里发现了什么，因为你已经有能力完成这些任务。你还有什么关于之后可能会遇到的问题要咨询吗？下面的书籍特性描述和内容细节应该会对你有所帮助。

《时尚产业规则》是如何编写的?

时尚里有什么? 了解这本书是如何写的,将会帮助你更深入地了解时尚是关于什么的!《时尚产业规则》包含了12个部分,每个部分都有文字、图片说明、学习工具和项目。你不会觉得无聊! 也许你的学期会很长,大约15周,或者是一个12周的夏季短期学期。但无论怎样,请参考你的参考书或导师的教学大纲,以确定在学习中它是如何呈现书籍内容的。无论计划是怎么样的,下面介绍本书四个部分的内容。

第一部分: 什么是时尚产业规则?

时尚产业规则是关于什么的? 它是由什么组成的? 它是如何进行的? 本书的前三部分回答了这些问题,使我们很容易识别出那些被称为"时尚产业规则参与者"的人。同样的,它还讲述了一个简单的事实: 所有的参与者都有一个目标。因此,第二部分详细描述了时尚中最重要的"人"的方面: 消费者们。他们是时尚产业规则的目标。最后,这篇文章的第三部分为你介绍了四个有趣的、容易记住的"规则",这些规则归纳了那些为吸引消费者和经营时尚业务而需要采取的行动规律。

第二部分: 行动中的时尚产业规则参与者

既然你知道他们是谁,那么时尚产业规则参与者要"做"什么呢? 本书的这一部分详细介绍了时尚产业规则参与者的活动。他们制造、设计、销售或宣传什么? 他们是如何相互影响的? 本书的这一部分主要考察了四种时尚产业规则参与者及其职业活动。你可能对自己的时尚职业有一个想法。在了解了这些时尚产业规则参与者之后,你是怎么想的呢? 如果你还没有决定要成为某一特定的时尚职业人士,你对和时尚界、时尚零售界的专业人士一起工作有什么想法?

第三部分: 解决时尚产业规则问题

本文的这一部分由两个板块组成。在其中,你将探索随着时尚产业不断发展而出现的问题,学会辨别这些问题,并了解如何改进。遏制假冒商品的泛滥和血汗工厂可能会是你首先关注的一些问题,也许你会运用时尚产业规则来彻底解决这些问题。社交媒体已经成为时尚界的宠儿,它是传播时尚变化信息的有力渠道,也是许多人获得关注的平台。然而,随着社交媒体的发展,关于隐私的担忧也越来越多。时尚包括消费和资源利用。这是可持续的吗? 时尚是否能够在不对环境、人类和人类生活的物质条件产生更大影响的条件下继续发展下去呢? 本书的这一部分也探讨了这些问题,关注了时尚界和零售行业对这些问题的反应,然后使用了时尚产业规则来提议解决方案。

第四部分: 行动中的时尚产业

世界正在发生怎样的变化,时尚界和时尚零售行业,以及时尚产业规则该如何应对这些变化? 最重要的是,你会采取哪些实际的步骤来参与这些令人兴奋的新事件? 最后的部分包括两个板块,一个是对不断变化的"时尚界"的概述,另两个是帮助你做好准备进入时尚界,并描述你进入时尚界后可能要走的"第一步",比如实习和行业入门级工作。

我能期待什么?

你怎么学习?

无论你是喜欢作为"视觉学习者"通过图片来学习,还是喜欢阅读文字笔记,在《时尚产业规则》中,这些对所有的学生来说都是适用的。

你会发现有大量的照片可以帮助你通过图像保存来记录文本的概念。有了这些简单明了的工具,就像有了更容易理解的题注。所有四个部分都包含一个"部分预览",其中包含了随后各部分内容的概述。如果从阅读这个概述开始,你将始终会知道接下来该期待什么。每一章的"前言"包含了你将要研究的特定部分的摘要,并以简单的、项目式的方式描述了你将会遇到并需要了解的内容。"附"是一种为接下来的内容提供讨论和连接上下文的旁注,在每个部分中都可以找到。此外,每一章的结尾都有一个"本章小结",

简要地总结了刚刚探讨的主题。

时尚信息无所不在。你可以通过手机上网、使用脸书（Facebook）、推特（Twitter）、Pinterest、照片墙（Instagram）或其他很多网站来查找信息。你也可以打开这本书。如何使其像使用移动媒体一样容易？为了让你在阅读《时尚产业规则》时与其他信息来源的体验相近，你将会很少遇到类似于插入式引用或脚注这样的"中断"问题。《时尚产业规则》的意图是让人易于读懂和愉快地阅读。

在这本书的结尾部分，你会发现带注释的参考书目，将近千种资料缩小为你可能感兴趣阅读的100本书籍和文章。为了这个目的，大部分资料里都有关于其重要性或特殊内容的简短说明。

什么特性能帮助我在时尚上取得成功？

谁不想做得尽可能好呢？

《时尚产业规则》和所有书籍一样，包含了大量的信息。每一部分都包含"回顾问题：你发现了什么？"这个板块包括主要的问题回顾和专业术语列表，其所包含的概念和术语对于课堂小测验或测试非常重要，而且，正如你以后会发现的一样，在你从事的任何关于时尚界和时尚零售的工作中都将使用到这些概念和术语。此外，还包含了工作表在内，这些都可以使你方便地在每个部分中得到答案，并将它们作为以后的参考。这些特性将促进你在时尚界中的成功。

这对我的工作生活有什么帮助？

你准备好在时尚或时尚零售领域参与"真正的"时尚产业规则了吗？

无论你选择的是时尚还是零售行业，你都需要知道大量的知识，并且能够和拥有不同技能的人、来自不同领域的专业人士一起工作。

《时尚产业规则》包含了一个意在让你尽可能地感受到在追求时尚的过程中合作的兴奋感的积累过程。在每一章结束时完成活动会让你在完成时尚课程后，离参加"市场日——时尚产业规则模拟项目"更近一步。

时尚和零售专家会参加交易会和展览——"市场"——一个宣传和推销新产品、服务的地方。这些包括以新纺织品为特色的展览（目前来说，主要是面料展）。此外，还会展示新的制造工艺，当然，也会展示即将流行的时尚。或许你并非一个如此专业的人士，但是没有什么能够阻止你在你的学校计划和组织类似的"市场日"。

你喜欢时尚的什么？什么吸引了你？是什么让你有足够的兴趣花费时间和精力去创造时尚，向他人充分地展示你的激情？扮演一个时尚产业规则"参与者"或感兴趣的消费者，以你或两到四个人的小团体为主，很快你将会看到与时尚相关的一切是如何相互依存的。谁会被选为"最佳参与者"或因在这个活动期间做出贡献而被赞扬？为了得到这些荣誉，你或你的团队将会在这个由真实世界时尚产业规则改编的课堂里，以挑战的、不断变化的方式与他人互动。

时尚产业规则中开放的变化

时尚无处不在，它是生活的一部分。学习时尚、追求时尚的专业性，或者仅仅只是享受时尚生活都是令人兴奋的。这本书包含了你可能需要知道的关于时尚的一切了吗？当然没有。没有一个单一的资料能够做到这点。然而，这本书确实强调了你作为一个年轻的时尚专家需要了解的东西。这意味着你将会遇见许多需要学习、回想的术语和概念，更好地是，你能够知道如何去辨别和使用。同时，当本书将要结束的时候，你将会知道谁是谁，并能够描述这些专业人士的工作和理解当前重要的贸易信息中报道的内容。换句话说，你能够更好地"谈论"时尚！

还是不确定未来会发生什么？

当你开始以《时尚产业规则》为研究的内容时，我希望的是你保持开放的心态——看看这里展示的是什么。首先，作为一个有条理的基础信息，它将成为你获得时尚界和时尚零售事业带来的兴奋和机遇的开胃菜。以这个为起点，你可以拓展自己的范围，探索自己的兴趣，规划自己的学习，找到自己的事业。

我希望你会有所收获，你已经成功地在时尚产业规则中迈出了你自己的第一步，并且通过参考这本书的内容，发现它很好地指导了你接下来的参与行为。祝你好运！

目录

第一部分
什么是时尚产业规则？

第1章　时尚产业与参与者 | 3

时尚产业规则观点　4
呈现时尚产业规则！　5
·时尚产业中的发起者　6
·时尚产业提供者　10
·谁使得时尚产业成为可能？　12
时尚产业动态　14
时尚产业规则如何进行？　15
时尚产业规则焦点：路易威登（Louis Vuitton）　16
本章小结　18
问题回顾：你发现了什么？　18
专业术语　18
市场日模拟项目工作表　19
时尚产业规则及其参与者（可选项目）　20
在你的帮助下将时尚带给你的社群　21

第2章　消费者与时尚产业 | 23

消费者决定时尚的发展　24
·科技推动时尚发展　25
·现代时尚对消费者的回应　26
·提高消费者对时尚的认知　26
·消费者的多变生活影响时尚　27
·时尚对个体的反映　28
·今天的全能时尚消费者　28
·新的消费者利益引领时尚　29

·价格与质量利益　30
·消费者对时尚设计的参与　30
了解时尚消费者　30
描述现代时尚消费者　33
·Z代　33
·Y代　34
·X代　35
·婴儿潮（Baby Boomers）　35
·描述消费者的其他方法　36
·什么影响消费者？　37
消费者与时尚的互动　39
·时尚周期和消费者选择　39
·什么是"消费者信心（Consumer Confidence）"？　40
本章小结　41
问题回顾：你发现了什么？　41
专业术语　41
市场日模拟项目工作表　43
消费者和时尚产业（可选项目）　43

第3章　时尚产业的规则 | 45

时尚的四个规则　46
·规则一：成为一个大品牌！　47
·规则二：合法！　51
·规则三：公平！　56
·规则四：盈利！　57

本章小结　60
问题回顾：你发现了什么？　61
专业术语　61
市场日模拟项目工作表　62
时尚产业的规则（可选项目）　63

市场日模拟项目工作表　64

时尚产业周期（可选项目）　65

提供时尚要素的时尚产业参与者　91

第二部分
行动中的时尚产业规则参与者

第4章　供应商：供应时尚零件 | 69

时尚元素（Fashion Components）
与时尚产业规则　70

·先进技术推动时尚　71

·对早期技术发展的观点　72

时尚的基本要素
（Fundamental Elements）　72

·纺织品（Textiles）　72

·皮革与毛皮（Leathers and Furs）　73

·装饰物（Trimmings）　73

时尚元素的重要性　74

纤维到时尚：纺织品　74

·织物之前：纤维和纱线　75

·织物结构　76

·织物生产过程　78

·纺织品和时尚产业规则　78

从穴居人到现代社会：时尚皮革和毛皮元素　80

·皮革时尚元素　80

·毛皮时尚元素　81

·皮革、毛皮与时尚产业规则　83

时尚物质和风格：附件和装饰　84

·线（Threads）　85

·纽扣（Buttons）　86

·拉链（Zippers）　86

·其他装饰手法　87

本章小结　88

问题回顾：你发现了什么？　88

专业术语　88

市场日模拟项目工作表　90

第5章　生产者：设计与制造时装 | 93

时尚使生活方式连接过去　94

服装生产方式：高级时装　94

服装生产方式：成衣　96

·成衣制作的前期准备　96

·生产成衣：裁剪、缝制和完成　97

·时尚服装生产　98

时装设计与制作　98

·后期生产：将成衣提供给批发商　101

本章小结　103

问题回顾：你发现了什么？　103

专业术语　103

市场日模拟项目工作表　104

生产者：设计与制造时装（可选项目）　105

第6章　渠道商：将时尚带给你 | 107

时尚批发分销　108

·时尚产品批发　108

·市场和商品企划　111

·如何突出零售　112

·识别零售商的传统种类　113

·了解基本零售业务　116

·零售环境中的时尚产业规则　116

本章小结　126

问题回顾：你发现了什么？　126

专业术语　127

市场日模拟项目工作表　128

渠道商：将时尚带给你（可选项目）　129

第7章　推广者：使时尚激动人心 | 131

现在是时尚媒体时代　**132**

消息手段：时尚推广的本质　**133**

·推广信息的类型　133

时尚推广者的媒体资源　**136**

·新媒介定义新时代　136

·将消息传递给新一代　137

·时尚与技术　139

·新时代的旧媒体　140

体验式时尚推广　**141**

·视觉营销　142

·商店陈列布局　143

·商店开幕式和时尚社群活动　145

推广和时尚产业规则　**147**

本章小结　**148**

问题回顾：你发现了什么？　**148**

专业术语　**148**

市场日模拟项目工作表　**150**

推广者：使时尚激动人心（可选项目）　**151**

第三部分
解决时尚产业规则问题

第8章　产品的实施和问题 | 155

仿冒时尚：错误还是环境问题？　**156**

·仿制品的背景　159

·仿冒产品的流行性　159

·时尚保护　159

·"正品"还是"仿冒品"？　160

·使用时尚产业规则寻找解决方案　161

持续的血汗工厂　**163**

·什么是血汗工厂？　164

·血汗工厂的补充说明　164

·血汗工厂的兴起　165

·用时尚产业规则的力量结束血汗工厂　166

本章小结　**169**

问题回顾：你发现了什么？　**170**

专业术语　**170**

市场日模拟项目工作表　**172**

时尚生产的幕后（可选项目）　**173**

第9章　消费者和可持续发展问题 | 175

多渠道世界的隐私　**176**

·成为大品牌！有利可图！　176

·合法化！　177

时尚的未来　**179**

·准备做好可持续性工作　180

·时尚及其可持续性　181

用可持续发展来对待时尚"进程"　**183**

·时尚元素及可持续发展性　183

维持可持续发展　**184**

本章小结　**185**

问题回顾：你发现了什么？　**185**

专业术语　**185**

市场日模拟项目工作表　**186**

时尚媒体时代的隐私（可选项目）　**186**

第四部分
行动中的时尚产业

第10章　国际时尚产业规则 | 189

置身于国际时尚产业规则中　**190**

回顾：国际消费者趋势　**191**

影响国际时尚产业规则的问题和行为　**192**

时尚产业规则详解　**195**

·成为大品牌！公平　195

·合法化　196

·盈利　197

·与金砖国家建立新的时尚世界　197

本章小结　199

问题回顾：你发现了什么？　199

专业术语　199

市场日模拟项目工作表　200

当问题太多的时候（可选项目）　201

第11章　你准备好参与时尚产业规则了吗？ ┃ 203

时尚职业道路　204

·时尚创业者　204

·时尚公司普通职员　205

·公司高级管理人员　206

时尚产业规则参与者及其职能　207

使用时尚产业规则调查职业　207

·供应商　208

·生产者　208

·渠道商　209

·推广者　211

时尚职业选择　214

·时尚职业和薪水信息　215

透视你的兴趣和能力　216

本章小结　216

问题回顾：你发现了什么？　216

专业术语　217

市场日模拟项目工作表　218

行动中的时尚产业规则（可选项目）　219

第12章　开展你的第一次时尚产业行动 ┃ 221

我的第一次时尚行动应该是？　222

第1步：使用时尚产业规则　222

·成为（你自己的）大品牌！　223

·公平　225

·合法　228

·有利可图　229

第2步：进入时尚产业　230

第3步：基本的求职文档和技能　231

·简历　231

·求职信或介绍信　232

·作品集　232

·其他应聘材料　233

·工作技能：面试　233

·工作技能：使用社交媒体开始你的时尚事业　235

·社交媒体可以使你和你的职业品牌更出众　235

·其他重要的求职文档　236

本章小结　237

问题回顾：你发现了什么？　238

专业词汇　238

市场日模拟项目工作表　239

你如何参与到时尚产业规则中（可选项目）　239

附表　240

文献注释（Annotated Bibliography）　242

致谢（Acknowledgments）　245

作者简介（Author Biography）　246

资源简介（Instructor Resources）　246

什么是时尚
产业规则?

欢迎进入时尚产业。对本书的第一部分,你怀有哪些期待?

本书第一部分点出时尚产业的"基本因素"。这些因素很好地解释了为什么时尚会有这种力量,大到足够塑造生活。这里可以满足你的期待。

第1章 时尚产业与参与者

谁制造了时尚?

第一节将介绍时尚产业的概念,同时定义出谁将是参与者——专业负责时尚产品及服务,在工作中展现时尚,在事业中演绎时尚。这将让时尚产业规则适用于一个当代的时尚集团。

第2章 消费者与时尚产业

时尚产业的焦点就是消费者

那些购买及穿着时尚服装的人们就是消费者。就跟你一样!这里你将发现消费者是如何随着时间来形成时尚趋势(Fashion Direction)的。你也将发现各种不同类型的消费群。进而学习到用于促进消费者适应时尚及其多变性的因素。简单而言,没有消费者,时尚也无处而生。当你发现时尚达人们是如何用心去了解消费者和他们的需求,并去取悦他们的时候,你可以更细致地理解这个说法。

第3章 时尚产业的规则

每一个产业都有规则!

在产业规则上时尚也不例外,这里有适用于时尚和零售业的四个指导方针。这样说只有这些规则在起作用太简单,是吗?四个规则不断地激励时尚产业参与者的行动。随着越来越深的探索,你将遇见它们,也会看到大大小小的服装公司是怎样服从这些规则的。还对"时尚四规则"的概念有疑虑吗?这很容易理解。现在你正接受从多渠道汇集的各类繁杂信息,不过为了让你开始,请思考一下你所知道的,你已经学习过的。你将如何向一个对时尚一窍不通的人来解释时尚?时尚从何而来?谁负责将所有的东西集结起来做出一件衣服?你将如何解释一些时尚和服装公司可以成功而其他的会失败?时尚产业的规则,正如你即将发现的,将极大帮助我们回答这些问题。第1章为时尚产业主体概念的其余部分开展了一个概念性课程。当完成之后,你就可以准备好体验"行动中的时尚产业参与者"这一部分。你将会发现更多时尚参与者之间的相互作用。

第一部分

时尚产业与参与者

前言

这是时尚产业开始的地方。当你阅读完这一章，你可以说出谁是时尚参与者，也就是时尚产业的决策者。这一章很有趣而且可以激励你，让你也开始考虑参与到时尚产业中。

本章内容

- 描述时尚产业。
- 向你介绍时尚参与者，他们创造了时尚这一令人激动又富有活力的事业。
- 描述了时尚、零售、销售规划以及其他相关职业。

第1章

时尚产业规则观点

什么是时尚产业规则观点？当你在学习这本书的同时，不妨停下来想一下到底什么是时尚？当然你的回答可能包括时尚创造的财富，缤纷的历史以及涉及的方方面面，比如高达几百亿的工业致力于时尚产品的制造和其他商业活动的支持，以及服装的零售推广，同时时尚也是令人振奋的。时尚有很多出色的东西，让你无时无刻不想参与其中。

坦白说，当你在想时尚到底是什么的时候，第一反应是和时尚相关联的名字，那些人们、品牌以及提供服装的商铺。只需要提及时尚，这些印象会第一时间涌现。

所以如何用文字把这么多想法以及观点集合起来，对你有意义、有作用同时可以激励你？

附：

通常时尚和零售行业会被商业新闻描述为"美好的往日（Good Old Days）"，只需要向买手展示富有创造力的草图或独一无二的样衣，就可以得到源源不断的订单。现如今购买者希望看到你的计划，品牌发展的策略，以及了解更多关于如何去维系已经购买的客户的细节。你对他们提出的这些问题有什么看法？

时尚，在今天就是一个有规则的产业！

那又如何，这是时尚产业的全部吗？

思考一下你已经知道的时尚——那些款型或风格、那些名称、那些商店以及相关的人们，知道这些将是一个很好的开始。但是你了解那些让时尚成为你我生活的一部分的时尚达人和时尚产业吗？你了解真正的参与者吗？你了解他们的本质是做什么？真正知道他们是如何产生关联的吗？你准备好学习这些，继而最终参与到当代的时尚产业中来了吗？

大部分跟时尚有关的经历都起源于购物和观看实体店的橱窗展示

开始你的探索前，考虑一下这个观点：时尚如你所认识的，不仅是一个独立的产业，而是由多部分组成——从提供面料、纽扣到你愿意去终端店铺中闲逛的服装和时尚物品。

运用时尚产业规则辨别并探索有着高度差异的个体（参与者们）和他们的行动。同时阐述出他们为什么会如此遵循规则，以及是如何运行规则的。

你可能很吃惊的是，不管参与者是多么的不一样，棉纤维提供者、供应商或最时髦流行的零售商，他们都遵循着相同的规则。不管他们是多么的特殊或独特，每一个参与者都在找寻同一个事物，或称为"目标"。

你可以想象这个目标可能是什么吗？

这些文字总的目的不仅仅是描述这些"规则"、"参与者"以及将他们聚集起来的"目标"，还包括他们之间是如何产生交集的。

为什么？当开始追逐和时尚相关的职业时，你将发现正置身于那令人激动的交互中。强调一下：任意职业。作为一个时尚设计者，当面料不能准时送达时，你将如何处理？哪些时尚人士你愿意去接触，以便了解到底发生了什么？作为零售商，比如你怎么和其他参与者沟通，从而了解到你手头的库存是否能满足需求？当你开始你的事业和其他专业参与者一起工作时，如何成功实现你自己的策略？从本文中你能得到怎样的想法？为了回答这些问题，请先考虑下面列出来的观点：

首先时尚产业规则的概念指出关于时尚的一切都是有关联的。事实就是如此，不管当前各个方面有着多大的差异，在本文的结尾你会发现所有的一切，参与者、规则、目标他们是存在着怎样的内部联系。这就是为什么你在一瞥之间就能认出时尚品牌，为什么只在这些特定商铺中会有使用这类材料制作的衣服和配饰，而其他的商铺没有。

其次与时尚产业为伍意味着你需要平衡你对其他参与者的依赖（或者他们对你的依赖），相互融合同时又要保持独立。你将如何平衡这些需求？

处理这些极端问题前，我们要先获取时尚专业人士的专业技能。这意味着了解的同时还要知道如何使用这些术语和短语，尤其是像专业人士一样去理解行业观念。这里你将发现很多时尚职业必需的、经过实践的信息。此外阅读时尚产业的文章意味着大概了解时尚和零售行业是如何运作的。由此时尚产业规则的概念就形成了，这是一个框架、一种思维模式，指引你探索如何理解时尚工作。

呈现时尚产业规则！

你如何才能对时尚产业规则有一个更好的理解？可以举一个什么样的例子呢？在时尚产业中你碰到的参与者哪些是专业的？他们做什么？要准备好去发现。你已经为此等待了很久，在比对成员名单后，被告知赶紧就座。

你正置身于一场时尚秀中！

灯光熄灭，音乐响起，迟来者正艰难地找寻着座位。第一批模特正步入Ｔ台。

在此之前你已经在购物中心、商铺还有各类媒体中见过它们。一直以来关注的焦点都是那些呈现出来的衣服、配饰和令人激动的事物。这一季的新时尚是什么？始终是一个热门话题。

时装秀将涉及时尚及零售行业的各个代表者们聚集在一起

但在时尚秀中，该重视的不只是衣服和配饰。每季时尚秀，尤其是那些著名的设计师或品牌都会将时尚或时尚零售中的代表聚集起来。你将直接或间接地发现他们很有兴趣同时也有些担忧，但是他们肯定都依赖着所展示的事物。如何看这些观众，他们是谁，他们和时尚又有着怎样的联系？

时尚产业中的发起者

在时尚产业中那些最容易被发现的参与者称为推广者（Promoters）。他们要么在前排，要么在中心区域，要么在T台的两侧，这样可以看见所有也能被人们所看到。举例来说，有好几类的推广者容易被发现，尤其是时尚编辑（Fashion Editor）。在接下来的时间，你会发现更多。不过记住即便现在这些人很是引人注目，但也需要经过多年成功的辛苦之后才能步入顶尖队列。

编辑们扫视着每一套服装，用时尚的语言呈现就是"款式风格"（Look）和"装束搭配"（Turnout）。他们分辨出哪些已经展示过，或者已经在其他时装秀中见过。他们关注着每一个细节，具体到服装底边，但是更重要的是设计师在作品中所表达出来的具有创造力的主题，及富有启发性的观点。

编辑们在寻找那种作品基调。他们琢磨着这些衣服和配饰是否能很好地被浦获、定义，甚至超出我们当前对于时尚、生命和生活方式的理解。他们通过出版物、电视、网络或其他渠道将想法和观点传递给读者。

编辑们通过图像、文本及其他多媒体交流的最终目的是激发消费者对当前流行事物的兴趣和购买力。在第七章推广者：使时尚激动人心中，你将更深入地了解编辑们和其他时尚推动者扮演的角色。今天安娜·温图尔（Anna Wintour）作为美

时尚编辑和造型师使用衣架陈列方式挑选呈现给观众的款式

版 *Vogue* 时尚杂志的主编也享有着一线名人的光环。

　　编辑们可能正寻求一些可叙述的素材。在编辑边上同样重要的位置上坐着著名的时尚总监（Fashion Director）或时尚造型师（Fashion Stylist）。他们思考着如何把这些提供给大众，阅读时尚杂志、报纸和追逐时尚的那些人。不仅仅展示一套服装，而是融入其他引人入胜的新事物，讲述一个主题故事而且让人对时尚和流行趋势及如何穿着保持兴奋。他们如同编辑者，要能激起客户的兴趣，鼓励客户去尝试、去购买这些最新和最时尚的产品。红头发的格蕾丝·柯丁顿（Grace Coddington）正是美版 *Vogue* 中著名的创意总监。

　　同时不要忘了走在 T 台上的那些模特（Model）。琳达（Linda）、娜奥米（Naomi）、吉赛尔（Gisele）还有其他时尚代表如泰森（Tyson）、纳寇（Nacho）、大卫·甘迪（David Gandy）。消费者将她们的脸、身材、体型、形象与角色和时尚、时尚品牌及公司连接起来。你能在时尚秀中发现她们，也能在国际广告中发现她们，或者在网络上，为了获得更多关注度的时尚公司都会让她们代言。模特连同编辑和造型师甚至是时尚秀中的摄影师们都是时尚产业的推广者（Promoters）。

　　在观众席中，还有时尚公关（PR），他们负责制作秀或大肆宣传，从而让那些参加的重要人士产生兴趣。一般来说，他们同样坐在可以很好观察时尚秀的位置，能够看到整个流程，感受观众对时尚秀的接受程度。回想一下在《欲望都市》（*Sex and the City*）中饰演莎曼珊的金·卡特拉尔（Kim Cattrau），她的角色就是一个时尚公关。如果你是一个流行文化跟随者，那你已经对他们如何推动时尚趋势、时尚产品、设计师、时尚模特及时尚事件很熟悉。推广者将人们联系起来，与公司、品牌、产品以及独特的事件联系起来。时尚秀中名人的出现归结于发起者的努力，比如时尚公关，不管是名人自己的公关还是为时尚设计师或主办方工作的。

"主办方（Sponsor）"这是一个你可能已经听说的或在时尚秀的背景图片中见过他们产品广告。他们在商业上承担着时尚发布会的费用，场地、灯光、特效、城市以及其他许可证费用，所有合计可以达到数百万元。梅赛德斯·奔驰（Mercedes-Benz），奥林巴斯相机（Olympus Cameras），欧莱雅化妆品（L'oreal Cosmetics），以及很多酒店和饮料公司都会通过赞助时尚秀来进一步加强品牌和公司的形象。换句话说，公司的确在利用时尚秀的赞助将时尚推广给顾客，但同时也加强了自身产品的吸引力——汽车、相机、化妆品、饮料，以及其他一系列产品在消费者眼中看起来更时尚了。

再往下是另一个受邀的群体，他们一直忙于敲击笔记本。这些核心的时尚追随者作为博主（Bloggers）而为人所知，他们也被当成是时尚产业的促进者，但也许不会像其他促进者那样去销售某类产品或服务。他们是自身对时尚的所见所想的信息源，提出关于视觉、体验和时尚的"及时"观点或个人评论。布莱恩·扬保（Bryan Yambao/Bryan Boy）和泰维·盖文森（Tavi Gevinson）是两位你可能听说过、读过甚至追随过的博主。设计师们和时尚公司会积极招揽有影响力的博主参加活动和描述他们在现实世界看到的一些时尚现象。直接通过媒介参加时尚展览通常意味着这个博主有一定的追随者。时尚博主是思想领袖，是更大意义上的时尚推进者，即时尚常变方向和时尚持续演变的年代学者。

普及观众的是那些文本和推文。这些也许来自时尚产业的专家或只是对时尚感兴趣的观察者，他们是微博主（Microblogger），传递着那些正在推特（Twitter）等媒介上发生的事情的短期影响。他们是官方的时尚产业的推进者么？这取决于你。最终，专家、顾客、每一个生活和工作的人如今都处于一个"流动反馈（Liquid Feed Back）"的世界中，它鼓励和容纳所有的贡献。

存在于观众中的还有时尚预测者（Fashion Forecaster），另外一种推进者。他们负责发现那些顾客可能反馈的新的流行趋势和颜色，唐卡斯特集团（The Doncaster Group）中的戴维·沃尔夫（David Wolf）是这些久负盛名的预测者之一，他很久之前就开始负责精准开发时尚、颜色和流行趋势，以及了解顾客所需。沃尔夫和其他人一起确定早期流行，或者从他们在展览和观众中所看到的事物里面挑选新的流行。他们的工作也会因为其他推进者而进一步细化。

随着你进一步浏览秀场前排（Front Row），你会注意到一群打扮良好的女人，有时也会是男人，这取决于时尚秀。从人们给他们的掌声和赞美，甚至通过展览可以看出，他们似乎认识每一个人，人们也都知道他们。此外，随着时尚秀的继续，你会注意到他们中的大部分人已经穿上了走秀的服装。一个显著问题是可能连商店也不会几个月后就有这些衣服的存货。时尚圈内有哪些人？是社会名流（Socialites），时尚消费的超级顾客，他们购买衣服最频繁、数

萨尔玛·海耶克（Salma Hayek）的红毯照。设计师可以通过大型宴会活动获得曝光率。

量最多。

这些高度富裕的女性和男性的生活方式要求他们参加许多活动，他们将会被瞩目、拍摄和谈论。他们的秀场前排地位表明，他们是时装设计师众所周知的"贵族（house）"，因为他们购买很多。社会名流在各自的社区，甚至整个世界作为"大使"。他们符合一部分人的利益，特别是时装设计师、品牌、风格、产品和商店。因为他们的认可和接受以及非正式的推广，社会名流对大众参与时尚的鼓励与编辑或博主一样。

再一次浏览秀场前排，你会注意到一些你似曾相识的面庞，也许是在海报上、电视上或电影中见过，也许是在这些上面都见过。你刚刚发现了一个名人（Celebrity）！没错，大牌明星总是喜欢时尚，而时尚也对他们青睐有加。

名人可以变得非常有影响力，甚至是最著名的时尚推动者。例如，如果不提及法国高级服装设计师（Couturier）纪梵希（Hubon de Givenchy），一名男性时装设计师，我们几乎无法谈论传奇女星奥黛丽·赫本（Audrey Hepburn）。赫本穿着他的设计出演了著名的《蒂凡尼早餐》（*Breakfast at Tiffany's*）以及其他许多她个人生活中记忆深刻的荧屏时光。到了现在，名人并不指望任何一个设计师设计出赫本那样的程度。然而，女演员蕾妮·齐薇格（Renée Zellweger's）身着女性高级服装设计师（Couturieve）卡罗琳娜·海莱娜（Carolina Herrera）设计的时装时极具亲和力，是名人持续吸引时尚的一个例子。

一些名人通过让自己成为时尚产业的玩家来参与时尚。想一想维多利亚·贝克汉姆（Victoria Beekham）。前"辣妹"女子组合成员之一，加之其音乐名人的地位，和被广泛认同的风格意识形成了一个自己的时尚品牌。她的丈夫贝克汉姆（Beckham）是一个体育明星，也正在进军时尚界。其他名人，例如，玛丽凯特（Mary-Kate）和阿什利·奥尔森（Ashley Olsen），她们将自己对时尚的兴趣变成蒸蒸日上的事业。在她们几个品牌中，奥尔森（Olsen）姐妹的成衣品牌"The Row"赢得了舆论与商业上的双重成功。

无论他们是消费者还是自己成为玩家，对时尚产业而言，他们都是不可或缺的，成为消费者和时尚之间的强大纽带。他们诱惑消费者，告知消费者他们的选择，使消费者像他们一样购买。名人成为与特定设计师、品牌、样式、产品和商店相关的图像。例如，蒂芙尼公司（Tiffany and Company）将其永恒的优雅形象再次归功于佩戴过蒂芙尼（Tiffany）珠宝的奥黛丽·赫本。提到当代名人，你脑中会浮现和他们相关的品牌，比如，最近的凯拉·奈特利（Keira Knightly）、布拉德·皮特（Brad Pitt）与香奈儿（Chanel）；迪奥（Dior）与娜塔丽·波特曼（Natalie Portman）；马修·麦康纳（Matthew Mc Conanghey）与杜嘉班纳（Dolce & Gabbana）。以下部分将更详细地探讨名人、时尚和消费者之间的关系。

编辑、造型师、模特、公关、博主、趋势预测者——这些是时尚产业的推广者，他们负责弥合时尚与大众流行之间的差距，这是设计师和时尚项目之间的理想化形象，当你要达成协议时，必须有这些。因为他们往往与向消费者销售时尚相关，时尚促进者通常被认为是在时尚行业的"零售层面"运作。

名人和社会名流是高度可见的时尚促进者，他们每一个在时尚游戏中都变得很重要。通过他们的努力推广，可以创造和加深消费者对最新时尚的渴望。"最新（Latest）"这个词有多重要？非常重要！你为什么这么认为？

时尚推广宣传是短暂性的，它的消息和意义不会永远保持有趣。因此发起人必须专注于什么是"现在"，时尚的当前焦点以及如何最好地传达这些印象。事实上，促进者和代言人，如社会名流和交际名人，都必须继续前进，当季节、风格和其他变化发生时也应随之变化，以免被视为落伍。对于专业时尚发起人尤其如此，他们的工作是确定和争取时尚的最新发展权威。社交名人享受佩戴最新、最独特、通常也是最昂贵的服装服饰品时受到的万众瞩目。这样做既能建立自己的时尚神秘感，同时又能负责推广服装、配饰、首饰和其他他们参与的项目。

除了时尚促进者，还有另一组参与者努力使消费者接近时尚，如你想在什么时候、在哪里以及你想要如何获得它！

时尚产业提供者

在不同的地方，T台两侧都是男女组成的团体，他们看起来像是"公司职员"。这并不是说他们不懂时尚，甚至外表看来都很时尚。更确切地说，他们对所展示内容的评价带有一种商业化的气氛。他们关心的不仅仅是所展示的东西的创造力，他们正在寻找什么将热卖。因为这种侧重，这类时尚产业规则制定者的工作集中在"零售层面（Retail Level）"。所以这些时尚产业中的新参与者是谁？

这类时尚产业中的参与者是供应商（Purveyor），负责实际销售时尚和相关物品。一些渠道商可能不直接面向像你这样的消费者，而是向其他时尚企业直接销售，再由企业向消费者销售。当涉及时尚时，有两种基本类型的供应商。

第一种被称为批发商（Wholesaler）。这些是"企业对企业"（B2B）卖家。批发商是时装秀的观众，他们将看到在即将到来的季节中，什么将被第一手提供给消费者。然后，他们将为自己的选择下单。当商品被递送到他们的企业后，批发商再将这些商品分销给零售商店。

批发商是所谓的分销渠道的一部分。这些是时尚商品从制造商手中到消费者手中所遵循的步骤或路线。正如你已经知道的那样，商业的世界是复杂的，并已通过快节奏的技术和不断变化的商业实践做得更多。有关不同形式分销渠道的详细信息，请参阅第6章"渠道商——将时尚带给你"。

时装展上的其他供应商包括零售商（Retailer）。这些是向最终用户——消费者

零售商店是分销渠道的一部分，使得时尚进入到市场

销售的专业人士。换句话说，他们是你所知道的"企业对消费者"（B2C）供应商，也是你喜欢购物的商店和精品店的代表。零售公司派他们的时尚总监、采购主管和商品专员，如高级配置生产计划员和管理者，来看看展会正在提供什么。零售买家在展会后为时尚商品写下订单，然后他们把这些物品卖给公众。

鞋子的商店展示是视觉营销的一个例子

批发商和零售供应商，以及秀场前排的卖家，是大钱！这些是购买大量商品、期望获得商品，或两者都特别需要的大账户持有者。他们的行动可能是全国或国际性的。例如，梅西百货（Macy's）和科尔（Kohl's）是购买大量时尚商品的零售商；内曼·马库斯（Neiman Marcus）集团和萨克斯第五大道精品百货店（Saks Fifth Avenue）也是购买大量时尚商品的零售商。作为时尚领导者，他们被认为是非常有名望的，提供尖端的流行趋势。而在偏远地区，供应商代表由买方代表或较小的区域性批发商和零售商组成。

零售商向时尚产品的最终用户——消费者销售。他们在市场营销和商品专业人员的帮助下操作。营销人员（Marketer）使用营销的原则和技术来识别整体消费群体中的目标群体，以找到最有可能响应新产品和服务的群体，然后规划到达这些特定消费者的方式。商家计划如何、多少、何时以及何地将商品供消费者购买。因此，在时装秀的人群中，营销专家负责规划和协调各种广告和促销活动，吸引那些特定消费者的注意。其他正在看这场秀的人思考的是如何通过目录、互联网、邮件、电视或收音机在特定时间使上述所有商品出现在商店中。

秀场观众中也有视觉陈列师（Visual Merchandiser）。视觉营销专业人士被认为在"陈列"或"橱窗布置"工作的日子结束了。视觉陈列师是专业人士，负责以独特的方式规划商店环境，并通过商品展示进行品牌营销活动。他们通常在严格的时间和预算下工作，建立一个商店的形象，使节日成为消费者的难忘日子，也使之成为商店的盈利之日。

观众还包括其他竞争设计师或制造商的代表。他们可能由于任何原因出席。然而，时尚游戏中固有的挑战之一是一个创意想法以多快的速度传播、为人所知和被人模仿。不是所有的观众都试图非法复制他们在这个时装秀上看到的。事实上，其中的几个可能代表时尚公司显示高度相似的风格、颜色、细节，以及通过合法手段获得的想法。想想每个行业中的成功职业熟知他们的竞争对手，包括时尚与许多相同来源的公司一起工作，遵循相同的趋势，并与他们一同面对影响行业的相同问题，他们以此来保持现状和业务。这强调了时尚产业、企业与时尚规则本身的连接性。

对于那些"时尚流行（In Fashion）"，这些专业人士知道哪些公司、设计师、品牌和商店正在上升、下降或只是坚持。他们追随设计师所说的新东西，从而获得商业传媒中的关键利益，从而在消费者之中声名远扬。这进一步意味着时尚产业参与者使用相同的颜色、纺织和趋势资源；使用相同的预测者和消费者分析师；阅读相同的贸易出版物；并且通常知道并咨询整个行业的同一个人。他们看到同样的博物馆展品，并体验同样的文化和慈善活动，都会产生时尚的想法。难怪类似的设计、造型、"情绪（Moods）"和其他想法在几乎相同的时间渗透在时尚行业。然而，当你探索时尚产业意味着什么时，稍后在这部分的文本，你会发现时尚到底是什么或者谁在决定时尚的过程。

谁使得时尚产业成为可能？

不，不是那些在后台的设计师确保一切都按计划。你会看到，设计师在表演结束后有他们自己的时刻。不，是那些在秀场三排或四排的参与者。没有衣服就不会有时装表演，那些只是一堆草图，还不是为他们设计的。

许多独立的来源和制造商需要完成时尚和配件。观察周围，你会注意到观众中的一个人，他穿着一个特别有吸引力的织物或佩戴着独特的纽扣或装饰。他们可能是生产布料的织物公司的代表，或者可能是亮片、珠子、甚至是出现在展会商店拉链的制造商。这些物料是那些生产者提供给时装设计师的。也许这些物料启发了设计师，促使他开发了服装线。如果你曾经见过或拥有一个美丽独特的织物（通常被称为"纺织品"），你可能很好地理解他们的力量，他们必须激发创造力。谁制造这样的产品，让它令人回味的同时又分外实用？是时尚产业中的供应商

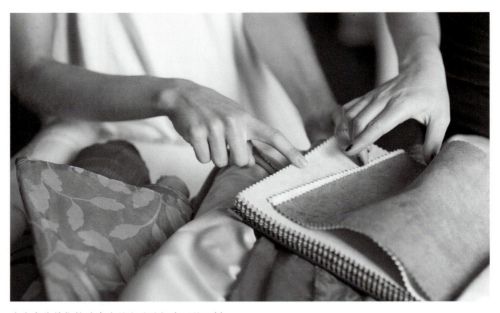

生产商为他们构造出来的衣片选择合适的面料

（Provider）。因为他们决定什么会最先成为时尚，供应商通常被认为是时尚"初级水平"的一部分。

再看看，你会看到其他时尚规则参与者出席展会。这些是生产者（Producer），他们负责直接将草图变成衣服。这些观众成员是制作秀场服饰的公司的代表。制作人被认为是时尚的"次级水平"的成员。现在关于他们提供的服务类型，你需要知道什么？服装生产是一个复杂的、高度控制的、有序的过程。时尚物品，如外套，可以由单个制造商或很多与设计者公司完全不同的商家生产。除了那些负责构建服装或部件的人之外，还有那些准备物品的人，如整理它们并将它们送至商店和消费者的人。

由于时尚生产涉及许多步骤，生产者是供应链（Supply Chain）专家。他们确保服装或配件与正确的原料相吻合，零件逐步完成以在过程中及时到达下一个步骤。为此，他们经常呼吁诸如"快速反应（Quick Response）"这样的实践。有关时尚生产过程的更多细节将在后面的章节中讨论。本章结尾处描述的一个时尚品牌已经在对供应链流程的掌中更加突出，这个品牌是路易威登（Louis Vuitton）。

追溯更远，回到观众，你可能会看到其他种类的时尚产业中的制作者。知名的设计师以他们的名字为消费者提供许多不同的产品，想想鞋子、钱包、时尚首饰、化妆品，甚至领带和内衣，这些不同的项目却通常有一个"设计师"的名字。这些东西是从哪里来的，是谁制作的？

你可能看到的时尚产业规则参与者是拥有使用设计师名字的许可证（Licence）的代表公司。通常，他们出现在展会上是去看他们的产品。这些专业人士已购买下在不同产品上使用设计师名称，标志或其他代表性符号的版权。通常，这些企业比设计师或他们的公司能够更好地、更有效地做这些项目。太阳镜是许可产品的绝佳例子。虽然几乎所有的主要设计师都提供"名牌（Name Brand）"眼镜，但实际上，在现实中只有少数专业公司生产它们。

最后，秀场音乐突然结束。所有的模特出现在场地上，依次绕场一周，鼓掌，然后设计师出现。害羞的设计师在后台拍手，大胆的会走至台前，全程微笑，给人群一个大致敬。设计师是最明显的时尚规则参与者之一。然而，他们是最神秘的吗？使用这里列出的类别，回想你对时尚已知的知识，如何分类设计师，是生产者、促进者、供应商、渠道商或所有这些？

不确定？

想想为什么像乔治·阿玛尼（Giorgio Armani）、拉夫·劳伦（Ralph Lauren）和最近的迈克·科尔斯（Michael Kors）这样的设计师变得如此众所周知。他们除了设计和制作衣服外还做了什么才能取得成功？当灯光亮起，让我们不要忘记过去提到的几类人。研究时尚的一些专业人士可能也参加这个时装秀，他们教授他人有关时尚过去的趋势、生产过程以及时尚对现有文化的贡献。虽然他们的目的可能不是向消费者"卖"时尚，但他们也是时尚推广者。他们进一步关注时尚，并了解时尚。下面概述几个活动包括示例。

时装或服装的策展人（Curator）负责识别、获取和保存服装和纺织品以供观察和研究。他们可能为博物馆、学术机构，甚至时尚私人收藏家工作。服装、配件和其他时尚相关的物品已经成为时间和它们所属环境的特殊工艺品，代表了罕见的手工技巧，在自己的领域成为独一无二的艺术品。策展人已经举办了博物馆展览，其中包括重要的好莱坞服装，精心制作的中国古代皇室的服装，以及当前设计师的作品，如薇薇恩·韦斯特伍德（Vivienne Westwood）和让·保罗·高提耶（Jean-Paul Gautier）。过去、现在和未来的博物馆展览以可视化、形象化的方式向公众展示了为什么时尚仍然是社会的一个相关力量。

附：

你刚刚遇到了时尚产业规则的主要参与者。关于他们工作所处的环境和他们如何工作，你需要知道什么呢？以下将展示他们如何塑造其动态以及推进时尚产业。

时尚教育人士（Fashion Educator）出席展会，包括教授、工作室教师与他们的课题组，可能被视为时尚知识的学术推广者，如策展人。研究、教育和传授实用的、与时尚相关的技能也可以让时尚作为新的方式供学生学习，以推进时尚的未来。

当你离开时装表演场地，你看到一群人带着标志和标语牌，他们被安全隔离在后方。抗议者！这也是时尚。这不应该"有趣"么？为什么它的一些方面充满争议性？也许你刚刚看到的展品的设计师使用毛皮产品，或者被认为雇用"血汗工厂"和强制劳动。这些参与者正在作为倡议者表达他们对这些问题的观点。他们试图提高公众意识。他们也是时尚"推动者（Advocate）"，因为他们希望改变时尚的生产和消费方式。得益于社交媒体，由专业组织者和感兴趣的消费者组成的倡导团体是有影响力的力量。每个在时尚职业中工作的人都必须了解这些倡导者是谁，以及他们如何共同努力寻找解决方案。

时尚产业动态

不仅是衣服和配件；不仅是设计师、制造商和销售商；甚至穿着他们的人——所有这些令人兴奋的互动正是当我们在谈及"时尚产业规则"时所讨论的东西！要理解这种现象，首先需要承认谁是时尚，最终答案是：消费者。他们独自决定一个风格、一个颜色、一个品牌或一个企业是否会成功。你会发现更多关于他们的东西，以及在下一环节中他们的力量。

消费者改变时尚的方向。他们通过他们所关注的、他们购买的、他们选择参与的方式和时间做到这一点。这意味着：

没有时尚产业规则参与者可以成功地"命令"或判决消费者穿戴什么，如单个设计师，或任何几个一起工作的人。时尚变化的演变是逐渐地、缓慢地发生的，因为消费者习惯于接受一些发展，而忽略或忘记其他。虽然这个被称为时尚周期的过程会随着时间的推移而大大加速，并且受经济条件的影响很大，但是现在比以往任何时候都有更多的时尚趋势和风格选择，不会改变整体消费者主导的性质和时尚进化的性质。

营销、广告、促销活动，"博客"和"推文"不能完全覆盖任何时尚潮流、风格、产品或品牌。如果消费者不想接受时尚，无休止的促销将迫使他们这样做。

像以前一样，消费者通过社交媒体等渠道在时尚界发出声音。消费者现在可以"实时"提供他们的见解和评论。时尚产业规则参与者如何倾听和与消费者合作会影响他们的成功。

拥有这样强大的声音、自我定位和决心的力量，消费者难道不期望时尚产业规则参与者开发、生产和提供尽可能快速的令人兴奋的服装、配件和其他时尚产品给他们？当然，他们不希望时尚产业规则参与者提供自己不想要的物品（"我永远不会穿那件东西！"），只提供有限的、狭窄的选择（"你没有别的什么？"），或者没有考虑他们的反馈（"没有人回复我！"）。

那么，在消费者的权力和期望看似矛盾的情况下，时尚产业规则参与者应该如何工作并取得成功？

那些时尚产业规则参与者能够与消费者持续建立情感上的牢固联系，而且他们可能有一定的运气，并且似乎能够找到平衡消费者权力和期望的方法。通过这样做，他们在时尚产业中茁壮成长！

想想实现这些目标所带来的挑战。一方面，时尚产业规则参与者面对强大的和要求颇高的消费者；另一方面，还要面对许多竞争对手。在每个市场定位中和每个"价格点（Price Point）"上，无论是高级时装（高价）、百货商店（中等价格）还是大众市场（低价），时尚市场都挤满了产品。负责这一切的参与者都在寻找消费者。那么，做时尚产业规则参与者使用什么样的策略从竞争对手中脱颖而出，并与消费者形成紧密联系？

时尚产业规则如何进行？

正如你在后续章中所发现的那样，时尚产业的"规则"包括这些类型的策略。品牌营销和管理——"成为一个大品牌"——经过仔细思考和实施，服务于吸引消费者和区分参与者的双重目的。"品牌化（Branding）"是产品和服务被赋予特征的过程，丰富了其意义，并且最终增加了它们本来不具有的价值。想想所有不同种类的运动鞋：阿迪达斯（Adidas）、亚瑟士（Asics）、耐克（Nike）、彪马（Puma）、安德玛（Under Armour）等。由于这样的做法，每个鞋品牌都有自己独特的形象和品牌联想。现在你可以说出他们的差异，认出他们的产品，判断你是否穿它们，甚至喜欢上特定的品牌。

当关注具体的、有针对性的消费群体及其生活方式（真实的或渴望的）时，品牌可以带来身份识别性、兴奋感、娱乐性、唯一性和社区感，以及产品、服务的归属感。因此，时尚产业规则参与者就是通过品牌建设（Brand Building）形成了产品与消费者之间的情感联系。

即使如此，如果他们不可用，有吸引力的、令人满意的品牌产品将有什么好处？关于生产、分配、包装和销售他们产品的实际考虑是时尚产业规则参与者面临

购物中心完美呈现了时尚产业规则的许多领域：生产商，时尚采购商，渠道商和消费者

的另外问题。他们解决问题时，必须满足消费者的期望，而不能引起他们强大的愤怒。

确保"适当的产品、正确的地点、正确的时间、正确的数量"和"正确的价格"可用于消费者是一种挑战。本文的其余部分探讨了时尚和零售产业规则参与者在企业中是如何进行这个复杂的过程的。与所有商业贸易一样，他们必须意识到并在其专业活动中融合法律、道德和盈利，始终以支持品牌和吸引新消费者为目标。

时尚产业规则焦点：路易威登（Louis Vuitton）

消费者是时尚产业的目标。然而，回想一下，时尚产业是一种"动态互动（Dynamic Interaction）"。与不断变化的、不知如何熟悉的时尚品牌路易威登（Louis Vuitton）相比，哪种产业更具动态性？五六十年前，前几代消费者只知道它是笨重的手提箱和旅行袋的制造商。现在想想吧！拥有广泛多样的时尚产品，该品牌已成为世界上最令人垂涎的品牌之一。什么事使它变化如此之大？路易威登的故事是一个关于时尚产业以及它的员工如何一起工作的故事。

路易威登（Louis Vuitton）自20世纪70年代末以来的爆炸性增长可能归因于几个因素。其中最主要的因素包括增加对所有企业重要品牌的认识，特别是对于时尚品牌。你会在后面更详细地发现，品牌可以定义时尚企业的形象，甚至其实质。他们是否在"标志性（Iconic）"产品上使用"特征性（Signature）"颜色，唤起奢华、精致或动感。无论他们的形象如何，时尚品牌有助于消费者区分非常相似的物品。时尚产业规则参与者如何使用这样的图像来构建强大的品牌？

对于路易威登来说，它作为一个顶级奢侈品牌的出现，源于"品牌延伸（Leveraging the Brand）"这一短语，指的是使用策略，旨在吸引尽可能多的不同类型的购买者。"影响力（Leverage）"是时尚和零售专业人士频繁使用的术语。路易威登的经理和设计师团队意识到路易威登的名字和"L.V."缩写可以引起许多联想：巴黎、旅游、优雅，以及由此带来的富裕感。通过探索对品牌有一定概念的消费者，路易威登开发了与他们一致的产品和服务。同时通过这样做，他们利用品牌形象营造了一个完整的、高端时尚的生活方式。

建设路易威登品牌一直正在进行中。公司现在使用内部和第三方来源作为制造商，提供配件和服装等一系列纺织面料和高品质皮革，除了他们可识别的"花押字（Monagram）"画布。同样，他们在意大利、西班牙和法国扩大了生产商的数量。路易威登与这些供货来源合作，以确保始终如一的高产品质量，这样做保持了品牌形象和消费者满意度。上一代的路易威登客户被熟知是因为行李袋和棕色、金色面料制成的鞋子！其实消费者对更多的产品有难以置信的需求，路易威登发现后利用品牌，将其发展成长为一系列的产品。

例如，男士鞋（以前从未提供过）现在是由作为公司内部员工的威尼斯工匠生产，他们拥有熟练的制鞋艺术，但可能无法保持业务，因为它不是路易威登的所有权。现在提供的样式数量远远超过消费者的需要。路易威登对产品生产质量的控制有助于提高其吸引力。路易威登更好地组织其供应链实践，以提高效率。

路易威登成功的另一个因素包括改变与供应商的关系。以前，路易威登商品通过批发、零售和少数公司的运营渠道随意出售。如今不再是这样了！每个路易威登零售店都是由公司直营的精品店，即使它位于其他商店租赁的空间。这确保了只有真正的、一等质量的路易威登服装、配件和其他项目可用。同样，公司保持对其互联网销售门户的控制，以保证品牌完整性、产品和交付质量，当然还有消费者满意度。因此，路易威登简化了产品分销渠道，并以公司能够在每一步保持控制的方式进行组织。

路易威登早期的宣传活动主要限于印刷广告，以方便豪华的异国旅行宣传其产品的优点。这些被认为形成了品牌的描述性"基因（D.N.A）"：它代表什么和它形成的信息。路易威登对此反复思索：通过使用其产品，强调旅行中的冒险精神。无论是由歌手、活动家波诺（Bono）和妻子阿丽·休森（Ali Hewson）在非洲穿戴，还是在柬埔寨的安吉丽娜·朱莉（Angelia Jolie）旁边，路易威登作为推广者，将其产品消费者定位为成熟的旅行者，或希望在世界各地的旅行中使用的人。

附：

在重振法国时尚品牌摩纳（Moynat）成功后约三十多年，路易威登开始重新崛起。其母公司阿雷诺家族（Groupe Arnault）正在重新引入另一个法国品牌摩纳马利蒂（Moynat Malletier），旅行包制造商。20世纪90年代，这个以"M"标志而闻名于世的品牌被标记在箱子和旅行袋上，这是阿雷诺（Arnault）最新的努力，将最新的生产和分销实践带给了一个迷失时尚的公司。目前，该品牌由设计师拉梅什（Ramesh Nair）领导。一个定位"精品（Bontique）"的小型品牌，它似乎有望在未来的几年内增长。

Summery

本章小结

　　知道了这么多关于时尚、零售和相关时尚商品等主题的事情，似乎有合理的框架组织你新学的知识。时尚行业规则允许你对专业人员（"参与者"）进行分类，并了解他们每个人执行的工作类型。然而，它最大的特点是方便你理解他们如何一起工作，即时尚行业运作的动力。你认为他们如何平衡这两者？这一章，为你介绍了时尚产业及其令人兴奋的运作过程、挑战，以及它们被时尚产业规则参与者解决的方式！

Questions

问题回顾：你发现了什么？

1. 识别和描述那些被确定为时尚产业规则参与者的人。分别举例说明解释他们是谁以及他们做什么。使用"时尚产业规则工作表"选择一个你特别欣赏的，并说说他们的活动与你的关联。

2. 尽可能清晰地描述你认为时尚产业规则是什么。特别是想想他们如何相互依赖，但又必须依靠自己成功。根据你自己对时尚的观察和你在本章学到的知识，谈谈"参与者"如何看待这种平衡？

3. 什么是时尚的"级别（Levels）"，在其中可以找到哪些种类的时尚产业规则参与者？

4. 描述名人如何推动时尚游戏产业的运作。

5. 说消费者"驱动"时尚产业意味着什么？他们如何做的？

6. 列出时尚产业的规则。在以后章中你会学到更多。

7. 描述不同的时尚产业推进者的活动。

8. 什么是时尚产业固有的一些挑战，你有什么建议去解决？当你看完本章时，答案会更清楚。然而，根据你现在知道的，想想这些挑战，以及你如何解决他们。

9. 时尚产品的"供应链"是什么意思？

10. 分配渠道有哪些过程？

11. 为什么时尚产业规则参与者建立"大品牌"很重要？

12. 为什么设计师与时尚企业提供相似的产品，却并未相互复制？他们如何做到的？

13. 路易威登如何成为时尚产业的象征？

14. 本章中列出的哪些职业是你感兴趣的？为什么？在你准备接下来的"市场日模拟项目"时，请记住您的兴趣。

Terms

专业术语

确保你知道本章中的以下术语，并可以举例说明：

倡导者（Advocates）

供应商（Providers）

时尚游戏（The Fashion Game）

供应链（Supply Chain）

赞助商（Sponsors）

零售商（Retailers）

时尚预测员（Fashion Forecasters）

名人（Celebrities）

企业对企业和商对客的商业模式（B2B and B2C）

渠道商（Purveyors）

时尚编辑（Fashion Editors）

视觉陈列师（Visual Merchandisers）

公共关系（Public Relations）

消费者（Consumers）

博主和微博（Bloggers and Microbloggers）

社会名流（Socialites）

促进者（Promoters）

分配渠道（Channel of Distibution）

价格点（Price Point）

批发商（Wholesalers）

策展人（Curators）

市场日模拟项目工作表

成为一个时尚产业规则参与者

项目目标	为了准备市场日模拟项目，此工作表要求选择你或你的小组将扮演的角色，并描述你的第一个想法
第一步	使用四个时尚产业规则参与者的名称：供应商、生产者、渠道商和促进者，说说哪些（从本章中的定义和例子）吸引你。然后说明为什么 例如：你是一个善于交际的人吗（也许是启动者的角色）？你是否对科学技术影响时尚产品（如纺织品）的发展感兴趣（可能是提供者的角色）？想想你对时尚的兴趣，以及他们如何与这四个名称有关
第二步	描述所选类别的工作 如果需要，请参阅具体职位说明的示例部分 _____ _____ _____ _____
第三步	在市场日你会提供什么以体现你对时尚的兴趣 有没有你认为应该可用的产品或服务，但实际上并非如此 作为一个专业时尚造型师或公关，你将如何表现自己 让你对时尚感兴趣的一些事 它是什么？你怎么能让别人对你和你的想法感到兴奋

通过演示的方式描述你感兴趣的东西，在时尚产业中的角色和具体的职位中这样做。这是你或你的团队的初步想法，你之后将制定细节

_____
_____
_____
_____
_____
_____
_____
_____

你可能想给你的项目想一个"工作标题"或暂定名称。可以稍后更改，但现在写在这里

_____
_____

时尚产业规则及其参与者（可选项目）

项目重点	根据你从本章中学到的，你觉得时尚产业中哪个角色可能适合你？在这里，你将反思你的个人兴趣和能力

我最感兴趣的时尚产业规则参与者：（只能选择一个）

    供应商   生产者   渠道商   促进者

阅读本章后我知道的时尚产业规则参与者的功能和活动

_____

_____

_____

_____

这是我现在拥有的教育和工作经验，以及我认为适用于它们所执行的任务

我的教育经历	我的工作经验
_____	_____
_____	_____
_____	_____

这些都是我希望以时尚闻名的成就

_____

_____

_____

_____

这些是我认为我需要做的事情，以达到我的目标

_____

_____

_____

_____

在你的帮助下将时尚带给你的社群

目的： 你可以通过观察你自己社群里的玩家来了解时尚产业。观察并记录根据以下指示找到的内容

过程： 找到你所在地区的百货商店或专卖店，向社群展示时装秀。可以是任何种类的，展示新的商品，并向公众开放。或者你能够参加一个当地的慈善机构、俱乐部或机构。你可以在当地报纸、杂志或通过互联网网站和社交媒体帖子找到这些活动的广告

识别本地的时尚产业规则参与者

使用下面的表和你对各种时尚产业规则参与者的知识，确定你的社群并完成任务。一定要说明你为什么将他们归类为一种特定类型的参与者。仔细观察，并持续作为参考。为什么？这些可能是你将寻求实习和工作的时尚产业规则参与者

注意： 要真正从这个项目中受益，一定要积极看待所有四种类型。此外，从那些你感兴趣的人中收集联系信息，可供以后跟进。当你在寻求第一次大的"突破"时，你将真正开始进入时尚产业

姓名 （介绍你自己并询问对方名字）	时尚产业规则参与者 （回顾四种角色）	挑选理由 （促使你这样做的理由）

消费者与时尚产业

前言

消费者塑造了时尚的历史、现在以及未来。他们是当代时尚产业的目标。以前介绍过的每个时尚产业规则参与者试图寻求吸引、参与和激发，并最终获得新的消费者，同时保留现有的消费者，他们必然是为了成功。阅读本章后，你将从时尚产业的角度了解消费者。这些人就像你一样，购买服装、配饰和其他时尚相关的物品。

本章内容

- 它描述了消费者在塑造现代时尚发展中的作用。
- 它概述了时尚消费群体及其特点。
- 它探讨消费者与时尚互动的方式。

第2章

准备好探索这些动机持续塑造时尚发展的术语、短语、概念和方式。阅读本章后，你将了解为什么说消费者在过去、现在和未来会影响时尚。

消费者决定时尚的发展

时尚的故事由消费者和他们的接受（或不接受）的许多变化塑造。要理解现代时尚产业，就要回想起"时尚"的想法来自哪里。想想，你不仅可以看到消费者如何塑造其路线，而且可以看到现在的时尚产业规则参与者如何反应。

在18世纪和19世纪晚期工业革命的技术进步和社会变革之前，我们现在所认为的"时尚"几乎没有消费者。

你认为这些时尚消费者可能是谁？

早期的时尚消费者是皇室和贵族。这些精英有经济能力在定期变化的基础上获得精细工艺制成的服装和配件。与之形成鲜明对比的是，农民和其他占社会多数的人只有少数加工粗糙的服装。通常，这样的衣服从一代人传递到下一代，它们唯一的变化是修理和补丁。在这些时代，几个世纪以来，人们和他们各自社会领域的差异可以通过他们的服装风格来体现。

服装和配件的独特外观或"风格（Style）"可以根据精英的喜好而改变。"时尚"被定义为在任何特定时间盛行的服装方式。它的使用和意义被进一步认为是源于早期贵族对风格变化的适应。

几万年前，"衣着（Dress）"根本的功能是用某种多维服装或好几件服装覆盖身体。其最早的例子可以追溯到大约二万五千年前。

有时，你会遇到"服装（Costume）"一词描述过去穿的服装。你能区别它与"时尚（Fashion）"吗？想想服装的"表示形式（Representation）"和时尚的"趋势（Trend）"。更正式地，"服装（Costume）"可以被认为是代表特定时间、地点或人的那些服装和配件。一个例子显示了这种区别：短裙（Kilt）。当特定家庭、氏族或这些团体起源地的苏格兰人穿着它以代表家庭关系时，它被认为是"服装"。当马克·雅可布（Marc Jacobs）和让–保罗·高缇耶（Jean–Paul Gaultier）的T台上出现长短不一的短裙时呢？现在，这是"时尚"！

在生产实践的进步之前，时尚部件（特别是织物）是手工的，非常昂贵。成衣也是通过艰苦的劳动生产的，成本很高，同样受到尊重。精英们穿着装饰美化的衣服、修剪过的毛皮、金子、银子和珠宝，作为富贵的象征，所有人都可以看到他们

在18世纪只有极少数消费者能够接触时尚。材料十分昂贵，大部分时装是来自家庭制作的

服装面料直到18世纪才开始手工制造

高贵的地位。

这种精致的风格和昂贵的衣服，确实是他们身份地位的象征，它们表示穿戴者是富有的和强大的。像英国这样的国家，法律禁止非政治人物穿戴或甚至拥有这种衣服。这些法律根据时代的思想，阻止"普通人（Commoners）"掩饰他们的真正生活，愚弄他人相信他们是贵族的成员。有人认为，这种规则是为了通过控制穿着来保持精英地位而颁布的。

实际上，直到19世纪，非精英人士几乎没有服装选择。有些人能够得到精英雇主裁剪剩下的衣服，获得这些衣服后经常穿戴。其他服装来源包括从家庭成员获得的，或通过易货、贸易获得的。像今天这样在商店购买新衣服的方式很少见。服装被修补和裁剪，直到没有什么有用的剩余。所以，珍贵的是衣服和布料，精英与非精英人士转赠他人，或是在他们去世之前留给别人是很常见的，如布、成衣和配件（包括皮带和包）。

科技推动时尚发展

工业化意味着技术进步和人类对这些创新的依赖。如19世纪中叶，更好更快的织布机和缝纫能力带来了难以置信的变化。布料成为一个商品项目：广泛可用，受制于价格市场，而不是编织者和针织品制造商决定。随着时间的推移，市场推动了价格的下降，使得一度被认为有价值的布料不再昂贵。服装生产中另一个繁重的手工艺品，如布料制造，它能够提供更多的服装和更加便宜的价格。

发达国家的人们依靠先进技术获得了经济上的优势，如英国和欧洲部分地区，尤其是美国。米尔斯（Mills）和工厂创造了前所未有的机会。工人可以支付得起

1800	1805	1810	1817	1820	1825
1830	1835	1840	1845	1850	1855
1865	1870	1875	1880	1890	1900

从早期的18世纪到1900年，时尚如何变化

成衣。此外，社会结构基于出生地的转移而得到分层。在那里，他们得到承认和对个人成就的尊重。个人形象是展示个人成功的一种方式。穿着更好的衣服不再是"非法的"。零售商和广告鼓励在负担得起的情况下购买新的、更好的服装。到了19世纪中叶，以前那些衣着破烂的"普通人"正在成为今天的现代时尚"消费者"。

现代时尚对消费者的回应

19世纪和20世纪，消费者数量增加，衣服需求暴增！为了满足这种需求，大量生产和更好的分配方式提高了服装生产效率。诞生于工业革命的米尔斯（Mills）能够生产数量惊人的布料。那个时代的工厂能够做大量的服装。这些包括成衣（Ready-to-wear）部件分离，如大多数男装、女衬衫和连衣裙，所有这些都变得广泛可用并且负担得起。时尚杂志和时尚目录，如西尔斯·罗伯克公司（Sears, Roebuck & Co.）和蒙哥马利·沃德公司（Montgomery Ward's），都鼓吹时尚的变化，并提供方便的手段获得它们。邮购（Mail Order），特别是乡村免费送货（RFD），给农村家庭带来了最先进的货物。普通消费者越来越多地参与到时尚的发展之中。

提高消费者对时尚的认知

这种参与的原因之一是消费者更好地意识到来自巴黎的时尚和趋势。到了19世纪后期，有兴趣的美国女性可以很容易地跟随查尔斯·费雷德里克·沃斯（Charles Frederick Worth）和其他巴黎设计师的时尚创新。时尚杂志，如《时尚芭莎》（Harper's Bazaar）（1867年）和《服饰与美容》（Vogue）（1894年），是这些信息的来源。根据沃斯（Worth）和他人的设计，服装纸样制作模式早在19世纪中叶就已出现，这些进一步增强了消费者跟随法国时尚理念的能力。

沃斯在时尚史的优势基于他建立的高级定制（Haute Couture），或每种样式仅此一件的手工设计，它不仅是一种风格或看点。与成衣（Ready-to-wear）相反，定制服装是在订购后制成的，有时需要几个月的时间准备。沃斯被认为是"高级时装之父"，源于开发这一过程并为其制定标准。同时，他建议将这样的创新做法作为你开始学习时装表演的第一步。即使在今天，大多数时装设计公司继续使用一些起源于沃斯的元素，例如季节性的时装表演、不同风格的组合出现在秀场模特身上。

消费者对时尚的进一步意识可能带来了他们更深层次地参与，但是在信息传播缓慢的时候，消费者可能将零售商提供的、杂志描述的，以及造型设计师自己认为的、在特定季节和场合所"应该"穿着的视为权威。因此，许多地方和区域的部门、专卖店在各自的领域蓬勃发展，是因为消费者期望这些商人提供时尚指导。20世纪，这种尊重将随着消费者及其需求和愿望而改变。

消费者的多变生活影响时尚

在20世纪初的几十年里，妇女日益独立成为社会变革的重要力量。首先，她们积极参与了与第一次世界大战有关的活动。在美国，她们于1919年获得了投票权。此外，她们在20世纪20年代寻求并获得了在商业和社区事务中的持久存在。这些"彻底现代"的女性变成聪明且有需求的消费者，她们的需求是实用性。加布里埃尔（Gabrielle）即"Coco"香奈儿的时尚设计形成了以明线为特点的实用型西装、现在著名的"小黑裙"和当时颇具争议的裤装。

这些服装反映了一定的需求。成衣时装，其中大部分是在纽约市的服装区生产，并成为流行，与沃斯时代一样起源于巴黎流行的趋势。重要性上来看，成衣在未来几十年将继续增长。20世纪60年代末期持续到20世纪70年代，巴黎设计师都在为消费者建立和销售自己的成衣系列。

到21世纪中叶，休闲时间和娱乐成为广受消费者欢迎的追求。在20世纪30年代的大萧条时期和1945年结束的第二次世界大战中，政治和社会冲突带来了经济上的困境，经历过这些后，这种兴趣改变是可以理解的。消费者开始寻求舒适、实用的服装，主要体现在这一时期的织物和制造技术的发明上，例如，在1953年引入聚酯，提供比天然纤维如棉或丝更便宜的织物。它们比使用高维护的天然织物的手工服装更容易注重和保持其形状和外观。然而，战后对便装的渴望并不意味着消费者已经转向了时尚。当涉及时尚，消费者仍然转向巴黎！

在当代文化中，20世纪50年代可能被称为"巴黎十年"，这在很大程度上归功于法国时装设计师克里斯汀·迪奥（Christian Dior）。他为女人提供了吸引力十足的女性时尚。在大萧条和第二次世界大战的"临时"服装之后，他创造的确实是时尚的"新风貌（New Look）"衣服。起初，一些消费者和批评家认为他对织物的使用过于奢侈。然而，迪奥的风格吸引了广泛的消费者，其保持的标志性风格仍然与20世纪50年代相联系。例如，"两件式套装（Twin Set）"就是迪奥的一个想法，它是一种由两种颜色匹配的毛衣，现在已经是一些时尚零售商的主打商品，例如香蕉共和国（Banana Republic）和丁克鲁斯（J. Crew）。媒体狂热地描述了迪奥系列的亮点，他不断变化的下摆长度和廓型（服装造型）成了大新闻，并在报纸文章、百货商店广告和电视报道中出现。他和他的时尚理念是如此广为人知，以至于甚至是男人都想知道迪奥在下个季节会建议女性穿什么。这一切得益于他的时尚创新和精明的商业管理，他的名字和时尚理念构成了现代克里斯汀·迪奥时尚品牌的基础。

在第二次世界大战后的几十年，购物成了许多消费者喜欢的消遣，因为有更多令人兴奋和价格合理的产品可用。事实上，在这段时间里，时尚的趣味和刺激很大程度上起源于时尚想法的诞生及其衍生出的风格。消费者将巴黎与时尚紧密相连，但是还有其他场地获得自己时尚的权威。

随着迪奥的崛起，意大利正在开始上升成为时尚源头。在外国援助下，意大利面料厂和高级时装店在战后时代开始兴起。到20世纪70年代，意大利成为一个世界性的时尚大亨，这得益于商业投资和设计师的创造力，如塞西尔·索瑞尔（Cecile Sorrell）、俄罗斯公主伊勒娜（Princess Irene Galitzine）和瓦伦蒂诺·加拉瓦尼登（Valentino Garavani）。

时尚对个体的反映

战后的几年里，消费者的数量前所未有，这得益于1946～1964年的婴儿潮。在本章的后部分中，你将更多地了解这个群体。人数如此众多，对更多东西和更多选择的渴望变得强大。消费者期望更多的是时尚个体特色的彰显，而不是别人认为他们应该穿什么，这一点上，男性和女性都是如此。

对于男性来说，20世纪60年代的孔雀革命（Peacock Revolution）给男士服装带来了颜色和图案。这种转变与20世纪50年代到60年代早期战后的服装形成鲜明对比，那个年代的男性服装更加醒目。

对于女性来说，20世纪60年代的标志性风格是"迷你"裙。这种裙子经常搭配高靴，汲取了时尚的新焦点，有种从伦敦的卡纳化（Carnaby）街区起源的"青年震荡（Youthquake）"的风格感觉。这个时代，丰富多彩的、有形体意识的风格（Body-conscious styles）通常来自同样丰富多彩和令人兴奋的精品店。这些小型的特色商店提供选择，专门吸引那个时代的"现代主义（Mod）"消费者，这些选择通常以新的、更自由的生活场景来包装。

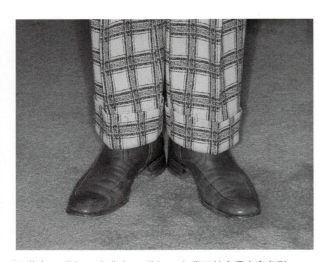

男装在19世纪60年代和19世纪70年代开始变得丰富多彩

今天的全能时尚消费者

你希望怎样被告知穿什么？

不太可能，对吧？已故的美国时装设计师比尔·布拉斯（Bill Blass）指出，在他的预估中，落于小腿中部的"迷迪（Midi）"裙是时尚产业最后一次试图告诉消费者的这一信息。1970年秋天，时尚编辑、制造商和零售商试图推动消费者的风格，但没有成功。然而，"迷迪裙"的确引发了当时的争论，不是关于时尚的方向，而是关于谁将领导它。在以后的时间里，你会发现答案已经变得清楚：消费者。不关心任何人对时尚的想法，女性毫不犹豫地选择更夸张和实用的长裤套装。夹克和裤子的组合，有时配上一件衬衫或毛衣，就成为20世纪70年代的标志（Iconic）或最高代表。另外，"迷迪裙"的结束也意味着十年时尚的失败，或代表着一种没有获得消费者广泛认可而迅速从市场消失的风格。

当前流行的文化和时尚风格来自20世纪70年代的灵感。然而，由于"通货膨胀"或价格的飞速上涨，时代本身在经济上是具有挑战性的。换句话说，时代是艰难的！到80年代，逐渐展示出的繁荣使许多人渴望更大的富裕。20世纪80年代是"权力着装（Power Dressing）"的时代。定制西装通常有着夸张的肩部，这种受男性与女性欢迎的趋势成为流行的案例。

音乐和音乐家也影响了20世纪80年代的时尚消费者，他们采用了喜欢的歌手或团体的风格。这是歌手麦当娜（Madonna）的全盛时期。在她风格的持久影响中，她使用里面穿的衣服作为外衣，如"内衣"。实用和丰富的运动型服装在这段时间也成为人们的日常服装，如运动套装。

明星运动员通常与某种鞋款联名来吸引消费者

到20世纪90年代，消费者追求来自时尚、生产者和零售商的价值。这意味着低价格、"促销"的商品大量可用。风格趋势各不相同，消费者根据自己的兴趣和需求采纳。"嘻哈（Hip Hop）"和"商务休闲（Business Casnal）"风格反映了20世纪晚期的流行趋势。

随着技术在所有人的生活中变得越来越强大，互联网成为时尚信息的源头，并且越来越多地应用于购买商品。到了21世纪，消费者只有权力在增长。这意味着希望留在时尚产业中的参与者必须找到更多创新的方式与消费者互动。根据你自己的购物体验，即使只是浏览，你能想到他们会如何做么？

新的消费者利益引领时尚

技术悟性和价格敏感性是近来消费者利益的关键。技术使得时尚和零售行业的人们对消费者了解更多。与以前相比，它为消费者提供了更多了解时尚的方法。对制造商、销售商和用户而言，信息是有益的，并且获取方便。

如今，这是一个多渠道和技术驱动的环境！购物者希望零售商能够允许自己通过传统的商店、邮件和目录、电视和广播、互联网和移动设备购买。零售商也必须支持这些渠道，允许消费者混合和搭配购买，并允许他们在线购买，如果他们愿意，已网上支付的物品直接邮寄给他们或在实体店提取。这些技术革新使消费者能够影响时尚和那些提供它的人。

谁不喜欢讨价还价？各种消费者都喜欢。以至于现在认为"追求时尚"不仅仅基于价格。不同价格和来源的衣服、配饰混搭时，许多消费者感到异常舒适，例如，昂贵的手提包、钱包搭配便宜的运动服。通常花费几百美元的限量版牛仔裤与 5 美元的橡胶人字拖搭配，这是另一种在男性和女性身上都能看到的表现。各种时尚产业规则参与者正在关注消费者关心的价格问题，并寻找解决这些问题的新方法。

价格与质量利益

"平价奢华风（Masstige）"（大众＋精品）运动强调部分设计师的努力，以合理的价格提供更有地位、更昂贵的时尚和时尚物品。例如，卡尔·拉格菲尔德（Karl Lagerfeld）和麦当娜（Madonna），利用他们作为时尚领袖的名望为自己参与设计的低价格商品吸引客户。"平价奢华风"这样的运动的存在和被认可说明了一点：消费者决定了什么是时尚，而非设计师、商店或价格。因此，对消费者和相关被认可条件的重点（有针对性的）追求是时尚产业的一个原则。在后面的章中将进一步探讨。

消费者对时尚设计的参与

消费者还有哪些权力？他们现在想成为时尚过程的一部分。在过去的十年中，技术的发展使人们更直接地参与到时装生产过程中。也许没有比自己设计自己的时尚产品更适合的方法了。20 世纪，在时尚的第一个十年，产品定制开始成为一个主旋律，特别是鞋和配件。公司现在为消费者提供参与时尚过程的能力，这被称为"众包（Crowdsourcing）"。

社交媒体允许消费者根据自己的意愿来制作时尚，直接与公司决策者合作制定产品，并分享他们的意见。例如，脸书（Facebook）已成为允许消费者拥有这种能力的主要渠道，时尚品牌巴宝莉（Burberry）在脸书上打破了三百万粉丝的壁垒，成为社交网站上最受欢迎的时尚品牌。

附：

大品牌和零售商将众包视为一种提高消费者忠诚度的方法，而小公司则以此建立完整的交易。

消费者与随着时间变化的任何风格趋势一样有趣和引人注目。许多团体研究和分析消费者，为时尚专业人士提供机会。那些了解如何到达目标市场的人有独一无二的战略要点，他们塑造未来时尚产业规则的过程。考虑到他们的重要性，你如何识别和更好地了解消费者？

了解时尚消费者

所有时尚产业规则参与者都需要什么？从上一章中挑选几个回顾一下，思考他们各自的角色和追求。杂志编辑安娜·温图尔（Anna Wintour）需要为美版 *Vogue* 寻找读者；博主布莱恩·扬保（Bryan Yambao / Bryanboy）、泰维·盖文森

（Tavi Gevinson）和盖文森的博客《时尚新人》（*The Style Rookie*）需要追随者；公关高管需要有趣的和感兴趣的人来参加他们的活动。他们都需要对时尚有兴趣和已经做好购买准备的消费者！

时尚消费者是那些购买、使用与服装、配饰、化妆品、家居和礼品相关的信息和产品的人。无论他或她的追求有多么形形色色，时尚产业中的每个参与者都需要他们。但谁是"消费者"？

没有两个人是相似的，时尚消费者尤其如此。他们的需求、兴趣和影响力（即个人"风格"）变化很大。"谁是客户？"这不仅是时尚和专业零售人士询问的问题，也是一个消费者或目标市场（Target Market）所思考的问题。

目标营销是识别特定消费者的过程，他们最有可能理解、渴望，并最终购买时尚商品和服务。要辨别这些群体中的任何一个，首先要对消费者有一个全面的了解。

下次你站在人群中时，四处看看。你看见谁了？他们是什么样的？试着根据他们的言谈举止甚至穿着确定他们喜欢或感兴趣的是什么。无论你是否意识到所看到的是消费群体或观察到的是一些使他们与众不同的特质。从时装企划和专业营销人士的角度来看，这些特征将如何被描述？

你的时尚工作将包括花费最低的成本去尽快彻底地了解消费者。以下是时尚产业规则参与者如何收集和理解有关消费者信息的简要概述，如设计师、企业高管，甚至小商店所有者。这似乎与时尚相距甚远，但实际上，这就是时尚的全部：了解现有的或未来的消费者，并找到满足他们的方法。

那些参与时尚及其传播的人也许会使用几种方法来描述消费者。也许最直接的方法是根据性别、年龄特点、年龄跨度、收入、位置或这些特征的组合来描述群体。测量和检验这些以事实为基础的方法收集到的数据，被称为人口统计。

另一种描述消费者的更复杂的方法被称为心理图案法（Psychographics）。想想"生活方式（Lifstyle）"，你会明白这种方法是什么。通过收集关于消费者兴趣、动机的数据，以提供另一种见解。笼统地说，如常用的价值与生活方式体系（VALS2）系统，它根据消费者的个人价值和可用资源来估计他们购买的物品种类和可能参与的活动。

心理图案法可以用来形成对消费者高度准确的理解，他们的动机和行为，以及他们基于这些特征所购买的东西。例如，在价值与生活方式体系系统的顶部是"革新消费者（Innovators）"。这些是具有大量财政资源的消费者，并且希望在可用时获得最具创新性的产品。其他具有较低能力和兴趣的人可能会被同一系统避开这些项目，他们只是对它们感兴趣，如果包含的话，也在大多数人已经接受它们之后。在八分段价值与生活方式体系系统的底部是"幸存者（Survivors）"，除了食物这类自给自足的产品，他们对其他任何东西都没有兴趣。

许多关于人口和心理形式的消费者分析是特有的。这意味着时尚和专业零售人士必须雇佣专业公司来从事这种研究并解释其结果。这两种方法是用于识别目标市场消费者的重要工具，并且通常一起使用，以识别和定位时尚产业寻求的消费者类型。

消费者研究是社会科学和数学统计的一个令人兴奋的、严谨的应用。社会学家、心理学家、人口统计学家和其他人推进了我们对消费者身份和行为的理解。统计学家量化这些发现，赋予它们可信度和相关性。分析法（Analytics）是一个术语，通常用于描述收集和科学解释消费者信息。

消费者研究可以由时尚和专业零售人员进行或委托。他们可能是供应商（了解纺织品特征，例如消费者所寻求的"易护理"），生产者（确定消费者喜欢或不喜欢什么），渠道商（确定什么时尚物品能满足消费者的期望）和推广者（知道要宣传什么）。通过消费者研究收集的信息是时尚预测的一部分，第5章"生产者：设计和制造时装"讨论了这一主题。

技术改进了收集消费者信息的方式。得益于允许消费者提供想法和建议的社交媒体，如我的空间（MySpace）、脸书和互联网应用程序等，在与其他消费者和时尚产业规则参与者的合作中，他们可自愿提供关于自己的重要信息。

消费者研究领域是巨大的，有许多信息来源可供探索。然而，一般来说，研究消费者信息遵循几个基本步骤。第一步是定义一个或一组要回答的问题，换句话说，叙述一个问题。例如，时装设计师可能会对消费者是否喜欢用某种特定织物制成的服装感兴趣，它可能是一种试图进入或刚刚进入市场的织物。另外，时尚零售商可能想知道特定月份某个项目在整个行业中的销售情况。每个问题都需要信息来回答，但哪种类型的信息可以获得呢？如何获得？

消费者研究的第二步涉及找到回答所定义问题所需的信息。某些类型的问题可以通过参考其他人收集的信息来解决，例如设计师对织物偏好的关注。然而，更可能的是，这样的信息必须由设计者或他（她）的公司获得。研究原始数据所获得的信息被称为一手资料（Primary Data）。由其他人收集和分析的数据被称为二手资料（Secondary Data），诸如在《女装日报》（Women's wear Daily）的贸易文件中发现的信息。这种情况下，如果问题中的织物在市场上出现的时间还不久，很可能要使用二手资料，并且将需要收集一手资料。一手资料可以通过以下方式获得：

观察法（Observation）：顾名思义，这种收集一手资料的方法包括观察消费者对产品或服务的反应。它就像观察个体穿衣风格一样简单，或者是像计数那样严密的观察。

问卷法（Questionnaires）：这有时是长期的调查。它们之后是可预见的反馈、消费者可以从中选择最好的一个来表示他们的特征、意见和其他信息。

焦点小组法（Focus Groups）：志愿者或群体被邀请参与这种形式的信息收集。焦点小组可以在一段时间内举行一次或几次会议。通常整个过程被观察和记录。市场研究小组、心理学家和教育顾问等提供这一服务。

社交媒体法（Social Media）：收集消费者数据的另一种手段是通过社交媒体从消费者那里引出或提取数据。社交媒体的独特之处在于消费者可能志愿服务或"推动"他人的利益。不仅如此，他们可以选择自己希望的时间和地点，并且使用自己的语言。例如，通过推特（Tweet）、我的空间和脸书页面，甚至他们自己的博客和互联网网站，消费者可以使他人获知到他们的经验、印象、观察和发现。这些也是一手信息来源，通过这些，时尚和零售领域的人可以了解消费者和产品以及这两者之间的相互作用。

目前，社交媒体仍然是一种相当新的收集数据的方式，因为在过去几年中，只有这种技术才能实现。消费者发布时尚产品和服务评论的能力给了他们影响他人的一种声音和手段。无论这让你多么激动，作为一个消费者，让别人知道你的想法，你能看到这样做带来的影响吗？在解释你和其他人的意见时，专业时尚人士可能面临什么样的挑战？

量化和使用从社交媒体获得的信息可能很困难，因为这一优势也是其弱点之一：消费者习惯以自己的方式做出反应。这可能是统计上不太容易解释的。然而，因为消费者经常受到他人的使用方法的影响，时尚和专业零售人员对社交媒体的启用和激发方法颇感兴趣。有兴趣了解消费者对新面料的看法的时装设计师可能会举办一个焦点小组，然后要求参与者将这些想法推送转发给他人。根据反馈，设计师可能对产品如何被感知有一个更好的认知。现在，是时尚的媒体时代，消费者获得信息的手段与他们收到的任何实际信息一样激动，如通过应用程序，发布推文和快速浏览。

参与这些活动时，"发布"所有人都能看到的个人照片、事实或评论，消费者泄露了自身的许多东西：计算机IP号可被跟踪，注册时的数据可能被卖给他人，信息可能多渠道传播。一些消费者对现代生活的这个事实毫无质疑，他们所获得的比他们失去的多得多，也方便得多，但它给其他人造成了麻烦。你怎么看？

描述现代时尚消费者

出于对出生日期（部分重叠）和生活方式的考虑，社会科学家、记者和其他人现在注意到以下消费群体。

Z代

Z代指的是在20世纪90年代，特别在这十年出生的人。简而言之，根据美国市场营销协会（American Marketing Association）的说法，这个团体由1995年及以后出生的人组成。这些是消费者，也许你也是其中之一，他们没有经历过没有互联网的生活，先进的传播技术充斥了他们日常生活

Z世代是随着科技长大的，这一代人通常使用手机来支配他们的生活

Y世代虽然对时尚感兴趣，但比其他几个世代会更加考虑预算

的每个方面。

他们被称为"数字原生代（Digital Natives）"，因为他们的学习和认知是由技术塑造，甚至定义的。例如，前几代消费者可能寻找地图来定位商店。Z代的成员可能不想仅使用地图，他们会选择在他们的智能手机上咨询地图应用程序。他们很可能会收到手机的语音指示，引导他们去想去的地方。

专业时尚人士对这个即将到来的团体特别感兴趣。他们似乎比资质较大的成员更具有消费主义精神，更有时尚和品牌意识。总之，日常生活中无处不在的媒体已经将他们公之于众。他们的父母更喜欢时尚和品牌，并将它们作为自己选择和购买的参考。人们普遍认为Z代成员对自我表达比团队参与更感兴趣。

零售商、商品销售商，以及几乎时尚界的每一个专业人士都在努力探索这个群体。现在，大量的社交媒体资源经常被用来吸引和销售给这一团体，如我的空间（My Spare）和脸书（Facebook），以及关于新项目的推文。

Y代

根据美国市场营销协会的研究，Y代有时被称为"千禧一代（Millennials）"，是由1983～1994年出生的18～29岁的消费者组成。正如数据表明的那样，这个群体可能没有将他们的全部生活暴露在互联网和其他技术下，但很显然已经暴露了大部分。他们也是技术和社交媒体的精英用户。

Y代大约有八千万人口。虽然他们可能是比婴儿潮一代更大的群体，但是相对来说，人口统计学没有用多少时间来比较两者。此外，对于该群体囊括的日期也存在一些争议。与之前相比，Y代是目前文化水平最高的群体；然而，这可能会被Z代的群体所掩盖。这个群体的成员可能面临经济挑战，这使他们必须在家里居住更长时间（或必须回家）。此外，他们有看到其他人对早期职业和生活选择不满意的经验，他们不想让他们觉得自己已经准备好去做那些对他们来说是正确和永久的事情。

对于专业时尚人士而言，这个群体是有趣的。他们技术熟练，文化程度高，并且对时尚很感兴趣。然而与收入相比，包括生活费在内的经济障碍迫使这一代比上代人更注重预算。时尚和零售业已经通过诸如发展主题商品的活动对此做出了回应，上一章中，你已经对此进行了研究。在这种情况下，由著名设计师如卡尔·拉格斐（Karl Lagerfeld）和斯特拉·麦卡特尼（Stella McCantney）设计的可达到数千美元的服装被生产和销售，并且价格更低。和Z代一样，这个群体可以通过社交媒体和互联网达到时尚专业人士的要求。

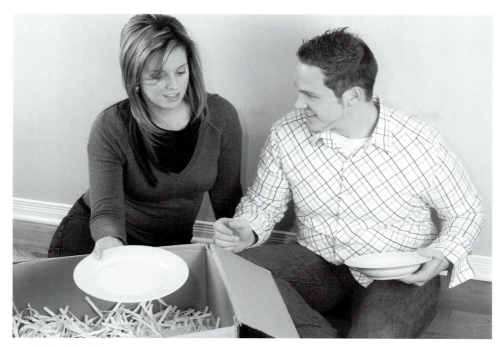

X世代成员会考虑性价比，更加关注自己的家庭和职业生涯

X代

根据美国市场营销协会的统计，X代包括1965~1982年出生的人。群体有时被称为"生育低谷（Baby Bust）"一代。它是公认的最小的消费群体，有大约二千万人口。在同一年龄段时，其收入低于他们的父母（那时的婴儿潮一代）。

多变化和多样性是本群体的两个共同特征。它在政治领导人和政策转变方式上经历了很多。此外，本群体的利益更加多样化。价值凌驾于品牌意识之上的产品，更易受到这个群体的关注。总体而言，这个群体的成员被认为专注于家庭和职业目标，而非贪婪之人。然而，专业时尚人士是有机会与这个群体接触的。"筑巢（Nesting）"和家庭生活是重中之重，可以通过商品企划和零售强调商品价值、便捷性和提高家庭生活的特点。

婴儿潮（Baby Boomers）

随着时间的推移和多年的审查，与其他群体相比，无疑这一代人受到了更多的研究和讨论。婴儿潮一代出生于1946~1964年（第二次世界大战后时代），出于以下几个原因，它是值得注意的。

作为一个群体，婴儿潮的规模非常大，估计有65万~66万人口。此外，它有着强大的个人经济影响和购买力。这个群体控制着约82%的所有非机构性的金融资产和超过半数的消费总额。物理规模和经济实力使之成为一个令人印象深刻和至

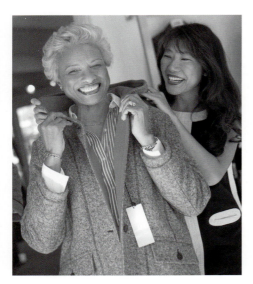

关重要的消费群体。

时尚和专业零售人士等对这个群体提供的机会非常感兴趣。虽然婴儿潮一代通常具有时尚和时尚品牌意识，他们希望品牌为他们修改。例如，这意味着服装设计应该注重趋势和适应更大尺寸，适合、适当、舒适和风格是这个群体的关键要素。婴儿潮一代习惯于他们所获得的，以及他们获得的时间和方式！

除了这些属性，婴儿潮一代在购买上需要大量的协助。这意味着时尚专业人士必须找到集成服务和产品销售的方式。因此，提供诸如时尚咨询以及变更的服务是向该群体进行销售的必要组件。通常还需要后续服务，如销售反馈和退货特权。由于他们的品牌忠诚度是世代群体中最高的，这个群体习惯通过重复业务来寻找提供这些服务的商店和时尚品牌。婴儿潮一代的消费者是一个有重要影响力的时尚力量，他们是有话语权的、活跃的和强大的。

婴儿潮有着相当的影响力，需要合适的款式和良好的消费服务

描述消费者的其他方法

诸如上述的同代划分方法是非常受欢迎的。这部分是由于它们的多维性质：它们提供了许多人的初步印象或概要。然而，这不是描述消费者的唯一方式。消费者可以并由以下特性定义和分组：

性别： 男、女。正如你所看到的，时尚品牌蔻驰的研究展示了不同性别的人一般想要从公司和时尚那里获得什么以及如何获得。

教育程序： 小学、中学、高中、大学、研究生、博士学位。教育程度是衡量消费者兴趣和支出的另一种方式，通常与赚取的收入相关。

种族起源： 非洲裔美国人、亚洲人和高加索人的群体仍然包括重要的时尚消费者和时尚产业规则参与者。如西班牙裔美国人目前是美国增长最快的人口群体，值得注意的是，这个群体被发现通过社交媒体大量参与时尚。

个人认同： 无性、双性恋、异性恋、同性恋，变性是消费者研究者的兴趣特征。这些团体的成员经常寻求在广告中包括这种标识的产品和品牌。此外，他们更可能光顾那些具有类似包容性职业雇用和其他活动的公司。

家庭收入： 高、中和低，这是传统上消费者专家基于经济学的类别指出的。然而，对平价奢华风的兴趣日益增长表明，这样的划分可能不那么重要。例如，塔吉特（Target）与尼曼·马库斯（Neiman Marcus）在2012年12月的合作中，协议组建了一个大众市场与奢侈品结合的零售商，这被认为有利于两家商店的品牌形象。

非西方消费者： 居住在非西方地区的人为时尚产业规则参与者提供了独特的关注机会，特别是那些存在具体的、明确的文化规范的人。这种动态非常重要，以至于成为后一章的主题。

正如你现在所理解的，有许多方法来描述消费者。使用任何一个或甚至几个度

量的问题判断所选择的是否有用。例如，多维心理信息将有助于确定新时尚产品的目标市场。另一方面，使用一个信息源，如只有男性，用于确定服装制造模式的平均袖长测量值可能是该任务最有益的信息来源。

受过培训的信息顾问是时尚产业规则参与者寻求的对象，收集和解释关于男性、女性或特定种族的文化或收入群体的兴趣和喜好。这些第三方（或"外部"）有经验者通常能够以敏感、非攻击性的方式确定吸引和保留这些群体成员的方法。例如，针对中东国家或居住在美国社区的时尚促销需要语言意识和对公共妇女形象的规范的理解。

什么影响消费者？

如果消费者影响时尚，那么是什么影响他们，并促使他们做出时尚决定？

正如你在上一章所学到的，在当代，没有单一的趋势或风格。消费者穿衣时，可以自由选择一切，如风格、设计师和品牌。任何人（如一个远方设计师）都能设置时尚课程以供他人跟随的这种观点已被抛弃很久了。因此，没有一个可以被认为是影响消费者的来源。但是，什么是最可能的？

想想你看过的杂志、电视节目和其他媒体来源。通常，这些被描述的人在选择着装或搭配时通常选择名人参考，而非其他。消费者似乎最有可能从他人的着装中获得关于自己着装的想法。时尚影响者与"真实"消费者一样多面，他们属于这里指出的多个群体。然而，一般来说，它们可以这样描述：

娱乐和体育名人： 由于体育、音乐和娱乐方面的成就而获得认可和声望的人是消费者的时尚灵感源泉。一些名人是"时尚达人（Fashionistas）"或潮流引领者，他们在着装方面承担可能被议论的风险，但他们享受这种行为带来的万众瞩目。嘎嘎小姐（Lady Gaga）和莎拉·杰西卡·帕克（Sarah Jessica Parker）是人们所熟知的例子，她们风格独特、穿着独一无二，以令人兴奋的方式将不同的时尚元素组合在一起。美版 *Vogue* 时尚编辑安德烈·莱昂·塔利（AndréLeon Talley）和美国音乐家坎耶·维斯特（Kanye West），以及英国主持人格拉汉姆·诺顿（Graham Norton），都是因为他们的时尚存在和前瞻性服装而获得认可的人。

许多名人因为在一个领域的盛名而在如时尚等其他领域受到欢迎。麦当娜、贝克汉姆（Beckhams）和维多利亚（Victoria），是音乐和运动届名人的例子，他们首先建立个人的时尚身份，然后建立有影响力的品牌。

一个流行的时尚趋势是名人的香水。这些是具有个人名字的香水和古龙水产品。以珍贵宝石命名的伊丽莎白·泰勒（Liz Taylor）系列香水成为流行并持续受欢迎，又因为它的成功而衍生了一代香水。这是因为消费者喜欢将名人与他们的同名产品联系在一起。泰勒长期以一个迷人的个人形象和大量的珠宝收藏而闻名，她的"白钻石（White Diamonds）"和其他香水产品使消费者印象深刻，以至于她去世后仍然经久不衰。

有一些需要关注的问题关系到名人与社会名流。当名人佩戴可识别的品牌或特定风格的衣服时，可以使得消费者进一步接触这种物品。这通过以下方式影响这些物品的制造者：

使用产品或由明星推荐使用：可以积极地增强品牌、风格的人气和接受程度。在一个被称为"播种（Seeding）"的过程中，即负责推动时尚产品、贷款或直接资助的过程，他们认为著名人物的穿着和配饰会被拍摄曝光。他们认为各自的光泽会照亮彼此：名人的时尚意识以及品牌或制造商与他们的关联。出席"红地毯（Red Carpet）"活动的名人是首选的候选人，如颁奖仪式、数百万观众将观看节目。然而，名人会收到许多瞩目，猜测他们在出席时的着装。

名人可能对品牌或风格产生负面影响，至少时尚品牌经理是这样担心的。真人秀《泽西海滩》（Jersey Shore）节目的迈克·索伦蒂诺（Mike Sorrentino）在节目中经常将衬衫上束。这种习惯更好地让他的腹部中段得到体现。在这个过程中，清晰可见的是下面的阿贝克隆比＆费奇（Abercrombie & Fitch）腰带。娱乐和时尚来源报道说，阿贝克隆比＆费奇品牌曾让他不要穿戴如此明显的运动型产品并为此付费。他们将该品牌称为"领导型消费群体（Aspirational）"，它所针对的是不同的目标市场，而不是索伦蒂诺先生代表的专属市场。无论是否是为了宣传，这个例子都强调了名人对消费者产生的积极或消极影响的程度。

在兰斯·阿姆斯特朗（Lance Armstrong）与耐克合作后，表达了自己对它的支持，耐克赢得了数百万的收入后放弃了他。这发生在指控被证明真实的几天后，他靠掺杂提高比赛成绩的药物赢得许多环法自行车比赛。名人是时尚品牌的元素和组成部分，并且在时尚产业中被管理。时尚产业规则参与者面临一个两难的境地。著名发言人通常为公司创造了数百万美元的销售收入。然而，当爆发的丑闻涉及该名人时，他们应该怎么办？通常，答案取决于时尚参与者工作与"规则"的平衡程度。这些规则将在下一章中探讨。

上流社会中或富有的个人：富有和社会地位显著的个人已经被那些不太富裕或者位置不佳的人们模仿了几个世纪。社会形成的男女的时尚选择在我们这个时代仍然具有很大的影响力。纽约、达拉斯、旧金山、华盛顿特区和其他大城市都有自己的份额，他们作为时尚影响力的重要来源，在他们的区域形成和巩固周围人的时尚偏好。

皇室：你已经发现在早期几个世纪皇室对时尚的影响。皇室"就是"时尚，因为统治者是唯一一个能够负担得起这样奢华的人。在现代，皇室仍然保留一定程度的时尚影响力。已故的威尔士公主戴安娜（Diana）在她的一生中建立了一个吸引人的时尚存在，并且因为魅力和优雅在今天仍然受欢迎。20世纪80年代，她做了很多工作以促进人们对英国时尚设计师及他们的作品的进一步了解，这段时期他们在英国以外几乎不为人知。时装设计师，如她的婚纱礼服设计者，夫妻团队大卫（David）和伊丽莎白·伊曼纽尔（Elizabeth Emanuel），以及帽子设计师菲利普·特雷西（Philip Treacy），都得益于她的赞助而成为流行。

在与戴安娜的儿子威廉王子（Prince William）结婚后，凯萨琳（或凯特）·米德尔顿［Catherine（"Kate"）Middleton］被称为剑桥公爵夫人，她现在似乎准备成为一个时尚影响力。她的妹妹皮帕·米德尔顿（Pippa Middleton）也被英国和国外的时尚新闻界追随。这些家族成员喜欢时尚并发展自己的现代风格，他们像普通人一样，将昂贵的物品与更多的负担得起的物品相结合。

消费者与时尚的互动

　　然而，从任何来源看，消费者的时尚选择和他们选择的时间、灵感确实是复杂的。下面三种理论表明消费者是如何决定他们的穿着的。你怎么看？

　　向下渗透理论（Trickle-down Theory）：这个理论认为，只有那些在社会阶层中处于高层的人或决策者接受时尚变化时，其他人才会接受他们。这可能是最古老的时尚理论，回溯到皇帝和富人被认为是时尚主要来源的时候。这个理论并非是确定消费者接受时尚的权威理论，没有单一的定义社会等级或秩序的理论。然而，这种模式不能完全否定。凯特·米德尔顿，剑桥公爵夫人在与英国威廉王子结婚后选择的服装和配饰，能激发他人的时尚选择。时尚的生产者和传播者根据他们所拍到的她的穿衣风格进行生产和销售。

　　向上渗透理论（Trickle-up Theory）："颓废摇滚（Grunge）"时尚是这个理论的例子。根据这种方法，当社会和经济地位高的人采取那些被认为不太富裕或被认为具有较低社会地位的人的衣着方式时，时尚的变化和接受就会出现。马克·雅可布（Marc Jacobs）1994年的系列与美国时尚品牌派瑞·艾力斯（Perry Ellis）同名，它是从城市无家可归者那里获得的灵感。他的系列如此令人吃惊以至于雅可布被艾力斯解雇。然而，它的存在强调了这种方法的相关性。

　　泛流理论（Trickle-across Theory）：这可能是时尚的三个理论中最微妙的。回想一下，你是一个团体的一部分。基于该组中其他人的穿着，很多时候你的穿着可能已经改变。例如，特定品牌或样式的运动鞋、牛仔裤可能已经受到该组中的一个或几个成员的欢迎，其他人很快就会穿戴。你和该群组中的其他人可能受这些少数人的影响，开始发生悄无声息的改变。现在，想象在各种不同社会群体中发生的类似现象，从非常小到非常大，非常贫穷到极其富有。这样，你就会明白这个理论是如何运作的。

时尚周期和消费者选择

　　你有没有看到过已经在商店下架的衣服，并想知道为什么有这么多可获得的衣服但是你和其他人不想要？另外，你是否曾经寻找一个特别喜欢的时尚物品，但被告知它已经卖完了？你所经历的是时尚周期。这些事件来自消费者，以及他们如何看待和获取时尚。

零售店铺的陈列展示了时尚创意，并根据市场改变

引进时期（Introduction）：在第一阶段，设计师和制造商只生产少量展示最新颜色和趋势的物品。零售商不愿意购买大量的这些未经测试的物品，通常只购买少量来测试消费者的反应。只有少数对它们感兴趣的消费者愿意选择和穿戴它们。他们是潮流引领者或"领导者"。

上升时期（Rise）：随着时尚理念在更多的消费者中流传，它们的价格和变化均被复制。由于零售商试图在这个阶段期间保持消费者的需求和利益，制造商通常会淹没在这些产品的订单中。在这段时间里，时尚领导者可能仍然存在，因为不同的消费者群体会试图了解它们。但是，在这个阶段采取时尚的人很可能被认为是时尚追随者，他们在看到其他人穿着后对这样的时尚变化表示支持。

高峰时期（Peak）：有时被称为时尚接受的高原或高潮阶段，这个阶段的特点是对特定时尚物品的极大兴趣和需求。这个阶段，它以不同的价格在零售店被广泛提供。有趣的是，流行时间长短有所不同。时尚和零售业所面临的挑战是确定风格或项目是否时尚，它们是否应该限制生产和订购，或者将会受到消费者的欢迎。在这种情况下，他们应该继续生产（可能需要修改）和销售（也许是更大的促进）。在这个阶段采用时尚的人可能最好被描述为时尚"滞后者（Laggers）"，或者是那些接受新时尚较慢的人，除非在此之前已经有许多其他消费者接受过。

下降时期（Decline）：在对时尚的巨大需求后，随之而来的是厌倦期，时尚已经持续很长一段时间，并且已经被可能的人所采纳。通常，该产品的市场已经达到饱和状态，许多未售出的产品仍然可用。在这种情况下，制造商试图清除那些未被购买的库存给批发商，通常是国际市场或生产废料的公司。零售商也试图通过大幅降价或销售给员工和打折卖给卖家来清理库存。这个时候采用时尚的人，并非出自关心或被时尚驱动，而是因为低廉的价格。

衰退时期（Rejection）：想一想20世纪70年代中期的到小腿中部的裙子。它作为过时的例子，在今天很可能被消费者拒绝。在时尚产品的最后阶段，制造商和卖家的目的是清除他们的所有库存。

时尚周期受经济条件的影响，包括消费者个人和整个社会。这些因素确实可以影响时尚周期的速度。听起来很复杂？并非如此。从你自己的经验知道，当你有更多的钱花在时尚物品上时，比起没有的时候你更有可能这样做！即使是那些有能力购买时尚商品的消费者也可能由于其他因素而不这样做。你能想到可能是哪些原因呢？

什么是"消费者信心（Consumer Confidence）"？

由消费者会议委员会研究中心提出的消费者信心指数（The Consumer Confidence Index），是衡量消费者对经济总体健康状况感受的一个重要衡量标准。时尚商业媒体经常用它们来表明消费者认为当下的经济状况是否积极，换句话说，时代将保持"好"或"坏"？高水平的消费者信心被认为预示着有对时尚和相关零售的持续兴趣。低水平的消费者信心通常表示迟缓、甚至无利可图的时尚季节，因为消费者不愿意花费或者为了省钱而选择放弃采购。

本章小结

消费者提供时尚的背景及其存在的原因。他们是所有时尚产业规则参与者寻求的对象，因此，他们是时尚产业的"目标"。知道消费者和他们的重要性将更容易回答一个非常重要的问题："你的客户是谁？"

这一章探讨了消费者如何塑造时尚的发展。它进一步提供了通过动机和兴趣来描述消费者的手段，并指出消费者的信息是如何收集和解释的。

问题回顾：你发现了什么？

1. 消费者是时尚产业的"目标"，这句话意味着什么。
2. 早期社会的哪些群体能够沉迷于时尚？为什么？
3. 区分"着装"和"时尚"以及"风格"和"时尚"。
4. 什么是禁奢律，它们的目标是什么？
5. 描述工业化和它带来的一些进步。
6. 现代时尚是如何回应19世纪和20世纪的消费者？
7. 什么是乡村免费邮递，它如何给消费者带来时尚？
8. 描述查尔斯·弗雷德里克·沃斯的活动，他的贡献以及高级时装的意义。
9. 为什么克里斯汀·迪奥的设计对消费者有那么大的影响，特别是他的"新风貌"？
10. 什么是"婴儿潮"和"青年震荡"？这些消费者是如何影响时尚发展？
11. 什么是"迷你裙"？它是如何与消费者互动的？为什么？
12. "雅皮士（Yuppies）"是谁？他们对时尚的影响是什么？
13. 描述两个领导时尚的消费者利益，它们是如何作用的？
14. 什么是"平价奢华风"？它来自于哪里，包含哪些细节？
15. 目标市场包含哪些活动？
16. 尽量描述一下消费者信息是如何收集的，为什么它如此重要？
17. 描述几代消费者，并为他们做简要的概述。
18. 消费者们如何获得时尚灵感？
19. 有关消费者时尚接受的"渗透"理论是什么？
20. 消费周期包括哪几个部分，每个时期的表现是什么？

专业术语

确保你知道本节中的以下术语，并可以举例说明：

风格（Style）

成衣（Ready-to-wear）

工业化（Industrialization）

产品定制（Product Customization）

泛流理论（Trickle-across Theory）

心理图案法（Psychographics）

穿着搭配（Dress）

平价奢华（Masstige）

Z代（Generation Z）

婴儿潮一代（Baby Boomers）

二手资料（Secondary Data）

失败（Flops）

问卷（Questionnaires）

高级订制（Haute Couture）

Y代（Generation Y）

孔雀革命（Peacock Revolution）

商品（Commodity）

时尚消费者（Fashion Consumers）

向上渗透理论（Trickle-up Theory）

分析法（Analytics）

服装（Costume）

时尚周期：上升（Fashion Cycle: Rise）

批量生产（Mass Production）

社交媒体（Social Media）

时尚周期：下降（Fashion Cycle: Decline）

一手资料（Primary Data）

人口统计（Demographics）

消费者信心指数（Consumer Confidence Index）

观察法（Observation）

权力服装（Power Dressing）

焦点小组（Focus Group）

时尚周期：引进（Fashion Cycle: Introduction）

X代（Generation X）

目标营销（Target Marketing）

时尚周期：高峰（Fashion Cycle: Peak）

"嘻哈"（Hip Hop）

时尚（Fashion）

时尚周期：衰退（Fashion Cycle: Rejection）

向下渗透理论（Trickle-down Theory）

市场日模拟项目工作表

谁是你的消费者?

项目目标	现在你要对一日模拟市场有个大体想法，确定和描述一下你的目标消费者
第一步	回想一下你项目的暂定名称，并记录在此供参考
第二步	问问你的产品、服务和它们的组合，是否可以更适合你在本章中了解到的其他时尚产业规则参与者、公众或消费者。例如，如果你想做创新的、环保的纺织品，消费者如何使用它们，与其他时尚产业规则参与者相比，怎样才能将它们纳入成品服装

其他时尚产业规则参与者	一般消费者
哪些	哪些
为什么会吸引人	为什么会吸引人

第三步	用你自己的话来形容你将如何吸引你认为的潜在理想消费者。可能是两种还是只有一种

_____

_____

消费者和时尚产业（可选项目）

趋势匹配：什么趋势与什么消费者相配

第一步：	观察人群！看他们是谁以及他们穿的什么
第二步	通过说明为什么你认为特定的消费者会发现这些趋势的吸引力，来记录你的观察和结论 提示：你的观察可能会用于支持你的理由

第1人	描述
第2人	描述
第3人	描述
第4人	描述
第5人	描述
第6人	描述
第7人	描述
第8人	描述

时尚产业的
规则

前言

为什么这么多令人兴奋的事情发生在时尚界？它们是如何发生？本章确定了四个规则，时尚产业规则参与者似乎一次又一次地遵循这些规则，以吸引和留住消费者从而使他们的业务保持活力。在这里，你会更好地知道时尚公司和零售办公室发生了什么。

本章内容：

- 它介绍了时尚产业规则参与者为了吸引消费者和经营时尚企业而使用的四个简单的规则。
- 它用现实生活中的例子来解释这些规则，帮助你了解你在学习和工作中可能遇到的类似规则。

第3章

旦你开始了职业生涯，商业原则可能很难学习，更不用说建立和维护。了解基本知识，即你将在这里发现的规则，至于它们如何被时尚和零售公司使用则不需要了解。如果这一章后，你也能更好地从新闻和其他媒体中了解时尚界发生的事，无须惊讶。这是必然的！

时尚的四个规则

时尚产业规则：时尚和时尚零售企业这样运行的原因及方式。与其他行业一样，它们似乎遵循可辨别的、"可知的"规则。一旦你掌握它们，它们可以是你学习、应用和合作的指导。然后，你可以说你是一个时尚产业规则参与者，知道如何吸引和维持消费者以及保持业务。

在进一步阅读之前，想想你现在知道的与时尚相关的商业。比较两个熟悉的时尚公司：耐克之类的鞋类制造商与魅可（MAC）之类的化妆品公司，或一个单一的奢侈品零售商，如美国第五大道精品百货（Saks Fifth Avenue），以及有着大众市场链的塔吉特百货（Target）。不管他们提供的产品或服务有多么不同，他们是否有相似之处？你能识别它们吗？下面的规则描述了时尚和时尚零售业是如何相似，以及他们为什么以相似的方式经营。这些过程你可以学习，并很容易将它变成自己知识的一部分！

附：

时尚产业规则参与者在日常工作中如何"思考"？无论是大公司，还是最小的精品店，他们为什么做出这样的决定？本章涉及、介绍这些问题，并告诉你一个时尚产业规则参与者知道的许多术语、短语和概念。随着你的学习不断进步，可能在时尚或时尚零售的职业方面，你会有其他见解或你自己独特的观点，并来丰富在此发现的时尚产业规则！

一个时尚团队，不管是在媒体工作还是时尚领域，都包括了不同岗位的所有人

规则一：成为一个大品牌！

规则一是引导当代时尚企业建立一致的、有吸引力的，能够使消费者做出回应的身份。换句话说，在谈论时尚产品或服务以及它们将是什么样子之前，这些实体关注的是消费者将如何认识、理解和欣赏业务及其代表性。接下来，现代时尚产业规则参与者专注于他们将提供什么，以及这些产品和服务如何反映他们的品牌形象。后续章的内容将探讨产品和服务设计与品牌实践之间的关系，例如，第5章"生产者：设计和制造时装"。设计师通常基于品牌形象开发系列，包括颜色、主题，甚至感觉，力求与品牌标识一致。就现在来说，要了解品牌的基本知识，知道它们是什么。这些是时尚产业规则参与者在建立所有品牌时都要考虑的概念。

根据美国市场营销协会，品牌指的是"一个名称、术语、设计、符号或任何其他功能，它能识别一个卖方的商品或服务与其他卖方的不同"。如果只基于这个描述，除了区分不同制造者的商品，品牌还有其他功能么？从你自己作为时尚消费者的经验，你知道还有更多。"独一无二的"对你来说意味着什么？

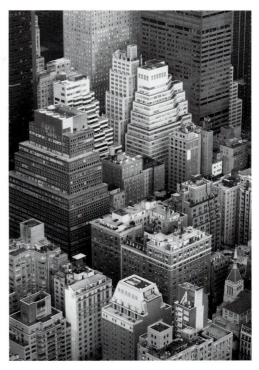

美国的大部分时尚行业都建立在纽约

事实上，不同的名称，甚至不同的标签颜色都能区分制造商的产品。其次，基于你自己的经验，你知道有其他方面要区分。你穿着你最喜欢的运动鞋时感觉如何、那个特殊的服装项目、一件特殊的毛衣或连衣裙？想想为什么你会首先选择这些项目。

品牌在消费者的情感层面上建立产品之间的区别。它们构建了品牌"奥秘"的概念，以及消费者与品牌产品和服务相关的全部思想、经验和情感。在当代时尚，品牌和品牌实践为何如此强大？

品牌背景

品牌本身不是新生之物。无论是在其他产品还是与时尚相关的行业，几个世纪以来，制造商都试图使用一些方法来使他们的产品区别于其他商品。例如，查尔斯·弗雷德里克·沃斯被认为是第一个在服装贴上他的名字的时装设计师。后来，另一位法国设计师让·巴杜（Jean Patou）在20世纪20年代使用自己的"JP"首字母作为外衣装饰，以区别于其他设计师的运动服。可见，品牌意识在时尚界由来已久。然而，新的东西决定了人们对它的关注程度。

随着20世纪的发展，产品市场日益拥挤，消费者基础也越来越富裕。因此，仅仅依靠虚张声势的零售方式和敏锐的销售能力已经不足以满足消费者，销售产品和赚取利润。结合有吸引力的广告和促销策略的营销实践比以往任何时候都能激发消费者。当面临购买选择时，消费者不得不选择那些具有吸引力的消息，这对于他们以及他们的生活而言相对自主化。品牌关乎着消费者的生活方式。

尽管案例很多，20世纪80年代初法国品牌香奈儿（Chanel）（现在是世界上最重要的时尚品牌）的重现代表了越来越复杂的品牌管理实践。以前，这是一个很少被认为是时尚前沿的品牌。现在改变良多！目前，香奈儿品牌同样成功地提供了永恒的服装和配饰的流行趋势。通过这种做法，它迎合了青少年、他们的母亲和他们的祖母在年龄和生活方式上的差异。

　　产品不再是唯一受益于品牌实践的种类。基于消费者对这些品牌和他们代表的协会，当代时尚的相关服务［想想伊丽莎白·雅顿（Elizabeth Arden）的"红门（Red Door）"和"艾凡达概念（Aveda Concept）"美容院和水疗中心］获得了跟风。因此，与时尚、质量、价值、特殊服务和其他理想属性相比，品牌是消费者更加看重的属性。在考虑品牌时，你会发现什么？它们可能有什么不同？

品牌分类

　　时尚和零售人士每天都与品牌合作。设计师负责开发产品，使之与品牌形象相符。零售商和商品销售商都致力于建立自己商店的品牌，并保持他们提供给消费者的品牌的完整性。

重点：以下基本品牌分类经常使用：

　　工业品牌（Industrial Brands）： 这些品牌是用于商业生产的产品。因此，一般消费者通常对它兴趣有限。带有日本重机（JUKI）品牌的缝纫机和拷边机是一个工业品牌与时尚相关的例子，还有拉尔夫·普茨（Ralph Pucci）的人台。

　　消费品牌（Consumer Brands）： 这些是日常生活中使用的产品品牌。想想你遇到了多少。据估计，平均而言，消费者每天参考大约十多个不同的品牌。一般消费品牌通常可从许多不同的零售商处获得。抬头看，你可能会认出几十个消费品牌，如李维斯（Levi's）和盖璞（Gap）。

　　私人品牌（Private Brands）： 与许多不同来源的消费品牌相比，私人品牌通常只能从一家零售商处购买。例如，许多零售商提供自己品牌的服装和其他物品。他们这样做是为了加强商店的整体形象，以及时尚趋势或价值导向。同样，商店可能有兴趣降低产品成本。通过使用垂直整合策略（自己拥有或控制自己销售产品的来源），他们能够更好地实现这一点。拥有较低的成本，零售商有可能在"他们"的产品品牌上获得更大的利润。

　　时尚品牌（Fashion Brands）： 看看你穿的衣服和配饰。它们大多数都有标签，或有一些可以使之区别于其他的方法。当品牌应用于服装、配饰、化妆品、不耐用的家居产品，甚至服务，他们可能被认为是时尚品牌。当与这些项目有关时，服务也可能形成时尚品牌。因此，基本上，时尚品牌是消费品牌的子群体。

　　奢侈品牌（Luxury Brands）： 今天的时尚经常遇到的一个术语是"奢侈品牌"。它也是消费品牌的一个子群体，当与时尚和时尚相关的商品和服务一起使用时，又会成为时尚品牌的另一个分组。奢侈品牌的产品意味着很多用品的挥霍，是少数商家的主打产品：费用高昂，独家分销，包含配件、首饰、化妆品和家庭用品。这些品牌是领导性的，他们融入了消费者对富裕、幸福的希冀和对个人独特性的看法。

重要的品牌概念

品牌的分类有助于描述他们和他们所适用的产品种类。你觉得品牌如何唤起他们拥有的力量？

品牌个性（Brand Personality）：和人一样，品牌也有个性。这意味着"人们如何认为品牌是符合自己期望的"。品牌个性是品牌与消费者的整体形象的一部分。

品牌特征（Brand Salience）：对特定品牌的认知和认可是品牌突出概念的核心。例如，你能够区别一个品牌与另一个品牌吗？你认识所有品牌吗？品牌营销人员努力建立品牌形象和个性，使这些品牌与消费者具有高度的特征性。

品牌价值（Brand Equity）：个性、突出，为了灌输这些特征，品牌专业人士寻求什么？品牌最终到一个品牌足够强大，以至于与其他品牌竞争时，消费者将选择它，这被称为品牌价值。

什么成就一个品牌？

品牌由其组成元素认可。这些是品牌经理、设计师和其他人用来吸引消费者关注其产品的"橄榄枝"。这些重要元素可以是有形的，也可以是无形的。

符号	旨在代表品牌及其意义的设计 示例：耐克的"Swoosh"系列和彪马的"Cat"系列
标志	通常是品牌的缩写的组合 示例：香奈儿（Chanel）和古驰（Gucci）的缩写"C"和"G"
颜色	用于表示品牌的特定光谱 示例：有着明亮红色鞋底的克里斯提·鲁布托（Christian Louboutin）鞋
声音	向消费者传达品牌的音调、音符 示例：用于德国拜耳苏打水（Alka-Seltzer）的"扑通声和嘶嘶声（Plop，Plop，Fizz，Fizz）"等商业用品
动机	感知活动，动机产生 示例：视觉陈列与活动结合以吸引观众对所示品牌的注意；魅可化妆品的闪光灯计数器
气味	与特定品牌相关的嗅觉 示例：香奈儿5号的醛香味，表明该品牌的高度成熟化

无形的品牌元素
服务——旨在为品牌、产品、其他服务（或两者）及其供应商提升价值 示例：诺德斯特龙百货公司（Nordstrom）已经建立了作为时尚零售商的声誉，包括周到的客户服务
政策——官方定义为实践，旨在为品牌、产品、服务及其供应商提升价值 示例：时尚公司和零售商之间的自由商品退货政策有助于在消费者中建立品牌价值
设施——为品牌、产品、服务及其供应商提供提升价值的特色 示例：在某些商店和线上提供高清的视频系统，允许消费者在不同条件下看到自己穿的衣服
感知——消费者对品牌、产品和服务的体验和感觉 示例：阿贝克隆比＆费奇（Abercrombie & Fitch）等零售商依靠对运动身体特征的认知，在男性和女性消费者中建立吸引力

要点：想想你熟悉的品牌时尚物品。这些品牌元素（Brand Elements）哪些方面引起你的注意？

品牌可以存在多久？

正如你在上一章中发现的一样，品牌与产品一样，有一个生命周期（Brand Lifecycle）。品牌生命周期包括以下内容：

引进期（Introduction）： 品牌首次向消费者提供了大量的推广并获得了认可，零售商对于消费者是否接受和存货稀缺较为谨慎。

上升期（Rise）： 随着品牌不断吸引消费者，广告和促销需要进一步挖掘新的消费市场。零售商增加库存，折扣和奖励通常不需要移动库存，因为消费者积极寻找品牌。

高峰期（Peak）： 就是它！在品牌生命周期的这一阶段，目标市场消费者和其他消费者都非常需要消费者，他们对每个人都拥有的品牌感兴趣。

下滑期（Decline）： 消费者觉得他们现在了解品牌，或者品牌不再适合他们的需要，或者已经转移到别的品牌上。销售额大幅下降，零售商将现有库存减少，并且无法重新订购产品。

退出期（Exit）： 消费者基础已经消失，品牌未能吸引新消费者。零售商不再订购产品，任何现有的库存被大幅度打折出售。

品牌政策应用

品牌意味着有多少消费者来了解时尚。品牌开发和营销的几种方式凸显了他们对消费者的普遍性和重要性。

从鞋子到短裤和衬衫，甚至太阳镜和古龙水，你可能已经注意到，有不同的产品可能都有同样的品牌。你所看到的是另一个品牌概念：品牌延伸（Brand Extensions）。例如，许多活跃的服装品牌如耐克，阿迪达斯和彪马使用一种产品（例如鞋）进入市场。随着这些公司产品的普及和消费者对它们的熟悉和喜爱，这些品牌开发了强大的品牌资产。值得注意的是，他们的母公司提供了带有姓名、标志的物品和消费者可能认可、回应和购买的其他元素。扩展有助于增加已经强大的品牌价值。基于此前对品牌的积极看法，消费者能够接受由此衍生出的多种商品。然而，扩展并非没有挑战。如果计划或生产不当，衍生产品可能损害品牌和改变消费者的选择。

由于对建立和扩展品牌如此重视，负责他们的人希望保护他们，这似乎是合逻辑的。品牌管理政策（Brand Management Policies）是时尚产业规则参与者（通常与其他参与者）合作的指南和实践，以确保持续吸引消费者。品牌管理政策旨在防止品牌价值的侵蚀，使其保持足够强大，不断吸引消费者。

品牌产品是昂贵的，不仅是对消费者而言，对它们提供的商店而言也是如此。通常，商店必须支付费用才能获得销售特定品牌产品的权利，必须支付高于平均水平的溢价和批发价格才能获得库存。这是零售商开发自己的私人品牌的一个原因：价格更低。

与品牌定价政策相关的是，当涉及品牌规定的不予出售的产品时，商店必须遵循规则。根据传统的零售实践，一旦出售，零售商会记录后30天内销售量变化缓慢的商品。一些品牌禁止商店折扣或将其产品促销，特别是化妆品。奢侈品牌严格禁止零售商对其商品进行任何形式的价格调整，以保持其声誉形象。

商店通常需要为品牌商品专门分配特定数量的零售和展示空间。你在商店中看过只提供特定品牌的"专柜"么？这就是原因！除了所有这些令人难以置信的费用，商店还需要花费额外的广告和促销费用。

作为时尚产业规则参与者，你将负责制定或使用与保护品牌形象和股权的相关政策。合法是时尚产业规则的一部分，你会发现这些规则包含在合同中，或者包含在时尚品牌和制造商之间有法律约束力的协议中。

品牌是时尚和时尚零售的强项：商家通过诱使消费者继续购买产品为企业创造收入。成为一个（大）品牌是第一条规则，如果这个过程没有成功运行，时尚产业规则将不存在！

规则二：合法！

规则二针对每个合法商家的关注点，包括时尚和零售业务。本文将致力于挖掘为什么法律和法律指南与时尚企业有关，以及它们如何相关。然而，你主要是了解时尚产业规则参与者如何操作，以及什么是"合法"。首先讨论的是时尚商业应该如何以合法的方式组织和运行。

商业法律组织

"有利可图"，当你知道这个时尚产业规则时，你会真正了解建立企业的合法途径的重要性。这种方式可以让时尚产业规则参与者和企业盈利更多，例如成立公司。这与他们制造和销售产品所得的利润是分开的，是完全独立的。想想设计师迈克·柯尔（Michael Kors）和拉夫·劳伦（Ralph Lauren），与其他设计师和时尚产业规则参与者相比，他们是相当富有的，这得益于他们合法设立他们的公司，并从事相关业务。"大品牌"适合"大企业"，他们共同建立了现代时尚游戏。

业务形成（Business Formations）是用于描述各种商业实体的术语，包括时尚业。你会看到，这些方法可能相当简单或相当复杂。选择哪一种方式的原因取决于商业组织者的目标。

对一个商人来说，最直接的方式是不做任何事情，直接开业！作为独资经营者（Sole Practitioner），企业主基本上是企业本身：他或她承担所有责任。这意味着唯一的经营者可以获得业务中的所有奖励。在支付了包括所得税在内的费用和税款后，唯一的经营者可以保留赚取的钱。

另一方面，独资经营者承担所有风险，包括一切可能出错的法律责任。因为这是最简单和最便宜的做生意的方式，它很受那些没有可用现金和正式组织计划的人的欢迎。正如你所怀疑的那样，业务终止于唯一所有者的死亡。希望开设小型时装设计工作室人可以选择这种形式。

合伙企业（Partnerships），顾名思义，是由两个或更多人组成的商业组织。类似于独资经营者，这些可以很容易被建立和操作。建立合作伙伴关系（对于独资经营者而言也适用）没有任何书面要求。一般来说，只要所有成员就其各自对企业的责任等问题达成一致，伙伴关系的运作就可以顺利进行。这包括商议以企业名义产生的支出种类和数额、利润划分，以及如何一起做出其他的内部决策。

与独资经营者形式一样，合作形式有一些严重的缺点。例如，在一个合伙人死亡时，合作被视为解除。此外，每个合作伙伴都承担业务的所有法律和财务义务，不管责任任何单独的书面协议。商业组织的伙伴关系形式是两个或更多人以最低成本和外部援助相互开展业务，每个合作伙伴的收入缴纳税款。

合伙企业的模式对于小型时尚企业来说是现实的。试想，你和一个朋友想要经营一家商店，但没有太多可用的运营资金。你们两个都可以选择这种方式。在学习前两种形式的商业组织之后，你应该知道的是企业是一个或几个人。这是它们和公司之间的主要区别。

法律上来说，公司（Corporations）是独立的，与组织和控制他们的人完全分开。与美国时装设计师迈克·柯尔、"迈克高氏公司（Michael Kors Holdings, Ltd.）"一样，公司在名称末尾以"股份有限公司（Inc）"或以英文方式注明。除非特殊类型（"C"类或"S"类注册公司），公司本身和从他们那里盈利的人都要缴税。这称为"双重征税"，是额外的，通常是相当大的一笔费用。

这些是复杂的商业组织形式，需要大量的专业知识和支出。选择此组织形式有两个原因：保护和长期经营。通过以公司形式工作，主要成员在很大程度上免于个人法律和财务义务。当然，作为一个法律"人"，公司可能必须承担这些，以继续经营。除了保护外，以公司形式经营的业务，在任何主要成员（包括其创始人）去世后仍可继续经营。

公司很难正确建立，但他们确实提供了优势。公司，可以与启动和运行它们的实体分离，可以由他人拥有。例如，没有现实的方法来分割所有权。另一方面，对于公司，分割百分比的所有权是可能的。这个想法在考虑时尚产业的第三条规则"盈利"时很重要，因为这些百分比可能像公司制造的一双鞋子一样能被销售！

一个人拥有一个公司的全部或什么都不拥有，这在合伙中是不存在的。当只有少数人拥有一家公司的所有权时，被称为私人控股公司（Private, Closely Held Corporation）。除创始家庭之外，很少有人会有兴趣拥有这样一家公司。这种情况下的公司结构会保护企业的所有权利益。许多家族企业，例如当地的零售商店，都是私人控股的公司。但在时尚界有例外！香奈儿，一个巨大的时尚焦点，是"私人的"。只有极度富有的沃特海默（Wertheimer）家族中的几个人拥有香奈儿的股份。

有限责任公司（Limited Liability Company, LC）是另一种公司形式。与公司一样，法律管理这些企业的建立，这些企业结合了独资经营者和合伙企业形式的特点。值得注意的是，有限责任公司保护组织者免于沉重的资金负担，它们原本将在独资经营者或合伙人下经营。

大公司已成为时尚界的主要参与者。由于上述原因，这些复杂的组织以公司形式运作。然而，还有另一个问题要考虑，回想一下企业对股份的所有权：可能拥有公司的一部分。许多大型时装公司靠此向公众提供股票或所有权权益的股份。这些是法律上认可的大型的上市公司（Large, Publicly Traded Corporations）。建立这些商业实体并向公众提供股票（称为"证券"）是非常复杂和昂贵的过程。有很多政府监督（即有很多法律）股票如何出售。不遵守证券相关法律会受到严重的刑事处罚，包括大额罚款和监禁。这些存在是为了保护投资者，包括个人和其他企业，免受不良危害。

"上市"是为了企业可以筹集资金。也许公司正在考虑需要资金扩张，或者是个人原因［如迈克尔·高斯（Kors）或拉夫·劳伦］想要钱。通过这样做，公司可以从产品销售中获得收入，并且从以公开发行（IPO）的过程销售公司所有权的股份。这有一个重要的含义：如何在出售股票后维持公司的控制。虽然上市公司从第一次出售股票时获得收入，但同一时间，他们甚至可能永远失去一些数量的业务控制权。这意味着因为公司选择"上市"，一些工作职位，甚至整个企业本身都可能消失。然而，这样做可以使业务及其设计师赚取数亿美元。

一旦出售，股票被认为是"优秀的"。你可能会怀疑，拥有这些股票的人希望有一些能力影响公司的决定，或至少有机会听取他们的意见。公司必须回答这些投资者。他们可以，并且经常成为非常强大的力量，公司管理者必须与之合作。投资者根据一家公司通过股票出售的股份的多少控制上市公司。他们能够这样做，取决于他们在公司获得了多少股权。这种情况下，投资者通常会解散公司高层管理人员（甚至是首席执行官）或完全解散业务。然后他们可以逐步地"卖掉"公司。这意味着投资者可以向其他企业销售生产设备，关闭零售商店，并以大幅折扣销售剩余库存。他们甚至可以卖公司品牌。正如你所看到的，企业为商业组织者提供了许多优势，只要他们小心投资者对企业的操作。

股票只是一种形式，另一个重要的形式是债券（Bonds）。这些不是所有权，而是债务。事实上，任何企业都可以发行债券或类似债券的利益形式，虽然公司法人通常被认为是更吸引人的，因为他们拥有更多的资产或财产。债券是核心的商业书面承诺，他们将在未来偿还投资者借出的金额。除了偿还借款外，投资者通常还会收到额外的利息。债券是公司的"信用卡"。

公司在需要资本时发行债券，例如建设新工厂或购买新设备，尽管原因可能有所不同。你可能会怀疑，某些企业发行的债券比其他企业的债券更可取。一些公司经营良好，能够轻松偿还债券。其他企业可能有更大的问题，因此，他们的债券被认为是不可取的。在后一种情况下，投资者可能需要更多的利息来购买这些实体的债券。另外，一些公司债券是可取的（因为他们很有可能被偿还），投资者愿意为他们支付更多。一些时尚和零售公司很容易基于他们贸易的财务稳健性而赚钱，而其他则不然。

你可能知道时尚品牌 H ＆ M，但你知道"M"和"A"吗？一个包括合并和收购（Mergers and Acquisitions，M ＆ A）的法律主题。简单地说，合并是两个或更多的企业融合成一个更大的实体。收购涉及一个企业"购买"（现金或股票）一个或多个企业。这些可以单独运行，甚至具有完全独立的身份。基本上，合并和收购是合法的、精心策划的强化行动：他们将企业聚集在一起，形成一个新的、更强大的企业，比以前的竞争力更强。你经常听到的一个术语是"规模经济（Economies of Scale）"。这通常是指一些公司拥有更强的盈利能力，因为他们的运营状况良好。合并和收购旨在进行更好的规模经济，以更好地盈利。20 世纪 70 ~ 80 年代，许多零售商店受到这些活动的影响，这些你会在后续章的内容发现。

并购流程相当冗长，涉及很多法律专业知识和敏锐的财务。正如时尚贸易和一般商业新闻界所指出的那样，许多时尚和零售公司目前正在寻求并购，或者被其他公司并购。

股票、债券、合并、收购……这不是一个关于时尚的内容吗？

它是！

附：

时尚专业人士每天都在讨论这些话题。《女装日报》和其他时尚行业新闻来源都致力于这些主题。因此，从时装设计师到学生，每个人都受到这些问题的影响。例如，通过合并或收购获得的时装公司，可能会使工厂线的工人以及高薪的高管获得或失去工作。上面的法律概念概述只是让你理解时尚作为一个企业是什么样子！

了解合同

合法后，接下来应该考虑什么？时尚产业规则参与者，事实上几乎所有的业务，都需要签订合同。有了合同，意味着它们在法律上被承认。并且，当他们没有履行条款时，会提供经济处罚（称为"损害赔偿"）。你有没有想过为什么商品可以进入商店？你想过为什么你在一个商场看到一些商店，而不是在别处？这些是合同产生的。作为时尚产业规则参与者，意味着至少要非常了解基础的合同！

合同（Contracts）可以被认为是所有企业的语言，是供专业人员彼此沟通以完成工作的手段。作为业务的必要部分，理解合同很重要。例如，商业形式以及很多关于合同的东西都可以讨论。然而，对于你和你所追求的时尚和时尚零售而言，有两个概念是重要的。

当合同出现时，你应该问的第一个问题是合同的主题（Subject）是什么？你是否正在制定一项关于服务的协议，或者是否涉及销售"可移动，有形财产"商品？也许是在商场租一个店铺或商店空间。这种租赁是非销售协议。根据你的答案，有两套不同的法律适用。这些法律是相似的，毕竟它们都与协议有关；然而，它们在使用时是完全独立的。几个基础知识将帮助你开始！

除货物销售以外的任何合同都受到协议发起国家的法律管辖（或根据相关人员商定的另一个地区的法律）。这些法律为协议得到法律承认和执行提供了必要的要素。这些要素包括报价、接受和考虑。

要约（Offer）是由一方向另一方发出邀请，以订立协议。当然，接受将表明愿意加入这样的协议。在法律意义上，不能从你看到的字面含义考虑。它指交易的存在，这意味着合同双方都放弃了一些东西，如金钱、时间或服务，而从另一方面接受某物。在达成"合同"之前，必须讨论它的条件是什么。缺乏统一意见的会议，不存在有效的合同协议。谈判、商业讨论的"迂回"是达成这种相互谅解所必需的。

合同被定义为具有法律效力的协议。简单来说，这意味着如果有效合同的一方不能按照以前商定的方式行事，另一方可能会寻求所谓的"损害赔偿"。这些是经济处罚，由于他人不作为的结果或不正确的举动而欠款。时尚和时尚零售的几乎每一个方面都取决于合同协议，从零售商将提供多少柜台空间到支付广告成本和租金金额。关于国家间贸易关系的多国条约也是合同。作为时尚产业规则参与者，你可能负责谈判、执行和遵守合同的条款。

合同被广泛使用的另一个领域是货物或商品销售。回想一下，这个领域需要单独制定一套法律。零售商、商店买家、服装制造商和许多其他人（如运输和仓库服务）通常遵循统一商业规则（Uniform Commercial Code，UCC）的规定。这一系列的法律在范围和应用上是复杂的。然而，它的核心是致力于使购买、销售和运输货物更方便。它还规定当一方不履行约定时的损害赔偿。

业务形式和合同关系的影响渗透到时尚商业界。然而，可能使你惊讶的是，你已经熟悉法律、合同，甚至统一商业规则的相互作用。回想时尚商品的"5Rs方法论"，也叫作"正确的商品、正确的数量、正确的时间、正确的地方、正确的价格"。这些问题的起源不是时尚或零售，而是统一商业规则的规定，它几乎存在于所有合同中，时尚产业规则参与者进入并影响他们的所有工作上的互动。"合法！"这意味着时尚产业规则参与者要清楚法律要求是什么和如何满足。越来越多的"法律"要求时尚产业规则参与者意识到影响生活质量和环境保护的法律和法规。当然，法律是复杂的，因为它们要应用于现实生活中。时尚和零售业面临着特殊的法律挑战。其中许多与第一条规则保护"大品牌"有关。本文后续将探讨与该概念相关的主题，如假冒产品和知识产权、商品商标和服务商标。

时尚企业需要注意生产力方式对环境的影响

规则三：公平！

今天，世界各地的消费者比以往更快地寻求更多的时尚物品。想想你有多少牛仔裤或鞋子。还有，当它们魅力不再，你对它们不再感兴趣时，你很快就找到替代品。并非你一人，许多其他消费者也是如此。为了适应这种需求，时尚和时尚零售企业生产和提供更多最新的、具有创造性的、令人兴奋的项目。它引领着时尚产业的下一个规则。

应政府和消费者及其行业的要求，时尚和时尚零售企业现在正在思考如何雇用人员和使用资源，以减轻对工人及其居住环境的危害。

简而言之，方法是："公平！"

由于对新产品需求的迅速性、可持续性（Sustainability），以及对生产新时尚物品的严谨性和已有商品的生命周期，将时尚旅行的快节奏性纳入考虑是至关重要的。

为了满足消费者对时尚物品的需求，可以将生产它们的人和环境最小化，甚至忽略。劳动者仍然处于恶劣的生产条件中，空气和水资源遭到不断污染。时尚伦理（Ethics）——"公平！"意味着建立更好的工作条件和保护世界的生态环境。

"公平"是积极追求和推进可持续的、道德的做法，而不是诱导消费者相信一些不真实的东西。那么，这样的"公平"是如何产生的呢？它包括与他人合作时要遵守道德，在环境方面可持续地运作。虽然这些概念都不是新的，一个多世纪以来，工作条件已经受到重视，循环利用已经成为日常生活的一部分，并讨论如何将它们更大程度地纳入当代时尚企业。

当然，在今天，整合道德和可持续元素比以前更难。这不是说它们现在不重要：它们仍然是必要的。相反，道德和可持续现在必须在高度竞争的品牌中实践，在更普遍的法律和更大的盈利压力背景下工作。

许多时尚是建立在奢侈、地位和潇洒的形象之上。无论它的来源是一家精品店还是沃尔玛（Wal-Mart），消费者购买的时尚商品以及与之相关的商品数目将增强这些印象。这些印象如何与道德和可持续性相关联？在当前消费者眼中，"豪华的"和"时尚的"是与其脱节的。通常关于化妆品或流行时尚物品的此类购买不会令消费者有负罪感。如何更好地弥合责任与时尚之间的鸿沟？

消费者被认为是时尚产业的目标。他们的兴趣和最终购买使时尚产业得以继续。他们是驱动时尚产业的力量。为了使"精品"规则更全面地融入时尚生产过程中，消费者将扮演行业实践的裁判，而非法律。最近的一个例子是高级时装范思哲（Versace）［包括李维斯和海恩斯·莫里斯（H & M-Hennes & Mauritz）这样的非奢侈品牌］禁止喷砂牛仔纺织面料。生产这种时尚面料，其中原始牛仔布用二氧化硅颗粒"喷砂"，对工人的健康和周围环境都是非常危险的。这种做法可能导致矽肺，一种致命的呼吸道疾病。颗粒是不溶解的污染物。范思哲不仅停止了这种做

许多企业超过基本标准，建立了安全的办公室、工厂、仓库和其他工作平台

法，甚至禁止使用这种做法供应公司织物的承包商。此外，范思哲还积极推动清除整个行业的这种行为。

是什么使得某个时尚品牌区别于其他奢侈品和时尚前沿品牌，在这些方面进行努力？是消费者的意识和抗议。虽然只有一个例子，但范思哲牛仔布事件表明，消费者意识可以是变革的工具。另外，时尚行业中那些有意识地将消费者意识纳入他们的品牌形象的企业有更好的前景。盈利仍然充满挑战性。

通常，确定和定位实践道德与可持续发展的供应商花费颇为昂贵。长期习惯于低价时尚体验的消费者可能没有意识到道德产品更多的价值，特别是当其他人不知道他们这样做的时候。因此，为了在"公平"上取得真正的发展，更多的品牌应该考虑将这些纳入品牌形象。"哦，是的，这是保护消费者和环境的品牌！"是追求目标，就像灌输奢侈和地位的意识。时尚和时尚零售行业如何将可持续和道德实践纳入其生产，以及与之相关的新趋势会在第9章"消费者和可持续发展问题"中呈现。

规则四：盈利！

没有利润就没有生意，利润指在费用支付后，收入中剩下的财富！无论是小型精品店还是大型时尚生产公司，都是如此。那么，在时尚企业的背景下，"盈利"是什么意思？一个更直接的问题，为什么一些时尚公司如此成功，设计师如此富有？他们是怎样做到的？这样的成功是否来自他们所做的，如衣服和包，或者一些其他方面，或这些的组合？在这里，你将了解时尚企业的功能环境（Functional Environment），以及这些活动如何有利于盈利。

时尚企业面临的挑战是保持外部竞争力、内部运营和盈利。无论时尚企业的规模如何，大型、小型或者中型，这些都是实现"盈利"所需的基本功能区域！

业务功能（Business Functions）可以分为以下几类：会计、财务、法律和监管，人力资源管理和营销。通常，在大型组织中，不同部门独立分开。在小企业，如独资经营者和合伙企业中，企业主通常负责履行这些职能或聘请会计师和律师等专家来做这些。

会计

企业如何处理他们的收入？为什么对于大、小企业来说，重要的是要详细分析企业收入的多少和来源？有几个原因要注意。

首先，从法律上来说，收入是任何公司的命脉。没有收入的企业最终会失败。此外，投资者（通过购买股票股份或寻求通过债券借款偿还所有股权的公司）对公司能否继续经营和履行义务感兴趣。他们必须考虑营业收入，以满足税务机关规定的要求。

尽管事实上对大多数消费者而言，会计如何影响时尚是不可见的，但它确实存在于时尚企业的内部运营中。如果不遵守会计规则，不管在法律上还是实际生活中，都会严重影响时尚企业和对于品牌忠诚的消费者的持久性。

财务

时尚公司不仅通过向消费者出售商品盈利，相反，大型公司（和小型企业）从不同来源寻求盈利。这可能让你大吃一惊。这有时被称为"业务线"，收入来源不是来自销售，而是来自于金融实践。这些主要是关于公司如何投资本身或其他业务的活动。向公众发行股票或公司债务的债券是公司"自我投资"的例子。时尚公司可能会投资其他业务，无论是否与时尚相关。

正如你所想象的那样，这些都是高度复杂的金融事业，需要专业的业务分析师和律师。以这些方式进行的金融投资主要是为了维持公司的收支。收入金额是周期性的，每个时尚季都是逐年变化的。这些企业的财务职能旨在"平滑"这些周期，并开发更多的收入来源，时尚业务可能随着时间的推移而产生依赖。

时尚企业从事金融活动还有其他原因。包括获得资金以资助员工养老金和福利计划或公司收购。如你所见，金融业务及其影响对时尚业务产生了巨大的影响。它们的结果决定了企业是否能够对消费者及其需求做出回应，以及满足企业本身的需求。

法律和监管

你们已经熟悉"合法"意味着什么了。事实上，所有的企业想要盈利都必须注意到他们如何受到法律管理。在这种情况下，有利可图的手段是合法的，因为法律

（由相关负责人签署并成为法律）由立法机关通过并且由政府解释规范或控制业务运作。

　　一些规定涉及个体企业如何在这个国家和其他国家开展活动。当出现贸易关系问题或生产问题时，如污染和工作条件、外国与本国政府的关系，以及企业陷入僵局（如破产时）会发生什么，企业必须对这些问题做出回应。如果公司未能防范这些问题或被发现违反这些要求，可能受到严重的惩罚，个人也会受到严重的处罚。

　　企业可能会试图影响立法机关和通过合法"游说"通过的法律。许多人共同组成为特殊兴趣小组（Special Interest Groups，SIGs）。这些是在业务的法律和监管框架内积极主动的工作方式。在时尚界，美国时装设计师协会

企业需要注意如何管理消费者的个人信息。塔吉特公司近期泄露了从消费者信用卡上获得的个人信息，这已经影响了公司的利益

是其中之一。也许你喜欢时尚，但是也许对产业发展感到更为兴奋。作为企业活动议案的通过者或具有影响力的特殊兴趣小组，你也许可以结合两者。然而，你的任何一个选择都将迫使企业寻求"合法"和"盈利"！

管理

　　如果有机会，你会选择跟随上述所说的股东还是购买你产品的消费者？在商界，这意味着你会回应股东还是消费者？他们各有侧重。

　　股东是公司的部分投资人；他们只拥有一部分，但他们对公司管理者的决策可以施加影响。如果他们有意愿，当他们觉得现有管理者不再能够为公司带来最大利

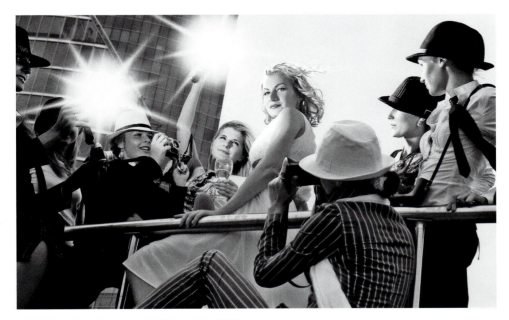

营销策略一般指利用广告、宣传和折扣来支持产品

益时，他们可以在年度会议上投票选出高层管理者。投资者们想要资金回笼，这促使他们购买公司存货。

另外，消费者更在意产品的使用感。这些在现代血汗工厂由被监禁的工人制造的衣服挂在衣柜里的感觉如何？投资者可能会赞赏管理层通过选择"成本较低"的承包商（拥有很多工人）降低生产成本（并增加利润）的能力。消费者可能不会有这种印象。许多时尚生产仍然残存"生产背后的秘密"，但消费者、零售商和工人权利团体仍然在不断寻找平衡与时尚项目生产有关的金融和社会关注之间的关系的方法。

市场

你的客户是谁？他们喜欢做什么？在做这些活动时，他们喜欢穿什么？这些只是营销人员向设计师、商店和对销售时尚产品感兴趣的人询问的几个问题。在上一章中，你了解到营销对特定消费群体和目标市场的重要性。以下是与时尚业务相关的任务。

一般来说，营销实践首先确定产品或服务可能吸引的目标市场或具体的可识别的潜在用户群体。然后他们制定营销策略，其重点是如何按照时尚季节，在适当的时间，以适当的价格，在商店或其他场所为目标消费者提供货物，包括时装相关的商品。然后开发广告、促销和销售活动来支持该产品。大多数现代时尚都是基于营销，特别是寻找新的消费群体，满足他们的需求和欲望。因此，若消费者接受提供的方式，营销实践可以对时尚及其方向产生重大影响！

Summery

本章小结

本章已经确定了时尚产业中活动和参与者的四个"规则"。然而，规则是一回事，它们如何共同努力来影响结果，这更复杂！这四个规则中，没有一个规则可以独立存在，并且相互影响。这便是它们全部的内容！

前几代商业领袖认为与盈利能力相关的规则是至关重要的，尤其是对于管理实践推动结果的方式而言。在今天，盈利能力和管理一如既往的重要。然而，每个行业的商人都会强调品牌和实践至关重要。就很多方面而言，这是有道理的：数以千计的新产品每年都会推出，包括时尚产品。不管怎样，它们必须脱颖而出，继续吸引消费者。鉴于当代对品牌的重视，逻辑上而言，首要规则是构建"大品牌"。凭

借流行品牌的力量，很容易看出其他规则是如何运用的。

由于法律准则表明了这么多商业惯例，那它们就需要被注意。简单地说，每一个合法的企业都必须遵循具体的法律，并遵守它们的权力。"公平"被列为第二规则，它介于法律（有很多正在成为法律）和商业实践（许多公司意识到这对吸引消费者至关重要）之间。未来时尚产业规则参与者面临的挑战之一就是寻找方法以道德的方式生产物品，最终获得最大盈利。

时尚生产中的道德挑战还有待解决。时尚，其实质是鼓励消费者消费资源。随着全球人口不断增加，棉花等物品的需求也在增加。未来时尚产业规则参与者的另一个挑战是寻找可持续发展的方法，即将资源

永久性地融入其品牌，而不会损害品牌形象和财务盈利能力。

你会看到，这四个规则都不是独立存在的，每个都是时尚企业的内在要求，并与时尚工业相互关联！

最后，"盈利"作为最后一个规则是因为如果没有遵守前三项规则，任何企业都难以实现盈利。可以肯定的是，这是一个重要的规则。不过，如果没有建立"大品牌"，许多企业能否遵守这样的规则？"大品牌"是否要根据法律要求建立和运营？一些法律也与其他规则重叠，如"公平"。公平的劳动实践和工作场所安全是法律要求的，但是许多公司超出了基本要求，建立了空旷、安全的办公室、工厂、仓库等场所。即使如此，如果一家时尚公司从事不公平的行为，它怎么可能建立大品牌（合法且盈利）呢？

可以肯定的是，这不是企业文化，也不是伦理、法律或品牌营销。它的意图是给你一个"心理模式"，这是一种思考时尚企业如何运作的方式。也许你正在考虑如何按照自己的时尚规则工作。关于如何做的内容在下一章中呈现。

问题回顾：你发现了什么？

1. 说一说时尚产业的四个规则并简要描述它们。
2. 本章中提到的不同类别的品牌有哪些？
3. 消费品牌与时尚品牌的区别。
4. 什么是私人品牌，为什么它们对零售商等时尚产业规则参与者很重要？
5. 定义品牌元素，注意有形和无形之间的差异。
6. 品牌周期分哪些阶段？
7. 为什么曾经风靡一时的品牌可能从市场中完全消失？
8. 品牌的推广实践要为哪种产品负责？为什么？
9. 品牌管理政策是什么？它们如何使用？
10. "合法"规则探讨了法律的哪两个方面？
11. 什么是企业的业务结构？举例说明。
12. 合同可以被描述为什么样的协议？它具有哪些特征？
13. 形成可合法实施的合同需要哪些因素？
14. 法律和商业活动中，"M"和"A"代表什么？
15. 为什么了解时尚界中的法律和商业问题很重要？
16. "上市"有什么结果？时尚品牌如迈克·柯尔如何从中受益？
17. 什么是"债券"，简单地说，它与"股票"有什么不同？
18. 为什么一个时尚企业可以向公众发行债券？
19. 合同有哪些风险？有哪几种？
20. 统一商业规则代表什么？简要描述它的定义。

专业术语

确保你知道本章中的以下术语，并可以举例说明：

品牌（Brand）　　　　　　业务结构（Business Formations）　独资经营者（Sole Practitioner）
合伙企业（Partnership）　　公司（Corporation）　　　　　　　股票（Stocks）
债券（Bonds）　　　　　　工业品牌（Industrial Brands）　　　消费品牌（Consumer Brands）
私人品牌（Private Brands）　时尚品牌（Fashion Brands）　　　　奢侈品牌（Luxury Brands）
品牌个性（Brand Personality）品牌特征（Brand Salience）　　　　品牌资产（Brand Equity）
品牌元素（Brand Elements）　品牌生命周期（Brand Lifecycle）

有限责任公司［Limited Liability Company（LLC）］　　　品牌延伸（Brand Extensions）

品牌管理政策（Brand Management Policies）　　　要约（Offer）

验收（Acceptance）　　　考虑（Consideration）

"公共"和"私人"事业（"Public" and "Private" Businesses）

统一商业规则［Uniform Commercial Code（UCC）］　　　产品（Goods）

商人（Merchant）　　　可持续发展（Sustainability）　　　合同（Contracts）

业务功能（Business Functions）　特殊兴趣小组（Special Interest Groups）　　　道德标准（Ethics）

市场日模拟项目工作表

制定你自己的时尚产业：建立你的品牌

项目目标：通过建立品牌识别来进一步开发你的市场日项目

第一步：　回顾你的项目工作标题，并在此记录以供参考

_____

_____

第二步：　你想要别人（无论是时尚产业规则参与者还是目标消费者，甚至是公众）想起你希望呈现的哪种产品、服务或组合

第三步：　什么品牌元素（本章中描述的）最能体现你的品牌？使用尽可能多的元素，包括单词、图像和颜色，任何你认为会帮助我们更好地了解你的品牌的都可以使用

_____

_____

_____

第四步：把你的品牌部件拼凑在一起！这将是你品牌的名称和身份，并成为你在市场日的演示文稿的一部分

（注：确保你的品牌建立的合理性，浏览目录并注意本章中讨论的问题，此时只要简单说明你对这些问题的立场，稍后您将需要准备一份更完整的描述和报告）

时尚产业的规则（可选项目）

了解规则、了解时尚产业规则

项目目标： 在本章中，你从一个独特但非常重要的角度探讨了时尚界：它的规则是什么，以及它们如何应用于许多不同的方面和参与者。在这个练习中，你将通过查找每个规则的示例进行研究。

步骤： 以下是时尚产业的"规则"

1. 以书面形式说明每个规则的含义
2. 找到每个规则的各种媒体示例
3. 用你自己的话说明示例与规则的关系

规则1：大品牌

规则2：公平

规则3：合法

规则4：盈利

市场日模拟项目工作表

制定你自己的时尚产业：发展你的品牌

项目目标：你将来会在哪里看到你的品牌？一系列的不同产品如何发展？你的品牌可能会成为一种生活方式，这可能会让你对自己感到惊讶。这个开发可能会在你的"市场日"演示中使用，以向其他人展示你和你的团队的愿景

第1步：　初始或当前的产品服务、组合和名称

＿＿＿＿＿＿＿＿＿＿＿＿＿＿＿＿＿＿＿＿

＿＿＿＿＿＿＿＿＿＿＿＿＿＿＿＿＿＿＿＿

时尚配饰

＿＿＿＿＿＿＿＿＿＿＿＿＿＿＿＿＿＿＿＿＿

＿＿＿＿＿＿＿＿＿＿＿＿＿＿＿＿＿＿＿＿＿

＿＿＿＿＿＿＿＿＿＿＿＿＿＿＿＿＿＿＿＿＿

＿＿＿＿＿＿＿＿＿＿＿＿＿＿＿＿＿＿＿＿＿

＿＿＿＿＿＿＿＿＿＿＿＿＿＿＿＿＿＿＿＿＿

化妆品、香水

＿＿＿＿＿＿＿＿＿＿＿＿＿＿＿＿＿＿＿＿＿

＿＿＿＿＿＿＿＿＿＿＿＿＿＿＿＿＿＿＿＿＿

＿＿＿＿＿＿＿＿＿＿＿＿＿＿＿＿＿＿＿＿＿

＿＿＿＿＿＿＿＿＿＿＿＿＿＿＿＿＿＿＿＿＿

第2步：

把它拿走！你的品牌如何应用于不同产品或服务？（这些只是例子，你可以添加别的你觉得更适用的项目）

家居用品及其他产品

＿＿＿＿＿＿＿＿＿＿＿＿＿＿＿＿＿＿＿＿＿

＿＿＿＿＿＿＿＿＿＿＿＿＿＿＿＿＿＿＿＿＿

＿＿＿＿＿＿＿＿＿＿＿＿＿＿＿＿＿＿＿＿＿

＿＿＿＿＿＿＿＿＿＿＿＿＿＿＿＿＿＿＿＿＿

＿＿＿＿＿＿＿＿＿＿＿＿＿＿＿＿＿＿＿＿＿

品牌的本质（品牌基因）——思想、感觉、情绪，不管具体的产品或服务是否被呈现出来

＿＿

＿＿

＿＿

＿＿

时尚产业周期（可选项目）

建立一个品牌树状图（Brand Tree）

项目目标：描述一个品牌的发展过程，可能需要一些外部研究

品牌名称：_____

品牌信息：_____

_____

一代产品：

初始产品：
日期：

时尚配饰　　　　　　　　　　化妆品、香水　　　　　　　　　　家居用品

二代产品：

日期：	日期：	日期：

三代产品：

日期：	日期：	日期：	日期：	日期：	日期：

其他代产品：

产品： 日期：	产品： 日期：	产品： 日期：	产品： 日期：	产品： 日期：	产品： 日期：
产品： 日期：	产品： 日期：	产品： 日期：	产品： 日期：	产品： 日期：	产品： 日期：
产品： 日期：	产品： 日期：	产品： 日期：	产品： 日期：	产品： 日期：	产品： 日期：
产品： 日期：	产品： 日期：	产品： 日期：	产品： 日期：	产品： 日期：	产品： 日期：
产品： 日期：	产品： 日期：	产品： 日期：	产品： 日期：	产品： 日期：	产品： 日期：

行动中的时尚
产业规则参与者

时 尚是不断变化的！你呢？

第二部分的四章描述了时尚产业规则参与者的工作生活。这些是在变化中不断成长的时尚专业人二。来吧，你会更好地了解以前介绍过的四种类型的时尚产业规则参与者。供应商、生产者、渠道商、促进者，你会发现他们在"现实生活中"做了什么，他们在工作中需要知道什么信息，他们面临的问题，还有更多关于他们的预期，甚至努力改变的细节。

第4章 供应商：供应时尚零件

供应商是那些负责制作纺织品和服装配饰的时尚产业规则参与者，供消费者穿戴、使用和享受。

供应商提供哪些内容，以及为什么这些事物的特征如此重要？为了回答这些问题，你将探讨供应商是哪些人，他们提供哪些产品以及有哪些相关的行业协会和职业。当然，为什么时尚产业的规则适用于供应商和那些光顾他们的人也是要讨论的主题。

第5章 生产者：设计与制造时装

生产者是哪些专业人士，如设计师、图案制造商、织物裁剪工、缝纫工、整理者以及许多设计、制作服装和完成时尚产品的人。

从第一次绘画到成品，将时尚部件组合在一起的顺序过程是令人兴奋的：融合创意、有趣的组件、技术诀窍和商业头脑！对于那些对时尚和配件设计与制作的感到好奇的人来说，这一章真正提供了"生产背后的秘密"这样一个视角。值得注意的是，本章重新回到"时尚产业"规则及其在时尚生产中的运用。

第6章 渠道商：将时尚带给你

本章区分了时尚和相关物品的两种渠道商或卖家：批发商和零售商。批发商为世界各地的零售商提供时尚和时尚相关产品。零售商负责识别和获取有吸引力的商品，然后向消费者进行有利可图的转售。

无论是在时尚研究还是工作中，你都会遇到并且与之配合。无论涉及批发企业，即向商店出售的企业对企业（B2B）的销售，还是向消费者出售的零售企业（B2C），渠道商都负责将时尚推及你的世界和世界各地！你将会看到一个批发展厅，探索那里发生的事情，并且发现这些活动是时尚产业的一部分以及其规则的应用。此外，你还将以时尚产业专业人士的角度走过一个"典型"的百货商店，而不是从消费者的角度。

第7章 推广者：使时尚激动人心

时尚游戏促进者是专业人士，负责了解时尚潮流，以及发现未来的时尚趋势。

本章包括编辑、博主、视觉陈列师、教育工作者，以及其他从事时尚和时装相关零售、出版和教育工作的人员。令人兴奋的是，得益于社交媒体，时尚推广的想法正在发生变化。消费者通过参与，在时尚推广中发挥积极作用。而且，技术的飞升使时尚推广的变化达到了前所未有的速度。促销推广专业人员负责追赶潮流并与之共事。了解本章时尚产业促进者的快节奏世界，以及他们如何被雇用和受益于时尚产业规则。

从行动转向思考，下一部分文章探讨了时尚产业及其规则提出的当前问题，以及下一代参与者如何解决这些问题。你在第二部分中探讨的术语、概念和想法将使你为这些具有挑衅性的讨论做准备。

第二部分

供应商：供应
时尚零件

前言

你现在可以描述时尚产业规则的概念，并确定其参与者。他们的日常工作呢？他们参与的项目，想法和兴趣是什么？在看探索时装设计和制作的章之前，请退一步。想一想时尚最基本的东西是什么？时尚产业规则参与者中，谁负责它们？本章重点介绍供应商（Providers）。他们是时装专业人士，提供纺织品和其他组件，包括服装和配件。他们有时被称为时尚的"主要来源"或时尚的"基层"，这些供应商和提供的产品是重要的！

本章内容
- 向你介绍供应商和纺织品、皮革和毛皮，以及供应商提供和开发的其他时尚用品。
- 它指出包括纽扣这样微不足道的时尚元素对许多著名的时尚品牌都是有帮助的。

第4章

想一下你在最近的一次购物中看到的、接触到的、甚至购买的商品。什么样的构造使它们如此有诱惑性，以至于你想拥有？

时尚元素（Fashion Components）与时尚产业规则

你有多少次穿衣服几乎不关心它们是由什么制成的？你可能会关心你的衬衫、裤子或裙子的面料，它们让你感到温暖或寒冷。除此之外，你可能不会再对服装、鞋子或配件的组件进行考虑。本章的目的是改变这一点！它的目标是让你意识到，即使是最小的组成元素也是多么有趣和重要。

时尚部件如何帮助"打造大品牌"？无论你的服装预算是像学生一样"谨慎"还是像社交名流一样"高级"，对时尚品牌的调查显示，许多品牌与其知名产品的组件密切相关：

附：

这里描述的组件出自物质和精神需求，对于衣服和配件来说是必要的。从时尚产业的角度来看，这些"原料"也是区分时尚品牌的重要方式。在识别和描述纺织品（许多被称为"面料""布"或"材料"）、皮革和毛皮以及诸如拉链和纽扣之类的饰品之前，先思考一下你对构成时尚和时尚品牌的相关元素的了解程度。

- 李维·施特劳斯公司（Levi-Straus）以其"501"款深色靛蓝色牛仔裤和其他牛仔裤风格而闻名。
- 梅伦娜（Merona）五颜六色的牛仔裤是另一个牛仔布纺织品的代表品牌。
- 耐克公司使用其在运动休闲服装中开发的"快速排汗（Dri-Fit）"织物。
- 博柏利（Burberry）现在是多种不同价格区间的多产品扩展型品牌，始于一件产品：一款由棕褐色的防水布制成的风衣，是一种棉质斜纹织物（你很快会了解到更多），公司创始人托马斯·博柏利（Thomas Burberry）于1879年设计开发，随后在1888年获得专利。
- 无论是在尼曼·马库斯百货还是塔吉特百货里，用色大胆的锯齿形装饰的米索尼（Missoni）纺织品都会脱颖而出。该品牌在第二次世界大战后从意大利开始，初步建立起了非常独特的、可识别的身份与复杂的"经编"针织纺织品，这在之后被制成了毛衣，并且包含男款、女款和童款。
- 另一款创新针织"桑塔纳（Santana）"由加利福尼亚州的盛蕾（St. John）高级女装品牌设计开发并被鉴定。这种经过挑选的羊毛和人造丝毛线在洗染整理后被织成多功能的成品纺织品，然后再被设计成套装和连衣裙。
- 说到皮革，很多消费者都会想到高端时尚品牌葆蝶家（Bottega Veneta）。平纹编织皮革的工艺技术被称为"Intrecciato"，与其他公司的标志一样是可识别的品牌元素。此外，引人注目的色彩、巧妙建构的毛皮服饰，这些标志形成了另一个意大利品牌——芬迪（Fendi）。
- 汤丽柏琦（Tory Burch），米莉（Milly）和人类学（Anthropologie）等时尚品牌将复古风格的装饰物（如纽扣）纳入其产品，使这些品牌成为独一无二的和可识别的。

- 普拉达（Prada）的年轻线缪缪（Miu Miu）和玛尼（Marni）（也来自意大利）同样是以复古风格建立品牌的。灵感来源于20世纪60年代、70年代和80年代的纺织品设计，这些品牌得到了认可。这些元素使它们虽然看起来风格老旧，但组合起来后却是新颖的。
- 目前具有独特纺织部件的时尚品牌包括荷芙妮格（Herve Leger），用针织人造丝、尼龙和氨纶制作的"绷带"连衣裙。同样，褶皱涤纶面料是三宅一生（Issey Miyake）关键的品牌元素。简·巴恩斯（Jhane Barnes）、罗伯特·格雷厄姆（Robert Graham）和Arnold Zimberg是以大胆变形的、纹理细致的纺织品而闻名的时尚品牌。玛丽·麦克法登（Mary McFadden）的高级时装虽然已经不再运作，但其标志性的褶皱和颜色丰富的日本"Marii"涤纶纺织品都可以被瞬间认出。时尚历史学家研究了20世纪20年代威尼斯人马瑞阿诺·佛坦尼（Mariano Fortuny）的丝绸，试图辨别出他的打褶和染色技术！

这些例子表明，时尚品牌依赖于本章所说的元素。它们对于服装和配饰的形成以及特色鲜明的品牌的建立是必要的。进一步思考其他品牌以及基于时尚组件识别它们的方式。你可能会惊讶，这个名单会有多长！

先进技术推动时尚

在探索时尚元素之前，想想重要的纺织品是如何发展的。由于18世纪和19世纪的技术进步，天然或原始纺织纤维如棉、羊毛和丝绸变得更容易加工，更好地被改造成可用的纺织品。也许在以前，早期供应商的行动带来了其他变化。最终，是先进技术推动了时尚及其蓬勃的发展：

1733年——由约翰·凯（John Kay）在英国发明的飞梭（Flying Shuttle），可以实现更快、更优质的布料编织。

1764年——来自英国的珍妮纺纱机（Spinning Jenny），由詹姆斯·哈格里夫斯（James Hargreaves）发明，允许一次性分开生产大量纱线。到了1769年，英国人理查德·阿克赖特（Richard Arkwright）爵士发明了一种更加灵活的纺纱机。

1785年——在1785～1787年，英国人埃德蒙·卡特赖特（Edmund Cartwright）发明了一台由蒸汽机运行的快速编织动力织机（Power Loom）。

1790年——英国人塞缪尔·斯莱特（Samuel Slater）离开英国，在美国开始纺织工业，致力于梳理（分离和延长）棉纤维，并在罗德（Rhode）岛将其纺成优质纱线。

1793年——美国发明家伊莱·惠特尼（Eli Whitney）（1765～1825）发明并获得了轧棉机（Cotton Gin）的专利权，该机器是从棉籽上分离出短的棉纤维的设备，并大大提高了在较短时间内生产可用的棉纤维的数量和质量。

1813年——弗朗西斯·卡伯特·洛厄尔（Francis Cabot Lowell）开发出高效率的织机（Highly Efficient Loom），比其他机器更容易生产出高质量的纺织面料。

缝纫机是一种技术进步，确保纺织品可大规模生产，更利于进入市场

1846年——美国的埃利亚斯·J. 豪（Elias J. Howe）收到了手动缝纫机（Hand-Powered Sewing Machine）的第一个专利。如今他被认为是缝纫机的发明者。其他人，如瓦特·亨特（Walter Hunt）在1832年左右发明了类似的设备，但没有要求官方认证。埃利亚斯·J. 豪的机器在他的竞争对手中独树一帜，可以平缝，可以防止织物皱褶和缝合。

1858年——美国胜家缝纫机公司（Isaac Singer）生产的脚踏缝纫机，有更好的锁式针迹。使用起来更容易，并可通过分期付款广泛销售，胜家缝纫机（Singer Sewing Machines）成为世界知名品牌之一。

对早期技术发展的观点

早期的技术发展意味着什么？为什么它们在今天仍然重要？它们创造了一系列启动环境，支持和鼓励当代时尚，最终建立时尚产业理念：

- 18世纪和19世纪的供应商（Providers）开发出更便宜、质量更好的布料。
- 这些创新使得这些时代的生产者（Producers）能够比以前更快、更便宜地制作更好的服装。
- 渠道商（Purveyors），包括批发商（Wholesale）和零售商（Retail Sellers），能够在自己和消费者之间销售服装物品，从而使消费者活跃旺盛，持续发展。
- 随着工业化的蔓延，工人成为感兴趣并且有能力购买的消费者。推广者（Promoters）通过创造对新兴时尚观念的需求，挖掘这种日益增长的对财富和高端产品的追求心理。
- 最终，时尚产品的可用性和对消费者的吸引性有助于扩大"时尚"的理念，包括季节性变化的配饰、化妆品、男士和儿童的时尚用品，以及在颜色、主题和假日趋势上相适应的家居装饰品。
- 四个参与者团体中孕育出了时尚产业规则概念，形成了互动的明确规则。

时尚的基本要素（Fundamental Elements）

最常用的时尚元素包括纺织品、皮革和毛皮，以及其他被称为"装饰"的物品。

纺织品（Textiles）

消费者通常将纺织品称为"面料""布"或仅仅是"材料"。尽管成品纺织品可被称为这些，此外，纺织品还指成品面料的纤维和纱线。纺织品可能是天然来源，比如棉和丝绸。它们也可能来自人造，如人造丝和涤纶等合成纤维。纱线是由自然的、人造的或复杂的纤维组合在一起的。在进行下一步之前，纤维和纱线可以染色或以其他方式处理。

这些纺织品是许多纱线通过不同的技术获得的，呈现出了良好的外观

正如你所发现的，纤维和纱线可以通过几种方式连接在一起，如交织编织和循环编织，以形成纺织品。这些经常以你能看到的方式染色、编织和完成。五颜六色的男装衬衫的免烫效果就是这些过程处理的例子。回想一下：能够通过任何物理手段形成织物的纤维或纱线以及织物本身都可以被认为是纺织品。如你在这里看到的，许多著名的时尚品牌由于其独特的纺织品或服饰中可识别的标识而受到消费者追捧。

皮革与毛皮（*Leathers and Furs*）

除了织物，皮革对于构造许多时尚用品至关重要，特别是鞋子和配件。皮革是动物的"真皮"或最外层皮肤通过保存、增强或赋予特定特征的方式加工而成的。光泽、平滑或肌理的外观和感觉，甚至多彩和防水的功能，这些都是皮革可能具有的属性，这要归功于制备、加工和整理方法。人造皮也存在。你可能会惊讶人造皮是织物，而不是动物毛皮，因为它们大多是通过加压压制的纤维！

皮革、毛皮在那些喜爱毛皮大衣或毛皮配饰（如围巾和帽子）的时尚追随者中仍然很流行。毛皮来自最外层真皮层或动物皮肤（通常是哺乳动物的皮肤），被用于外观、肌理、颜色或颜色变化，以及其他物理特性的处理。毛皮广泛存在于时尚中：外套上光滑亮泽的野生或人工养殖貂皮，海狸帽上的触觉毛绒和长毛狐狸领的戏剧性外观，这仅仅是一些例子。此外，厚厚的羊皮和剪绒也被寻求厚度、保暖和耐用等功能性，特别是对于户外穿着来说。许多著名的"大"时尚品牌建立了对皮革和毛皮的熟练技艺和独特用途。

装饰物（*Trimmings*）

看看你的衣服和配件。可以肯定的是，织物以及皮革和毛皮很重要。当然，你知道除了它们的主要组件之外，还有其他的东西。你可能已经注意到这些东西，这些物品使你佩戴的东西变得合适并按预期运行。例如，如果没有拉链和束带来使它们工作，连帽衫会是什么样子？再者，有一些物品只是为了好看的外表。这些可能是牛仔裤或金属铆钉，就像覆盖嘎嘎小姐（Lady Gaga）恨天高鞋的那种装饰。拉链、束带、贴片、金属片等这些物品是功能性的，还是装饰性的，甚至偶尔会都包含？修饰物（或"饰件"）是对服装和配件增加功能、装饰或两者兼有的物品。一些时尚企业将"别致的小物品"视为对服装和配件增添功能和支持的装饰元素。线和一段紧密缠绕的织物面料使衣服和配件紧密相连，它们是一种标识，就像在内衣中使用松紧带。

华伦天奴（Valentino）手提包运用金字塔型嵌钉装饰，这是一个小细节，但却能来识别那个品牌。

图中陈列的大衣主要是由皮毛制成的

同样，在钱包和手提包上看到的非常明显的"MK"字母装饰纹表示了迈克高仕（Michael Kors）的品牌。装饰物可以经常被用于品牌识别、装饰和功能。

时尚元素的重要性

既然你已经了解了时尚的基本组成部分，它们的发展方式，以及它们与时尚产业规则"成为一个大品牌"的相关性，那么从现代消费者、时尚产业的规则以及其他参与者的角度来看，它们有多重要：

- 设计者选择一种纺织品或其他时尚部件意味着为他人创造就业机会。在收到工厂订单后，供应商如面料厂（制作成千上万条牛仔裤的牛仔面料）能够雇用工人。
- 了解织物和其他元素及其用途意味着供应商能正确地制定出数百甚至数千种生产问题较少和潜在利润更大的服装。下一章将详细探讨供应商的两种行为。
- 类似地，了解纺织品和其他部件的特性使得批发商等渠道商能够提供由应季的面料、皮革和适宜的裁剪等组成的成衣给零售商。然后，零售商店决定消费者在何时何地，以及如何购买这些服装和配件。这两种渠道商都从这些行动中寻求有利可图的回报。
- 推广者出场了！无论是销售服装和配饰的季节性趋势，还是创新纺织品的特征［如舒适穿着或提供医疗认可的防晒系数（SPF）］，他们对时尚元素的了解越多，越能够引起令人兴奋的事情。无论是通过尖端技术还是"旧时代"印刷广告，推广者都会让消费者对新的织物感兴趣。
- 了解纺织品和其他组成部分的特点，使消费者能够获知更好的信息，以及获得更令他们满意的消费。即使知道纺织品"编织"的基本概念，也不知道作为饰物的金属拉链或塑料拉链会在适当的选择和享受乐趣上，以及时尚消费采购的方面产生巨大的差异。

　　这些只是"小"事物，许多时尚圈外的人真的没有太多的思考，它们实际上是那些时尚企业的关注点。鉴于时尚元素的重要性，你认为最重要的特征之一是什么？有哪些细节是那些参与时尚的人知道的，并且他们的同事也可能知晓的？

纤维到时尚：纺织品

　　时尚——是的，在刹那间的时尚是关于趋势，但它也是关于感觉、合适和功能的！想想你是否喜欢或不在意面料，只在乎你触摸到它们的感觉如何。也可以想象，服装对你来说意义重大，因为它能够保持原有的、明亮的色彩，或者颜色随着时间的推移逐渐淡化。这些特征以及许多其他特

棉是制作面料最基本的原材料

征主要是来自制成这些服装的纺织品。为什么时尚传奇伊夫·圣·洛朗（Yves St. Laurent）欣赏牛仔裤呢？也许大多数的牛仔织物都符合他期待描述的特征。下一个：这个重要的时尚组件的底线及其来源、特点和时尚产业规则中的角色。

织物之前：纤维和纱线

纤维是单股织物组分，几乎看不见，被称为"毛状股"，这些都在自然界中被发现，并在实验室中被人造。它们具有重要的、显著的特征。例如，棉花产生短的、有纹理的波纹纤维，称为短纤维（Staple Fibers）。高品质的棉纺织品，具有光泽和光滑凉爽的触感，通常由长丝棉制成，长丝棉是具有天然较好的延展性且纹理较少的纤维。表面纹理更粗糙的（纺织品感觉通常被称为"手感"）的织物通常由较短的棉纤维制成。相比之下，丝绸以及许多人造的纤维产生长丝纤维（Filament Fibers）。这些纤维长、连续、光滑。丝是唯一天然生产的长丝纤维。

对比你所拥有的棉T恤、丝绸连衣裙或领带的质感。与后者的闪亮外观不同，前者表面无光泽，主要是由于形成它的织物的纤维的物理特性。微纤维（Microfibers）是指直径小于其他纤维的纤维。这些纤维是专门制造的，如丙烯酸、尼龙和聚酯。它通常的厚度仅为人类头发的一半或三分之一，使得它比诸如棉、丝绸或羊毛的天然纤维小。"人造"细丝由称为喷丝头（Spinnerette）的喷头式装置制成，通过该喷丝头将纺丝溶液放置在高压下。所得的细丝在这样做后凝固冷却，形成冗长的股线。

常用天然纤维	特点及生产方式
棉 （Cotton）	从光滑到厚实纹理，棉花是时尚且万能的纺织纤维 从"棉铃"中挑选出棉花，然后将种子从棉花中除去 它生产的短纤维长度不一，使得质量也高低不平 然后将纤维纺成纱线并编织成纺织品
丝 （Silk）	有光泽的光滑"手感"或触觉，丝绸也可能有粗糙的纹理 长丝纤维由茧的蚕丝生产；通常在饲养场培育 这些细丝通常很长 "野生"丝是指没有人工培育的丝，通常是短而粗的纤维 在编织或针织之前，丝可以与其他种类的纤维纺成纱线
羊毛 （Wool）	羊毛由绵羊、羔羊或山羊绒的吸收性纤维组成，如安哥拉山羊毛和开司米 纤维从动物上剪下或切割，按质量分级，然后加工 加工包括"精梳（Carding）"和"普梳（Combing）"，分离长短的羊毛纤维 将纤维纺成羊毛或羊毛混纺纱线，然后机织或针织成纺织品
亚麻、麻布 （Flax / Linen）	最早发现的纺织纤维，亚麻纤维需要长时间的加工，以生产从光滑到清爽至有纹理的纺织品。如果不混合处理，它会起皱 收获亚麻植物，然后分离纤维，再通过"打散（Scutched）""剪碎（Hacked）"和"精梳（Combed）"形成纤维束 最后将这些纤维束纺成纱线，编织成纺织品

你已经熟悉基本的纤维类型。只要从你自己的穿衣经验出发，就知道必须包含更多的东西。毕竟，当仔细观察织物时，你可以发现一些东西。你所看到的是由这些纤维组成的纱线（Yarns）。纱线有两种，可以确保它们保持在一起并赋予特定特征的多种纤维组合，这些是由纤维组织机械扭转在一起以形成连续"线"的精纺纱（Spun Yarns）。棉、亚麻和丝是通常纺成纱线的纤维。另外，化纤是人造的，像较短的纤维。然而，化纤可以以任何长度和厚度生产。

织物结构

机织和针织是构建面料的两大主要手段。想一想前者的"交错"和后者的"交织"，你对每个过程中发生的环节都会有想法。机织和针织存在于几个世纪以前。技术将对织物的改造时间从原来的几天完成一小部分缩短到现在的片刻工夫。并且这种改造进程仍然在继续。正如本章中所指出的那样，自早期的纺织生产创新数百年来，"工业化（Industrialization）"仍在继续。现在，它的重点是开发速度更快的织机和针织机。这些机器具有巨大的能力，每分钟生产数百米的面料。同样，这些织机生产的时尚部件也许已经成为完整的成衣。如今电脑驱动的快速"无缝纺织"织机，以及可以完成诸如内衣和袜子之类的产品了。

织物构造的基础包括识别"经纱（Warp）"和"纬纱（Weft）"。它们均适用于机织和针织工艺。第一个术语是指那些"上下"的纵向纱线，"纬纱"是指从左到右填充的线条。经纱和纬纱两者彼此成直角相交，形成织物。纬纱是两者中较强的，这意味着它们不易被褶皱和松开。编织是指这些线条在生产面料的织机上相遇。从简单到复杂，织造工艺包括：

编织利用经向和纬向来制成面料

平纹编织（Plain Weaving）：一根纬纱交替地通过一根经纱的简单的织物织制方式。

斜纹编织（Twill Weaving）：仔细看看你的牛仔裤，注意微弱的对角线。这些表示斜纹编织。与一次性平面编织方法相反，斜纹织物经线可以在"下降"之前穿过几根纬线的表面。你所看到的对角线是在每条纱线之后交织在一条经线上移动完成的。

缎纹编织（Stain Weaving）：为了在织物上实现平滑光泽的表面，通常使用缎纹编织。使用这种方法，在交错之前，一条股线（可以是经纱或纬纱）在许多股线上"漂浮"。虽然通过这种方法生产的织物表现出美丽和时尚，但通常在强度方面较弱，而且寿命短于通过其他方式生产的耐用性。通过该方法生产的长丝织物被称为"绸缎（Stain）"，而由短纤维（通常是棉花）构成的丝织物称为"棉缎（Sateen）"。

提花编织（Jacquard Weaving）：通过提花织造生产高度精细的织物，如锦缎（装饰面料）。专业的、高度复杂的织机遵循经线和纬线布置的图案。这可以用打孔卡作为设计指南手动完成，如19世纪初开发时的那样。今天，许多提花织机都是电脑引导的。

起绒编织（Pile Weaving）：如何制作"绒毛状（Fuzzy）"面料？例如，在毛圈布表面发现的环由三组线组成：经线和纬线加上另外的线。该线可以是经线或纬线，并且在织物表面上形成环。这些环可以像丝绒一样被切割，或者保持完整。

针织（Knitting）是织物构造的另一种方式。然而，与编织不同，基本针织只需要一根纱线。回想一下，这种方法涉及"相互套结"或将纱线环连接在一起的过程。有两种针织物：经编和纬编，它们通过两种不同的方法生产。具有水平（从左到右）方向的针织纺织品被称为纬编针织物；经编编织比较复杂，需要多根纱线。然后将它们循环在一起以形成复杂紧密的产品。

针织一般使用一组纱线形成线圈织成面料

作为最后的说明，织物可以以除机织和针织之外的其他方式构造，比如通过毡制生产的那些被压制成背衬并用胶水保持的非织造材料。黏合织物（或甚至皮革）是指纺织纤维或皮片在高压下连接在一起的织物。

织物生产过程

一次编织、针织或以其他方式由面料厂（Fabric Mills）生产的纺织品可能还不能用。坯布（Greige Goods）（如"本色"面料），这些都是未完成的织物。然后这些产品由布匹加工批发商（Converters）或生产原始面料的企业购买，通过染色、编织或以其他方式来处理。根据生产能力和业务盈利能力，面料厂可能会提供成品或精品。

一件新的T恤的色彩体现了纺织品颜色的重要性。通常通过染色过程着色，染色可能发生在整个纺织品织造的任何阶段。纤维可以在纤维染色的过程中染色；纱线也可以被染色，称为纱线染色（Yarn Dyeing）；纺织产品如坯布也可能被染色，称为匹染加工（Piece Dyeing）。成衣染色是指整个衣服及配饰的染色。一般来说，纤维染色和纱线染色产生的颜色不太可能褪色。

如果没有设计，那些T恤衫会是怎样的呢？纺织品也可以通过手绘（Hand Painting）或印刷获得表面上的装饰。运用刷子笔触涂抹在面料上，可以生产出独一无二的手工绘画设计。对于大规模生产的织物可以通过丝网或滚筒等方式生产。使用丝网印刷（Screen Printing）的图案印刷设计，框架紧密保持，并且允许颜色黏附到纺织品表面而不附着于其他。可能有一个或多个"丝网"用于完成最终设计，印刷必须在包装之前干燥。滚筒印刷（Roller Printing）在设计中为每种颜色使用不同的圆筒。每个都有一个设计花纹在上面。纺织品一次通过一卷，干燥后穿过下一个，这样就可以完成织物的设计。热转印（Heat Transfer）是印花纺织品的另一种手段。在此，将设计印刷到诸如纸之类的介质上，然后使用热和压力压在织物上。染色和印花后，纺织品还可以以多种方式处理完成。通常，这些处理是为了给织物产品添加理想的特性，如抗皱和防缩。同时，作为一个古老的行业，由于技术发展，纺织产品的生产对时尚和消费者至关重要。

纺织品和时尚产业规则

回想一下本章的前面讲述时尚游戏规则的部分。所有这四种都适用于纺织品及其在时尚中的作用。如上所述，成为一个"大"品牌就是其中之一。现在你已经熟悉了大小时尚品牌。纤维如何成为大品牌呢？品牌不是只能指已经完成的产品吗？了解更多关于制造纤维及其销售方式的信息，你会发现即使是最基本的时尚元素，对于一个"品牌"来说是多么重要。

许多人造的纤维有两个名字。它们可以由通用名称引用，通常来自其化学来源：聚酯、聚酰胺、尼龙、丙烯酸、人造丝、氨纶和莱赛尔。它们也可以作为涤

通过染色将图案印在面料上

纶（聚酯）、仿棉锦纶（尼龙）、阿克利纶（丙烯酸）、莫代尔（人造丝）、莱卡（氨纶）、安特纶（尼龙）和天丝面料（莱赛尔）等"品牌"为人所知。化学公司如杜邦公司（E.I. DuPont de Nemours & Company）、孟山都（Monsanto）化学公司等，投入数百万美元和公司资源开发最新的纤维和更快、更有效的纺织生产能力。"成为一个大品牌"和"有利可图"的一个方法就是对这些创新申请专利。在专利保护期间，原始公司专有技术通常为17年，其他人不能使用相同的方式来生产纤维。你认为企业如何让消费者对其服装的纤维产生兴趣？品牌将名称设为纤维。通过商标名称和市场营销，消费者可以更容易地识别许多通用产品中的特定纤维。想想你可能曾经说过一些产品是由莱卡或天丝制成的，甚至将夹克描述成"抓绒服（Polartec）"。以及这些纤维如何广泛地进入市场让消费者去购买！每年在纽约市举办的面料展（Premiere Vision）这类专业贸易展览会上，织物都面向时尚和零售业界人士销售。

专利保护是面料制造商可以"合法"以及使用其他时尚产业规则的一种方式。剩下的规则中，"公平"是值得注意的。这个规则不仅涉及自然资源的使用，还涉及人造资源的使用。纤维和纺织品的生产长期造成环境污染和工人剥削。从早期开始，水资源会受到纺织生产废物的污染，工人（有时是儿童）会受到恶劣条件的压迫。

附：

陶氏化学公司（Dow Chemical），杜邦（DuPont）和莫尔登纺织厂（Polartec）等公司已经进行了纤维创新。例如，陶氏化学公司引进了银离子（Silvadur）抗菌剂，这种纺织纤维可以提供持久的新鲜度和可靠的细菌保护，可以防止织物产生令人不愉快的气味、腐烂和变色。此外，杜邦还开发了索罗娜（Sorona）纤维，给棉花、羊毛或人造丝提供更大的拉伸（和舒适度）。同样，纤维的色泽度非常高，确保衣服的色泽鲜艳，甚至在恶劣条件下的泳衣仍然如此。此外，莫尔登纺织厂还开发出了一种合成保暖材料Polartec Alpha，它既透气又轻巧，同时提供优于"蓬松"风格的颜色保护。重视消费者的需求，纤维创新者不断开发，旨在进一步开发服装精密性的纤维。

从穴居人到现代社会：时尚皮革和毛皮元素

皮革和毛皮已被确定为最早已知的服装。由原始未经处理的动物毛皮制成的史前"包裹（Wraps）"式服装是当今皮革和毛皮服装和配饰的前身，它被切割成令人兴奋的廓型，拥有充满活力的大胆色彩或精致的色调，具有卓越的特征和有吸引力的纹理。由于精神原因、团体身份认同和个人身体保护，皮革和毛皮部件自首次使用以来，到今天已有数千年的时间，为时尚潮流带来了挑战，并确定了其独特品牌。

皮革时尚元素

从鞋子到帽子，以及几乎所有可能穿着或携带的皮革配饰，皮革以及易于保存的动物皮肤，都是时尚的流行组件。

基本皮革信息

牛、眼镜蛇、麋鹿和鳗鱼，不要忘记山羊、猪、羊、鸵鸟、鳄鱼或任何其他哺乳类、爬行类、鱼类和鸟类动物，这些都是美国合法的皮革来源。通常，这些可以组归为可食用肉类生产的副产品，如果不归作时尚组，将被浪费。与这些动物的大小分类不同，已经出现了特定的术语，按它们未经处理的毛皮的重量来分级。通常，"皮肤（Skins）"是指小于15磅的皮毛。值得注意的是，"生幼兽皮（Kips）"是从15～25磅的皮毛。通常听到的"大块原料皮（Hides）"是指超过25磅的皮毛。皮革制品通过世界各地举办的贸易展览会向其他时尚产业规则参与者销售。这些包括在俄罗斯和在中国的展览，这也是世界大部分皮革现在被加工处理的地区。

了解皮革生产

生皮必须进行大量的处理，然后将成品皮革缝合成衣服和配件。这些步骤可以直接由制革厂或时尚供应商在制备皮革部件的业务中进行，然后他们向渠道商或消费者销售。还有皮革和纺织品的加工批发商。这些批发商购买毛皮，然后在与制革厂签订合同之后，将其作为成品皮革销售给他人。

通常，毛发首先被清理。然后将其鞣制、染色和"完成"。鞣制涉及油或有毒化学品的应用，以使其柔软，以便具有足够的灵活性，可在生产中进行工作，并最终以舒适的方式佩戴或按预期使用。同样，鞣制防水皮、兽皮和皮革也是如此。染色可以增强这些皮革的自然着色，或者赋予其时尚的色彩。整理阶段通常涉及其他化学品和工艺的应用，以增加如光泽、无光泽或绒面革的外观，包括纹理或特殊效果和设计等特性。西部风格和相关配件，如靴子、皮带通常可以通过浮雕压花设计来识别，在整理过程中被压制成皮革。然后，皮革就可以被制造成服装和配件。作为下一章描述的纺织服装制作的前身，成品皮革根据图案或指南进行切割。最后的

皮革是时尚中受欢迎的一种面料

成品被应用到在批发展厅和零售店中，供消费者选择。

　　高光泽的古驰高级时装漆皮，豪华低调的爱马仕（Hermes）皮革，路易威登的质感"水波纹"皮革，这些都是以其产品中使用的皮革特性而闻名的真正的"大"时尚品牌。安德鲁马克（Andrew Marc）的"马克"皮夹克和外套，珑骧（Longchamp）尼龙"折叠（Pliage）"手提袋上的光滑皮革手柄和饰边，这些都是依靠皮革组件产品功能作为品牌识别的大品牌。

毛皮时尚元素

　　不管你是喜欢或不情愿，使用毛皮或动物毛皮，通常是哺乳动物的毛皮，仍然是"时尚"。消费者继续购买毛皮产品，随着全球新兴市场的扩张，需求似乎在增加。像皮革一样，毛皮是重要的组成部分，不仅适用于服装和配饰，还可用于建立时尚品牌。为此，了解毛皮的起源，以及如何处理时尚产品，有助于人们理解毛皮在时尚产业中的作用。

毛皮来源

　　许多想要貂皮的消费者还会考虑狐狸和其他毛皮。然而，任何来源的毛皮首先根据它们的获得方式进行描述。毛皮可能会在自然栖息地中被猎杀，这些被称为野生毛皮（Wild Furs）。其他毛皮来源是农场，专门用于养殖、开发和收获特定类型的毛皮，如貂皮和栗鼠，这些被称为"养殖"毛皮（"Farmed" Furs）。考虑到这些基本区别，时尚常用的毛皮及其动物来源包括：

原产地	毛皮代表种类
犬齿类	狐狸
猫科类	猞猁
啮齿类	南美栗鼠 海狸鼠
有蹄类	波斯羔羊 阔尾羊
鼬鼠类	貂 黑貂

毛皮加工

　　野生毛皮通常由猎人和狩猎者出售给代理商。这些代理商然后将其拍卖给毛皮制衣厂商。毛皮拍卖在加拿大、丹麦、俄罗斯以及美国等国家和地区举行；这些是毛皮制品中心的起源地。貂皮、猞猁和狐狸毛皮，那些因自然着色和标记而珍贵的皮毛是通常在野外狩猎并拍卖的皮毛种类。然而，大多数毛皮都是养殖的，而且这些毛皮并没有被拍卖。相反，它们大量批发出售给服装制造商。每年在蒙特利尔举办的北美皮草时尚展览会（NAFFEM）等展会都展示了毛皮时尚潮流和行业创新，为参展商提供了分享信息的机会。

毛皮是受欢迎的时尚面料

　　像皮革一样，毛皮必须以防止它们分解的方式加工，并使其更容易加工成服装，并最终穿戴舒适。通常，它们是第一次"被穿戴"。这个过程需要清洗和软化表皮。其中包括"用皮革包盖"，其有效地鞣制了毛皮的下侧部分，使得毛皮有助于后期被制作成时尚产品。多余的可以被切割，以赋予毛皮均匀的表面纹理。然后，毛皮部件可以以时尚主题的颜色染色，如饱和的红色和蓝色或黑色和棕色。同样，一些毛皮可以用类似几何条纹、V形人字纹或印刷在实际毛皮上的设计图案进行模版染色。其他毛皮可能会被漂白或提升到较浅的色调。通常，所有的毛皮，无论是天然的、漂白的还是染色的，最终都会变得光滑。这是一种调理过程，增加视觉、光泽和触觉平滑度。

准备毛皮制品

　　服装和配件需要周到的规划和巧妙的加工。然而，对毛皮的构建过程需要对功能进行详细的关注并按预期的方式出现。通常，经处理的毛皮会在图案上根据毛皮特征如颜色、质地和毛发长度进行匹配。毛皮匹配对于获得质量统一的最终产品至关重要。它需要广泛的知识与毛皮工作经验。与皮革和织物一样，需要使用各种技术根据图案切割准备好的毛皮。与织物和皮革制品一样，制作所需的手工切割和缝制的手工量大大增加了毛皮服装的成本。

　　构建毛皮服装可能相当复杂。毛皮制品可以通过方法进行切割和缝合，包括根据图案切割整个加工的毛皮（Whole-skin Method）。另一种加工技术被称为毛皮的叠加缝合（Skin-on-skin Method），这种方法可以产生"块状"的服装，具有高度可见的接缝是设计者可能寻求的特征。软皮革切割（Letting-out Method）要复杂得多，这种构造毛皮服装的方法需要先将毛皮沿着纵向在中间分开。然后，每个毛皮沿对角线切割不超过八分之一英寸宽。将这产生的数百条狭窄的毛皮条缝合在一起形成一个连续出现的毛皮，几乎没有任何水平接缝。然后将剩下的毛皮再次匹配并缝合成衣服的形状，如果是复杂的设计，这些只是其中一部分。该样式被润湿，缝合成板，再允许干燥。这个步骤有效地拉伸毛皮，使服装成型。在这些步骤之后，衣服可以被清洁和理顺，并且将诸如闭合钩形扣和织物衬里的装饰物缝合其中。构成毛皮的其他方法包括削薄毛皮法（Split-skin Method），这类似于"切割（Letting Out）"，并且涉及在毛皮之间插入皮条以制造较便宜的毛皮服装。这些是真正的"时尚背后的秘密"过程中的一些进程，用于制造毛皮服装和配饰，如帽子或手提包。

皮革、毛皮与时尚产业规则

　　"大"品牌不仅在法律和道德上受到关注，而且与时尚的各个方面都有关，尤其是盈利能力。简而言之，皮革和毛皮制品就像纺织品一样触及时尚产业的各个方面。皮革是"大"品牌的一部分，它们的身份如你所见。毛皮也是时尚品牌的基本要素，它可以通过两种方式得到。一方面，丹尼斯贝索（Dennis Basso）和芬迪等品牌依靠高品质的外观和制作技术，创造出真正值得走上红毯的时尚，令人兴奋的服装和配饰。

　　制作毛皮时尚品牌的另一种方式是通过设计和造型。毛皮部件供应商的产品也有商标，例如，"宝嘉美（Blackglama）"已被推广给消费者，所以消费者在寻找黑色貂皮产品时会寻求这个品牌。非洲"斯瓦卡拉（Swakara）"羔皮是毛皮制品品牌营销的另一个例子。这些公司声称他们生产这些毛皮的动物受到了很好的照顾、育种、严格的切割标准和毛皮选择标准，以便于公开他们的毛皮选择来源，或成品具有的品牌标识。一些时尚品牌，如宝嘉美，甚至在品牌标签上打印真实的数字代码，还携带品牌确认信息的标签，只有在特殊的紫外线灯下才能看到。为什么要做这些安全措施？很简单：毛皮可以伪造！技术可以以更加奢华和昂贵的方式对较不理想的毛皮进行染色和修剪。不熟悉这种技术的消费者可能会被欺骗，购买质量差的皮草服装。同样，如果不知道毛皮来源，只通过实际检查来准确地区别毛皮也是困难的。

　　由于这些问题，个别毛皮提供者制定了消费者保护措施。通过前文，你已经熟悉宝嘉美的方法。同样，毛皮行业贸易团体也颁布了其他的消费者保护准则，官方法律也是如此。国际毛皮贸易协会（IFTA）和几个著名的毛皮拍卖团队制订了

"原产保证（OA）"计划。这一系列标准伴随着群组监督，有效保障了具有"原产保证"标签的原产地毛皮，从而保护了消费者。1952年"毛皮制品标签法"（Fur Products Labeling Act of 1952）就目前的形式，要求消费者清楚地了解毛皮名称、原产国，以及是否是由零碎的毛皮片制成，而不是整个毛皮染色或制成。

除了消费者保护措施外，动物福利法规也控制毛皮及其供应商。就"公平"这一规则而言，特别是在可持续发展或保护现有资源的方面，存在着保护指定动物和物种的官方法律。这些法律禁止狩猎、销售和运输狮子、老虎、豹子或由它们制造的产品。象牙和犀牛角是其他受保护动物和禁止贩卖其衍生品的例子。罚款、监禁和没收是对犯有违反这些法律的人的处罚。"濒危物种保护法（Endangered Species Conservation Act）"是一种政府规定的动物保护形式。

其他种类的动物保护组织是为所有种类的动物而设的，由特殊兴趣小组进行，如"善待动物组织"（PETA）。世界各地的相关团体在促使消费者了解皮革、毛皮动物被猎杀或养育条件方面的信息做了很多工作。此外，它还以有力和积极的方式说服消费者，以任何形式穿着皮革和毛皮都不时尚。抗议示威出售毛皮制品的商店和扰乱带有毛皮制品的表演是该群体传达信息的一些策略。一些社会名人"宁愿裸体也不穿戴毛皮"的标语也是非常有效的，减少了20世纪90年代消费者的毛皮购买量。

这种行为影响了毛皮供应者的利益，他们开展了旨在吸引消费者购买毛皮产品的促销活动。他们反对善待动物组织的论点，并向毛皮感兴趣的公众通报行业实践，以及致力于为不断增长的富裕阶层增加皮革和毛皮产品的需求，特别是新兴国家市场。两个组织的努力结果确定了当前时尚界的定位。现在，出售或穿戴皮革、毛皮产品被视为商业或个人决定。是否买卖或穿戴是时尚企业或消费者的选择。

无论你是否同意这种立场，都会产生一些思考。其一，当然是对毛皮的需求依然存在。个人可能很容易做出决定。他们可能不会经营毛皮业务来创造收入并为盈利做出贡献。而从事毛皮贸易的选择具有财务后果，很少有企业会忽视。因此，关于提供、生产和推广毛皮产品的决定可能取决于这样做是否影响消费者的底线和成为大品牌的能力。

时尚物质和风格：附件和装饰

没有其他构造，你的牛仔裤只能随意地裹在身体周围。即使你能找到一种穿它的方式，它可能还是会显得无聊！所谓的其他构造是指是装饰，它赋予产品功能性和可见的触觉风格。装饰或"修饰"是时尚供应商提供的其他项目，伴随着纺织品、皮革和毛皮。总之，时尚专业人士通常将装饰物（Trimmings）作为将功能、装饰美化或两者都添加到服装和配件的方式。一些功能齐全装饰物被称为"设计中的小心机"，如线、紧固件、卡扣，以及不可见的接口和支撑服装结构的垫片。因为装饰对于时尚界至关重要，所以他们每年都会在纽约市举行贸易展、装饰博览会（Trimmings Expo）。

牛仔裤上的线迹使其比平纹牛仔布显得更加与众不同

消费者在做出购买的决定时，依赖于时尚元素的信息，即是否购买由需要干洗而不是在家洗涤的面料制成的产品。与纺织品分开，装饰品也有自己的护理要求。它有自己的生活！当然，这意味着生产者所找的服装面料、皮革或毛皮不仅能够执行功能和满足装饰需求，而且还可以与其所搭配。衣服及其组件可以一起干洗吗？例如，装饰性扣形物通常在化学清洁之前必须被移除或覆盖，以避免损害。不考虑这些问题通常会导致消费者的不满意，将产品返回原厂修理。考虑到这些，思考一下线、纽扣和拉链的特征，因为它们是最常遇到的装饰物之一。

线（*Threads*）

想一想有多少服装和配饰依赖于纱线，你会得到一些重要的"设计概念"。你如何描述这么明显但每次穿衣服时不会想到的东西？纱线是纺织纤维或长丝纺丝扭结而成，也可以由棉、丝、尼龙、聚酯或其他能够被制作成细长线股的纤维或长丝组成。纱线同时也可以由这些部件组合构成，如棉和涤纶是用棉纤维缠绕聚酯长丝而成。

线的基本信息包括其规格、物理结构和处理技术。线的规格是指其厚度。旦尼尔（Denier）和TEX系统可以测量线的规格。例如，在美国，旦尼尔系统被用作表达线粗细程度的常用方式。旦数指的是线股的线性质量密度，它定义为每9000m的质量（g），"1旦"的测量基础是基于重量（1g）或9000m的丝线。因此，"微旦"线是比丝重量少（即不厚）的那些线，而数值较高的那些是较厚的线。TEX系统是以每1000m的克数来表示，和在许多欧洲国家使用的另一种基于重量的线厚度测量方式类似。

"捻度（Twist）"指的是缠绕线的方向和紧度，紧捻的线不太可能磨损和解开。线的重量和捻度是纤维或长丝含量的两个重要特征。这些特征决定了线是否适合制造服装以及如何佩戴和护理。制作牛仔裤，要求坚固耐用和较重的纱线，一般由聚酯芯围绕着棉质外壳而成。对于轻装，如婚纱，可以使用精细的包芯涤纶线。

常见的指丝线的术语是"丝光（Mercerized）"。这是指经过丝光处理的棉线，是使线条更光泽和物理上更强的化学工艺。棉织物也可以被丝光化。时尚生产商将长度达数千米的大卷筒线用于大型服装和配件结构。消费者诸如总部的缝纫工们，通常使用线轴上提供的线，可以从125码（114m）到500码（457.2m）。

纽扣（Buttons）

多功能的，而且通常是丰富多彩的，但描述起来可能有点虚幻，到现在为止，纽扣是修饰服装及其配饰的临时方式，通常用来打开、闭关服装或配饰。"卡扣（Snaps）"是金属或塑料制的衣服闭合件，必须压在一起，以使它们作为类似的临时关闭装置。

纽扣可用于实际用途和相同项目的装饰。纽扣几乎可以由任何物理材料制成，无论是自然的还是人造的。只有想象力或不可得的材料能够限制纽扣及其功能的种类。塑料、合成材料和金属是现在制作纽扣的最常见材料。

纽扣通常是圆形和平坦的，尽管它们可能采取的形状看起来是无限的："半月形"和其他形式也是常见的，新奇形状如动物更是如此。但是，都有具体的配置。纽扣可能有明显的孔，以便它能用在服装上，这些被称为"缝合"纽扣（"Sew-through" Buttons）。另外，一些纽扣没有孔，被称为工字扣（Shank Buttons）。

许多纽扣由两部分组成。将塑料或金属的前端插入柄型背部。这些纽扣的前面可以是任何材料，但通常当使用这些纽扣时，它们会被某种织物覆盖。一个被覆盖的纽扣一般是与衣服相同的织物。

有关纽扣的其他信息包括大小以及如何注释。标准纽扣尺寸范围从9.2mm（0.362英寸）到25.4mm（1.00英寸），当然还有一些更大和更小尺寸的纽扣。纽扣大小以"L"表示，1L相当于0.635mm（0.025英寸）。因此，9.2mm纽扣称为"14L"；25.4mm（1.00英寸）纽扣是"40L"。常用纽扣的尺寸包括衬衫上的16L（10.5mm或0.413英寸），以及夹克上的32L（20.5mm或0.807英寸）。

拉链（Zippers）

想想有多少时尚物品是封闭的或用拉链装饰的。考虑到拉链的优势，你有没有想过如何定义它？拉链是两个边缘或两端部件被临时连接直到分离的机械装置。如你所知，这些"边缘"或"末端"可能由纺织品、皮革，甚至毛皮组成。我们今天最有可能承认的"拉链"出现在1913年左右。直到20世纪60年代，拉链都是用金属部件制成。之后，尼龙拉链开始出现。这些拉链的母带和"牙齿"都可以染色，以配合服装颜色。拉链也没有像早期的金属那样容易生锈，当然那些是由廉价的基础材料制成的。今天，拉链可以用于几乎任何配置，以进一步地装饰服装和完善功能。而且现在的拉链能够"双向"工作，这允许两个滑块在同一个拉链上一起工作或单独运行。

　　了解拉链选择标准或评估服装制造中使用的标准是服装质量评估的重要方面。因此，拉链的选择与所有装饰元素一样，取决于预期用途和适用性。例如，较重、较厚的拉链通常与更坚韧的纺织品、坚固的皮革，以及用于恶劣气候条件下的毛皮产品一起使用。此外，一些设计师已经知道在轻便的织物上使用重拉链，以作装饰性对比。在这种情况下，底层的衣服织物常用布带加强以达到该效果，并防止衣服褶皱。

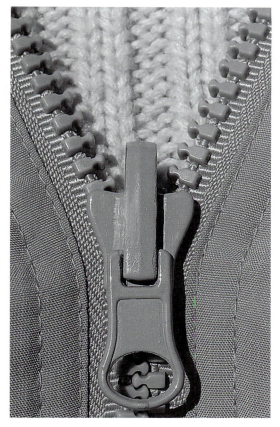

拉链是时尚中一种重要的装饰

其他装饰手法

　　令人兴奋的装饰世界几乎没有限制，因为它们的生产者努力使服装更加时尚，多功能，并符合消费者的愿望和需求！最常用的、有趣的、有用的装饰包括：

　　珠（Beads）——这些是由球形或圆柱形物体经过内部切割制成，使得它可以缝合到服装上或者用线组合在一起。它主要用于观赏。较大的可以用作闭合物。

　　刺绣（Embroideries）——装饰性的针线和绣花技术组成刺绣。这些可以手工或机器完成。两个要知道的术语：飞梭刺绣（Schiffli Embroidery），每个图案被重复、分离和缝合到其他项目；框架刺绣（Framework Embroidery）指单个设计，如贴片和徽章。

　　装饰带（Ribbons）——这些是装饰性的、有时多功能的布条，以及其他各种颜色、纹理、图案、长度和宽度的布料条。当作为腰带和其他闭合物使用时，装饰带可以为服装和配件增加功能。四种装饰带样式：缎面（Stain）（光滑的外观和触感），丝绒（Velvet）（由于在其表面留有小圈或线的绒头织物，具有起绒的"模糊"表面），提花（Jacquard）（由计算机程序设计和布置定位的高度装饰的色带），以及罗缎（Grosgrain/Faille）（两侧凸起，因为纬纱的宽度大于经纱）。

　　莱茵石（Rhinestones）——金属薄片、圆顶形的切割玻璃、水晶或塑料圆片。为模仿钻石和其他宝石，以金属箔或涂料度面。它们在欧洲国家被称为"铅质玻璃（Strass）"，用于装饰服装和配件。

　　亮片（Sequins）——通常是附着在服装和附件上的圆形物品，主要用于装饰。"金箔（Paillette）"通常是指通过赋予它们颜色和质地来装饰服装和配饰的大亮片。

本章小结

在这里，你已经了解了不起眼但是必需的时尚组件。这些主要包括织物、皮革、毛皮和装饰物。如上所述，织物通过织造、编织和融合来组合纤维、纱线和其他配件。皮革和毛皮是动物的皮肤和毛发，以确保温暖、耐用和贴肤。装饰物也是描述时尚的元素之一。这些都是给予服装装饰、功能和吸引力的物品。

问题回顾：你发现了什么？

1. 列举出主要的时尚元素，并简要描述它们。你可以使用图表样式以便以后参考。
2. 描述纺织技术的进步如何使现代时尚产业成为现实。
3. 哪些特点可以用于区分主要的纺织纤维？
4. 简要叙述使纤维变成成型可用的纺织品的方法。
5. 有哪些不同种类纺织品"编织"法，它们有什么区别？
6. 根据这一章，怎样描述皮革和毛皮？有哪些种类？
7. 简要描述皮革或毛皮的生产过程。
8. 描述一下装饰物及其基本功能。
9. 对于消费者以及时尚专业人士来说，为什么时尚元素的知识是重要的？
10. 时尚元素以什么方式帮助专业人士和时尚产业规则参与者建立大品牌？除了本章所提到的示例，你可以找到其他示例吗？

专业术语

确保你知道本章中的以下术语，并可以举例说明：

飞梭（Flying Shuttle）

动力织机（Power Loom）

轧棉机（Cotton Gin）

手动缝纫机（Hand-powered Sewing Machine）

供应商（Providers）

渠道商（Purveyors）

织物（Textiles）

皮革（Leathers）

装饰（Trimmings）

长纤维（Filament Fibers）

喷丝头（Spinnerette）

编织（Weaving）

斜纹编织（Twill Weaving）

提花编织（Jacquard Weaving）

针织（Knitting）

坯布（Greige Goods）

珍妮纺纱机（Spinning Jenny）

美国纺织业（American Textile Industry）

高效织机（Highly Efficient Loom）

胜家缝纫机（Singer Sewing Machines）

生产者（Producers）

促进者（Promoters）

纱线（Yarns）

毛皮（Furs）

短纤维（Staple Fibers）

微纤维（Microfibers）

精纺纱（Spun Yarns）

平织编织（Plain Weaving）

缎纹编织（Satin Weaving）

起绒编织（Pile Weaving）

织物厂（Fabric Mills）

布匹加工批发商（Converters）

纤维染色（Stock Dyeing）

纱线染色（Yarn Dyeing）

匹染加工（Piece Dyeing）

成衣染整（Garment Dyeing）

手绘（Hand Painting）

丝网印刷（Screen Printing）

滚筒印刷（Roller Printing）

热转印（Heat Transfer）

精加工品（Finished）

皮肤（Skins）

生幼兽皮（Kips）

大块原料兽皮（Hides）

野生毛皮（Wild Furs）

"人工养殖"毛皮（"Farmed"Furs）

整皮制作法（Whole-skin Method）

皮肤叠加缝合法（Skin-on-skin Method）

切割法（Letting-out Method）

削薄法（Split-skin Method）

原产地保证（Origin Assured）

1952年的毛皮制品标签法（Fur Products Labeling Act of 1952）

濒危物种保护法（Endangered Species Conservation Act）

善待动物组织（People for the Ethical Treatment of Animals）

线（Threads）

纽扣（Buttons）

"缝合"按钮（"Sew-through" Buttons）

工字扣（"Shank" Buttons）

布包按钮（"Self-covered" Button）

拉链（Zippers）

珠子（Beads）

刺绣（Embroideries）

飞梭刺绣（Schiffli Embroidery）

框架刺绣（Framework Embroidery）

装饰带（Ribbons）

缎带（Satin）

丝绒（Velvet）

提花（Jacquard）

罗缎（Satin）

莱茵石（Rhinestones）

亮片（Sequins）

市场日模拟项目工作表

使用态势分析法（SWOT）分析评估你的品牌

项目目标：了解你提出的时尚品牌的产品或服务如何与其他产品叠加起来

第一步： 为市场日的展示提出建议：_____

_____

第二步： 研究类似的想法，可用于专业人士或一般消费者。你找到了哪个？在这里命名并收集图片、广告和其他媒体对它们的解释

_____   _____   _____

第三步： 描述你的想法有哪些不同，以便当别人要求比较时你可以区分它

_____

_____

_____

第四步：它们是什么意思？如果把你的想法呈现在"现实世界"中，怎样才会被接受和获得成功呢？态势分析法对回答这些问题应该有所帮助！以下的内容如何适用于你的想法

优点	缺点

机遇	风险

从你的角度描述时尚史

重点:	时尚历史是通过人们所穿的东西,对他们的生活和时代进行探索。在整个过程中,时尚产业总是有产业规则参与者存在。这个项目的目的是确定他们,然后表明他们的贡献的重要性。你将进行研究以完成此项目

第一步: 选择一个时代或一个鼓舞人心的时期,划出十年或一个具体的有趣事件的时间(如20世纪80~90年代的"嘻哈")

我最感兴趣的部分:_____

喜欢的理由:_____

第二步: 确定时尚产业规则的几名参与者,并对其贡献的重要性作阐述

玩家	贡献的重要性
供应商	
生产者	
渠道商	
促进者	

第三步: 带我们去

你现在是一个特殊时间段的时尚专家,是谁创造了它们!描述发生了什么,基于对时尚产业规则参与者的研究,描述一下当时的心情

_____

_____

_____

_____

_____

_____

生产者：设计
与制造时装

前言

　　本章将探讨另一种时尚产业规则参与者的行为：生产者。你知道，到目前为止，生产者只是一个负责将时尚产品带给消费者的群体。在这里，你将看到他们的工作以及他们的活动与你熟悉的概念和规则是如何相关的。时尚界以外的许多人对时装设计师都很着迷。然而，他们对生产者实际做的事情不甚了解，他们如何使用创意技术以商业方式来建立"大"品牌和大企业。本章探讨这个流程和服装生产流程。

本章内容

* 它描述了时尚设计过程及其与建立时尚品牌的关系。
* 它概述了生产时尚服装所需的制造步骤。
* 它将这些过程与时尚行业的规则联系起来。

第 5 章

时尚理念如何变成完美的可识别的品牌服装？你的兴趣反映你的生活方式！准备学习许多新的术语和概念，包括将你已经知道的品牌元素纳入时尚设计和生产流程中的方式。时尚的"真正目的"是告诉我们自己是谁，但是，作为时尚产业规则参与者，它需要我们来定义它的过程。

时尚使生活方式连接过去

是古代历史还是今日世界的前身？无论你的观点如何，不可否认，过去与塑造时尚有关——它的灵感、实践和未来。现代时尚设计师和品牌其实是时尚产业生产者悠久历史发展中的最新进展，进一步推动了"生活方式"的理念。现在，任何有经济实力的人都可以购买并穿上他们想要的产品，并将自己所希望的生活方式呈现给他人！

然而，在18世纪的法国国王路易十六（Louis Ⅹ Ⅵ）和玛丽·安托瓦内特（Marie Antoinette）时代，奢华、昂贵的衣服和配饰确定了个人的社会地位，而只有皇室和精英们可以获得。罗斯·贝尔坦（Rose Bertin）（1747—1813）被认为是该时代最重要的时尚社会"守门人"之一。

贝尔坦（Bertin）的模式被称为"市场模式"，她因为精心设计的裙子而名声斐然。她把各种各样的丝带、鞋带、羽毛和宝石装饰品摆放在一起，卖给那些她认为合适的贵族客户。通过这样做，贝尔坦强化了现代服装规范。然而，她做了更多的事情。

在那个时代，妇女甚至是贵族妇女，机会都有限。实际上，法律上禁止女性裁剪和缝制衣服，这些工作仅供参加裁缝行会的男性成员。贝尔坦给予女性身体很大的空间，并尊重她们，通过选择装饰使妇女在政治和社会方面表达自己的观点，像男人一样通过言论强烈地表达自己的观点。例如，一个女人可能会将她的政治倾向（专制或民主）通过衣服的颜色来表现。在她们的生活方式中，唯一发出声音的机会便是通过贝尔坦，这个最早的时尚制作人之一！

过时或时尚？设计师如亚历山大·麦昆（Alexander McQueen）会从这些欧洲中世纪的服装上获取灵感

服装生产方式：高级时装

服装可以单独制造，也可以小批量或大批量生产。单独制作的服装通常被称为高级定制（Haute Couture）或为女装定制（Custom-made）。对于男士服装，全定制（Bespoke）是指仅为一人量身制作的服装。

无论是对于男性还是女性，独一无二的物品通常由购买者订购。订单则转到适当的高级时装屋的工作室中。例如，定制的服装由工作室中的一部分人生产。有着柔软线条（通常是连衣裙）的服装由负责服装的一组工作人员执行。两个工作室生产的衣服尺寸取决于客户的实际身体尺寸，而不是根据款式预先确定的。同样，客户可以自己决定一些服装特征，如颜色、装饰和其他细节。因为从传统上来说，制作妇女的高定服装通常需要昂贵的织物、装饰和耗时的工序，所以会首选廉价棉布（Toiles）做的样衣和模型来说明设计方案。裁缝也会在定制服装时提供给男士尝试原型的机会。

草图是创作服装大致轮廓的必经步骤

　　对于女装定制来说，在客户试穿之后，可能会对服装进行调整，以供穿戴。通常，设计师或制造商将建议如何最好地利用织物、图案或其他纺织品特征。例如，构造一件高级定制的"小黑裙"，可以从一大卷布的特定部分裁切织物，以确保服装具有"干净"和谐的外观，即使服装只有一种颜色！同样，定制的男士夹克可能采用这样的裁料方式，缝制时将一维的细条纹和格子匹配对齐，给服装以立体外观。这些细节定义了女性和男性的定制服装，比如独家使用的手工缝制，而不是缝纫机。

　　然后根据调整后的样衣和初始确定的尺寸、特征对最终的面料进行裁剪。如果服装很复杂，需要高度熟练的缝纫或裁剪技术，例如婚纱，可能会要求客户在整个生产阶段多次试穿。注意身体测量和个人偏好，并为女性和男性客户的未来参考提供保留。完成后，这些精心制作的服装被包裹在的巨大盒子中或呈现在西装袋里交付。

　　高级定制服装的成本，特别是来自法国时装公司的著名时尚设计师的成本是令人难以置信的！一般来说，时装成本可能达到五位数，那些手工串珠的装饰物或毛皮可能会更多。精心制作的手工钉珠的婚纱礼服价格在10万美元以上。来自英国和意大利公认的服装公司的男士定制西服的成本部分取决于所选择的织物质量，但往往会在五位数范围内运行。

　　高级定制的传统在美国继续，数以百计的定制裁缝从事独一无二的工作。他们可以定制婚纱、首饰和其他特殊场合的着装，也可以为美国的男士提供定做服务。通常情况下，这些企业有零售店或定期派代表到酒店和办公室提供订购服务。"定制"有时也由标准模式（即不是基于一个人的测量）制成，然后被广泛地整改以接近完全定制的男性服装。这些更确切地被称为"半定制（Made-to-measure）"，并且通常在其制作中的手工缝制比真正的定制服装少。

　　通常，"高级时装"（Couture）一词是指像萨克斯第五大道精品百货（Saks Fifth Avenue），内曼·马库斯百货（Neiman-Marcus），诺斯仕百货（Nordstrom）等许多商店货架上的昂贵、优质的女装成衣。在技术上，高级时装是一种手工制作的独一无二的服装，只能按照客户的要求来定制规格。

将高级时装描绘成传奇是一种保守的说法，特别是来自法国的时装。初期公布的图像只能捕捉到每个季节推出新时装系列时的一些惊喜之处。也许是因为它受到的关注、它与国家文化认同的整体联系或者其他许多原因，法国时装受到理事机构的高度保护。1886年开始，法国高定公会（Chambre Syndicale de la Couture Parisienne）控制着强大的法国服装联合会（FédérationFrancéaise de la Couture）。该组织控制着"高级时装"的名称使用、商家类型，及其必须遵守的规则等细节。

服装生产方式：成衣

与定制相对的是成衣生产（Ready-to-wear）。顾名思义，这个过程使得服装消费者可以立即使用。除了更换或轻微变化（如移动纽扣）之外，成衣服装一旦完成就基本不变化。高端时尚系列只能为特色零售商店和独家精品店生产备用服装。拉尔夫·鲁奇（Ralph Rucci）[以前的沙杜·拉尔夫·鲁奇（Chado Ralph Rucci）]是一个品牌，每个时装季节都生产出数量相对较少但有影响力的服装。另一方面，印地纺织（Inditex）集团[又称飒拉（Zara）]每天生产成千上万件服装。据估计，该公司2011年的服装数量为835000件，每天超过2000件！无论结果是几件衣服还是近一百万件，生产通常都有一系列的步骤。一般来说，这些步骤可以相应地进行分组：前期准备、生产和后期制作。这些步骤表明发生了什么，其中的细节将进一步讨论。其中一部分将包括时尚行业的规则如何适用以及如何解释。

成衣制作的前期准备

时尚从思想开始。品牌建设依赖于这些想法，建立统一的不可磨灭的印象，每个季节都要突出品牌形象。设计的准备过程具有双重目标，开启下一个季节的流程，并为随后的季节建立背景。

草图（Sketches）是时尚的语言。它是通过设计者或设计团队的绘画来交流灵感，它可能是一些高度正式的艺术，也可能是粗糙的和多功能的，又或者是通过计算机辅助设计（CAD）程序生成的。对于时尚发展过程中的其他人来说，草图足够真实（有头、肩和腿）。通过草图，他们执行自己的工作，如制作图案。图纸很重要，但还有其他方式可以传达设计意图。立体裁剪（Draping）是将纺织品应用于服装人台以表达时尚创意的过程。立裁技术为所有不同技能水平的设计师提供表达时尚创造力的能力。通常，图纸一般由垂褶状设计的作品组成。

从想法到绘画或纸样模型再到季节性的时尚服饰，发生了什么？通常，设计师想出了许多创意，有时数十甚至数百。设计师们提出了西服、日礼服、晚礼服、长礼服以及婚纱礼服的想法。男士服装设计师可能会从休闲运动服、衬衫、长裤、西

设计师制作的系列服装都是围绕特定主题的

服和燕尾服中寻找草图原型，为即将到来的时装季更新。童装时装设计师为不同年龄的青少年进行设计。针对不同种类的服装（男士、女士或儿童的服装）进行设计准备是大多数时装公司的惯例。那些提供一种服装（如泳装或婚纱）的专业时装公司，可能只会为某些产品制作设计。在既定的时尚企业中，设计并不总是"原创"，而是重新引入过去的时尚季节（特别是卖得好）的概念，但以某种方式进行了修改。例如，服装可以用更新的颜色或织物生产。这种起源的设计称为"复古重现（Carryovers）"或"转折连接（Anchors）"。

总而言之，这些设计理念构成了时尚公司生产特定时尚季节产品的链条。有时这种设计被称为"系列（Collection）"。通常，有一个主题成为系列。这个概念基于他们的初步灵感。主题可以是统一的颜色、设计元素（如图案），甚至感觉。最近的时尚主题包括颜色如橙色和令人回味的时代如20世纪70年代。一旦主题成立，服装设计就被整理成组或类别。

生产成衣：裁剪、缝制和完成

人体形态的技术尺寸用于制作成衣的样板，特别是与身体比例相关的技术尺寸。样板是纸、纸板"蓝图"（Cardboard Blueprints）或指南，使用户能够从一维的织物中构建立体的可穿戴的服装物品。然而，一种样板一次只能生产一种尺寸的服装。其他尺寸的服装的样板是如何制作的？

通过纸样放缩（Grading），一种样板可以变成另一种样板，可以符合所有尺寸的服装。纸样放缩是调整一种服装样板上的尺寸以产生各种尺寸的样板的过程。熟练的纸样放缩可以绘制和剪切一系列不同尺寸的样板，从小尺寸到大尺寸都有。虽然大部分样板制作（Patternmaking）和放缩都是由电脑完成的，设计师仍然有必要了解服装尺码特征的基本差异。

时尚服装生产

时尚生产过程可能发生在"内部"或与其他人相关。时尚生产者可能会认为在其工厂内制造是有利可图的。通常步骤包括裁剪织物、缝制组装，并获得必要的物品（如拉链和纽扣）。只有非常昂贵的内部生产是一个人完成的服装生产。相反，它由几个人完成，每个人完成一个专门的任务。之后，半完成的衣服被传递给他人。这个过程一直持续到衣服完成，被称为单位生产。

时装设计与制作

是神秘还是熟练构成了时尚？时尚设计和制作过程似乎笼罩着神秘，对于那些不在时尚游戏中的人来说！另外，对于时尚产业规则参与者和知情的消费者来说，出现了明显的有顺序性的活动，使得在商店购买时尚服装成为可能。本章以前的部分重点讲述名人和社交名流穿着的独一无二的时尚服装。那么成衣呢？实现这些物品、零件和包装所需的各个阶段，在行动上体现了时尚生产者。

成衣时尚生产商从事各种规模的企业工作，从大型企业到小型的刚刚起步的公司。因此，对于如何将时尚想法变成商品，这个过程可能难以描绘。根据公司的资源和能力，该流程可能有些变动。一个小型时尚工作室的设计师可能只有一个人，或者还有一两个工作人员来执行。同样，他们也可以非正式地讨论想法，然后再采取行动。另外，在大型的时尚公司，整个团队致力于研究趋势和色彩观念，并将生产来源定位在其他国家。通常需要许多会议讨论和演示陈述来组合时尚产品的季节性系列，当然也可以有许多不同的风格和变化。这些条件说明，成衣时尚从思想开始。但是那些思想起源于哪里？

灵感本身可能不是时尚背后的唯一元素。相反，过去的成功可能也是有影响力的。重现过去也是时尚设计，并有获得商业成功的记录，从一个时尚季节持续到另一个季节。当然，这些可以修改为适合当前季节的织物和颜色。尽管如此，这些设计对于零售商和消费者而言，它们仍然是熟悉的、流行的设计。

过去时尚的复古重现是常见的，商店和消费者真正寻求的是新款式。为了提供这样的服装，生产者进行各种详细的研究，以了解消费者真正想要什么。例如，哪些颜色会受到该群体的青睐？哪些更新的、更好（和更便宜）的纺织品和装饰品是可能构成整个服装的基础？至少就季节性时尚的初步设计而言，进行这种研究是必要的。研究、收集灵感和艰苦的工作，所有这些都一起形成了产业链的创意和商业途径。下一步是实际设计！

消费者与时尚设计师的合作步骤通常只有在上述准备工作完成之后才会发生。使用设计原则，如廓型（Silhouette）（衣服形状或风格，如"无肩带"长袍或"双面"外套），颜色（Color）（感知光线的特定范围），纹理（Texture）（触觉），图案（Pattern）（重复的设计图案，如条纹或点）或其他特征（如高科技织物，防晒），时尚设计师使用图纸或计算机生成图像。无论他们的灵感有多短暂，也许是他们在听特定的音乐时感受到的或是看电影时的感想，正是通过这些设计原则，那些感觉才能成为时尚！同样，通过这些手段、研究趋势、颜色和组件，使其变成有形的、可触摸的、可购买的时尚。

快速绘制时尚创意的乐趣是一回事，但其中包含的商业原因则更为复杂。一般来说，一旦开发了一个服装理念，专业的时尚设计师就会根据这些想法形成完整的系列（Lines）或一组服装。这意味着，实际上，其他时尚产品是按照设计的初步服装进行协调的。例如，一件上衣要与裙子搭配，或者是为了夹克而设计成休闲风格。一旦这些项目被设计，研究将继续进行。面料是否可用于完整系列的部分流程？这是一个常见的问题，答案决定了设计是否会从样板成为销售实体。

由于设计已经定稿，并且是为了生产而设计的，技术设计师或（通常是大型公司）设计团队会逐步编写称为"工艺说明（Specs）"的服装细节。这些工艺说明表（Specification Sheets）包括成衣使用的精确尺寸的信息。例如，衣袖的长度需要根据设计尺寸进行调节。在每种风格中，规划和提供不同尺寸的服装以适应消费者的身体尺寸和形状。在这个过程中，需要预估完整系列中衣服的暂时花费，即它们的生产成本。在这一点上，成本太高（即无利可图）的服装会被淘汰。例如，当织物、装饰或生产成本的增加使得服装过于昂贵而不能按照预算分配实际生产时，服装便可能被淘汰。

此外，当确定批发价格（Wholesale Prices）（批发商和零售商等供应商愿意为建议的服装支付）时，具有成本效益而生产的服装仍然不会落在时尚品牌公司可以接受的范围内。在成本核算过程中，应将生产者自己的利润百分比（高于生产服装的实际成本）包含在内。一般来说，零售商会在他们支付批发供应商的金额上加价。

设计师经常基于经典服装的款式、颜色和面料设计系列款式

根据技术说明，制作了第一批服装样板（First Pattern）。高档的时尚成衣工作室通常采用纸样打板制作，而大型时尚企业则使用计算机生成的纸样制作样衣，如格柏（Gerber）。简而言之，样板（Patterns）是纸、纸板或计算机图，它们确定了服装每一部分的确切尺寸。比如，袖子不是独立割裂开的，而是每个部件组合形成的。以这种方式思考：样板制作是绘制、裁剪和缝制平面纺织品的过程，并表示在何处应用适当的必要部件如拉链或纽扣使织物变得立体，并且可以穿戴。

由昂贵面料制成的服装使得成本上升

初始样板（Initial Pattern）完成之后，将其应用于织物。若面料太贵或质量较差，生产者可以决定是否要为了最后的成衣将样板修剪。检查服装的外观、适合性和其他标准（如新的成本）。时尚服装设计和生产中的成本上涨是一个普遍的问题。通常情况下，这些都涉及织物和劳动力成本的上涨，原因如下。

用于制造最终产品的设计通常被称为首件试样（First Samples）。样品完成后将被审查，如主题的连续性，以及从一种时装到另一种的关联性。例如，鸡尾酒礼服是否与日间服装有关联？脱颖而出的设计在此时会从整体系列上剥离，随后以"样品"销售出去。一旦确定了该季节的最终样品，会重新估算成本，以寻求平衡。一些设计比其他设计更贵，而另外一些设计则相对便宜。这两个都让生产者有利可图么？还是一个过度昂贵的设计会花费太多的生产者资源？当然，个别服装是重要的，但在这一点上，问题是如何有效地生产整个季节系列。一旦所有服装已经开发、设计，并确定其成本，织物、装饰和工作订单都将生成并发布给第三方供应商，如面料和装饰工作室。

在实际生产场景的背后，推广人员和其他人正在准备媒体报道，突出新设计的特征，吸引批发商等渠道商的兴趣，他们都是从工厂直接购买或是拥有"私人商标"的品牌，生产者正是为他们做准备。在实际服装生产方面，初始模式从样品开始"纸样放缩"。纸样放缩（Pattern Grading）是增加或减少样品的尺寸以符合标准化的服装尺寸的过程。消费者常表达的抱怨是，具体的尺寸不会从一个制造商转移到下一个制造商，一个制造商的六号衣服在尝试时可能感到有些紧，而另一个制造商的大小相同的尺寸则让人感到松。持续生产多种尺寸的服装是一个难题。同一种风格，不管其尺寸大小，消费者都希望它价格一样。然而，较大尺寸的服装需要更多的织物和装饰物来生产，并且一般来说，制造成本更高。这是成本核算程序重要性的另一个表现。

生产标记（Production Markers）是用于实际裁剪和缝制服装的指南。这些类似于计算机程序的"高科技"，或组成巨大纸板的基础。一块块衣服根据这些标记被裁剪。裁样可以手工完成，最常见的是可以一次切割多层织物的动力"锯'。然后将它们捆绑并进行缝制和运输。正如你猜测的那样，在进行中的每个步骤，都要检查织物和工艺，以维持质量标准。

实际的服装生产可能在纽约市服装区附近或在世界另一边。无论选择是基于成本还是方便，生产订单（Production Orders）都附有服装裁片。这些订单说明了生产者同意生产的条件和时间。通常合同包括规定服装完成和运送的日期，以及设计公司在特定时间节点（例如开始运行或一系列服装生产后）检查成品的权力。通过这种方式，设计公司能够确保质量，使得制造商提供的样品符合成品要求，以表明他们是有能力的。

假设一切顺利，整个服装系列在生产结束时可获得。但接下来还有更多的流程，服装必须被完善、检查、压缩和准备运输，包括制造商负责的标签缝制。然后它们被送到渠道商，供消费者购买。

后期生产：将成衣提供给批发商

任何购买过服装或任何类型的商品的人都看过它们：标签和标签上的一些小黑线。他们的存在使得检查发出一系列快节奏的"哗哗声"，因为它们穿过了商品扫描仪。除了方便，还有什么其他目的呢？这些是通用产品代码（Universal Product Codes，UPC）。在一系列垂直线下，有10到12个数字；其中前六个数字可以识别卖方或该物品的制造商。剩余的数字通过分配给代表样式、颜色和大小来识别确切的产品。这些通过数字及其包含的信息可以被读取。

如果在生产阶段早期没有分配到服装，那么它们将被分配到后期制作中。除制造商外，零售商可以为商品申请UPC或SKU（库存单位）代码，后者代表"库存量单位"。通过使用UPC代码，供应商可以确切地知道正在销售的商品。使用这些信息，他们可能会与制造商研究补货策略。其中一些可以跟踪销售（或出售）的库存，如准时制生产（JIT）方法，以便零售商可以尽可能接近商品客户想要的时间来采购它。

后期制作任务还包括审查项目质量和标注缺陷。有了这些信息，内部生产实践可能会有所改变或考虑使用其他外部承包商。这被正式称为"质量控制（Quality Control，QC）"，通常通过小标记"QC"和检查员的识别号或甚至名称来证明。传统质量控制很重要，然而，其他形式的质量保证也是值得注意的。标杆管理（Benchmarking）是一个过程，成品由其他公司制定的标准来判断。成品的质量及其生产和分销的流程往往需要进行基准测试，以尽可能快地和尽可能高效地生产出优质的服装。使用他人开发的方法，服装制造商能够保持竞争力。通常，具有针对特定行业（如纺织品和时尚）的基准知识和专业知识的顾问由时尚生产商聘请，就如何更好地了解商品及其生产和交货提供建议。全面质量管理（Total Quality Management，TQM）是指正在进行的改善商品生产特性、货物制作方式以及销售方式的过程。全面质量管理是一个涉及整个时尚公司及其工作人员的过程，他们对实施这些程序保持警惕。同时顾问也可以使用。

这些数字代表了制造商和指定产品

可以肯定的是，时尚生产是一个细致而昂贵的过程。每个类别的时尚产业规则参与者都尽可能寻求降低成本的方法，如供应商、制造商和其他人。无论这些成本与制作、销售、营销、推广，还是分发时尚商品有关，尽可能保持低廉的开销是"时尚行业规则"中"盈利"的一种方式。然而，这些措施不能以牺牲整体产品质量为代价。为了取得成功，品牌在一致性方面取得了很大的成就：品牌的基本颜色会随着时间的推移和许多不同供应商的系列产品保持不变，例如，耐克的"大众红"。与优质服装制造相关的后期生产实践旨在确保一致性的基础上，同时维护制造商的利润。

许多学生因时尚设计师而对时尚感兴趣。为什么不呢？成功的设计师是名人，在许多方面，他们是品牌最有名的代表。但从时尚设计师的起步走向优秀，需要什么呢？从金钱数量上而言：2500万美元。不，这些不是设计师的收入，而在销售量。正如时尚界评论家所指出的，《女装日报》正是在这个销量下从一个品牌走向一个公司。当然，即使在那时这也不是成功的保证，道路是坎坷的。许多品牌亏损，很少有设计师的业务有可能达到2500万美元的销售额。

现在，你会看到时尚产业范式及其各种规则来自何处。必须有一些办法弥合差距。许多人认为时尚设计和设计师只是视觉创意。同时，他们知道时尚是一个行业，是大生意。但是，这两者似乎关联不大。视觉创意的确是一个大行业，但是，这种技能必须专注于建立时尚品牌的方式。例如，一个季节不受欢迎的设计或品牌元素通常不会因为品牌建设（和盈利能力）原因而被再次使用，例如衣领款式或徽标风格。

时尚设计师有时会面对镜像问题：他们想继续前进，尝试新的风格，即使消费者仍然抱怨他们重复旧样式。这些款式仍然是这些风格，成熟的时装品牌将其重新架构起来，只是面料略有不同，或者是新的流行颜色。前卫时尚设计师，感觉需要继续前进，创造性地挑战自己，可能想放弃成为一个好卖家，当然这也许会导致品牌的财务危机。

想想这些不同的想法是什么意思：销售额为2500万美元，利润率为40%，商品制造和出货后会留下1000万美元。其中，625万美元可能用于销售和一般管理费用，300万美元用于举办两次时装秀，让公司获利75万美元。但它不止于此！从这个利润来看，费用将被扣除。这些数字是从时尚界的《女装日报》收集的。那么这个参考文献就认为6000万美元是设计师应该设法达到的下一个门槛值！设计师可以期待收到私募股权公司的关注，这些公司愿意并能够将大量资金投入到企业中。他们愿意这样做，因为设计师在一个难以获得新消费者关注的行业中建立了成功的销售记录。设计师企业只有在达到这个水平的时候才能做到这一点，而且最好还有一个核心的客户群体，他们会在季后回购品牌。出于这两个因素，设计师会与几个商店有合约，并在未来积极拓展后面系列的销售。

2500万美元，然后6000万美元，然后什么？超过1亿美元？设计业务是"上市（Going Public）"的候选人。你从第3章的"时尚产业的规则"中已经熟悉这部分。当这样做时，企业将股票出售给投资大众。这可以创造收入为未来时尚业务的增长提供资金。同样，它可以为同名设计师带来巨大利益。例如，迈克·柯尔（Michael Kors）在2011年从事这方面的个人收入超过了1亿美元。当无法创造足够的销售额时，每个这样的品牌都配有单独的品牌设计师以保证收入继续。

本章小结

在本文第一部分描述的时装表演中，你将重点放在观众的身上，也可能在时装秀本身以及正在呈现的时装秀上。然而，在这里，你有机会思考并学习这些衣服如何成为实体。更具体地说，你探索了他们如何成为首次试样。例如，你了解了时尚设计的创意本质会受到实际生产的约束。同样，由于时尚业的需要，建立和加强品牌识别是必要的。并追求有利可图！

男女定制服装是针对穿着者定制的。制作两者的过程可以非常细致，而且价格昂贵。从初始草图通过纸样和样衣到精致的成品，定制服装为挑剔的客户生产真正的独一无二的服装。

大多数人穿成衣！无论是昂贵的高端设计师，价格合理的中等市场或廉价的大规模生产的服装，大多数服装的生产流程是非常相似的：

前期生产包括服装的原始设计，组织连续制作服装的样板，以及协调样衣的制作。这些是向潜在的批发采购商展示的原型服装，或在T台上呈现。并不是所有的设计都是从设计师的绘图板或计算机到百货商店的。初始服装可能会被调整或从系列中完全移除。当最终决定了物品数量以及这些服装的数量时，将为其购买织物和装饰物，并且为生产各种尺寸的服装准备纸样。

服装生产可能在时尚公司本身内部进行。同样，承包商的工厂也有可能。这些可能位于美国境内，或者它们可能（并且经常）在国外。单独的服装可以全部在外面的公司中生产，或者衣服部件（例如袖子）可以由一个公司制成并在另一个公司中组装。

通常，服装完成后准备交货。这可能是由设计公司本身、批发商或零售商完成，取决于所安排的内容或商品库存。

如果没有出售和发货，等待销售的服装将移动到后期生产。这个阶段包括将成品服装分配到配送中心，在收到批发商或零售商的订单后，它们将等待装运。分销和批发等时尚销售的主题将在下一章讨论。

问题回顾：你发现了什么？

1. 描述制作高级时装的过程。这个过程的亮点是什么？
2. 什么是立体裁剪，如何与其他服装生产方式进行比较？
3. 确定成衣生产过程的阶段，一般来说每个阶段都会发生什么。
4. "纸样放缩"一词是什么意思，它与时尚生产有什么关系？
5. 全面质量管理代表什么，它们与时尚生产有何关联？
6. "复古重现"指什么，并说说它们如何影响季节性时装系列的建立。
7. 说明时尚游戏规则如"建立大品牌"对时尚生产过程的影响。
8. 根据本章，时尚设计师怎样才可称为"成功"？你同意吗，还是可以使用其他标准呢？
9. 什么是"标杆管理"，它们如何影响服装生产？
10. 服装制造的后期生产阶段涉及什么？其他时尚产业规则参与者如批发商如何参与？

专业术语

确保你知道本章中的以下术语，并可以举例说明：

高级定制（Haute Couture）　　　全定制（Bespoke）　　　坏布（Toiles）

法国高定公会（Chambre Syndicale de la Couture Parisienne）　　　成衣（Ready-to-wear）

草图（Sketches）　　　速写（Croquis）　　　立体裁剪（Draping）

样板（Patterns）　　　纸样放缩（Grading）　　　复古重现（Carryovers）

廓型（Silhouette）　　　颜色（Color）　　　质地（Texture）

图案（Pattern）　　　系列（Lines）　　　规格表（Specification Sheets）

码段（Size Runs）　　　批发价格（Wholesale Prices）　　　第一纸样（First Pattern）

首件试样（First Samples）　　　生产标记（Production Markers）　　　生产订单（Production Orders）

通用产品代码（Universal Product Codes）　　　质量控制（Quality Control）

标杆管理（Benchmarking）　　　全面质量管理（Total Quality Management）

市场日模拟项目工作表

规划市场日产品或服务演示

项目目标：市场日模拟项目的这一部分专门用于说明你或你所在小组提供的内容。到目前为止，你已经探索了什么样的时尚产业规则参与者吸引你，什么趋势和消费者相关，以及如何形成一个品牌。那会是产品、服务还是两者的组合？这里是将文本的前面部分的所有组件合并在一起的地方

第一步：
你或你的团体决定呈现什么样的产品、服务或组合
这是这个项目其余部分将发展的方向

第二步：
你将如何呈现你的想法
你会创造一些方式来展示它吗

图表或演示草图

演示时，市场日将遇到哪些访问者。例如，你可以提供符合品牌理念的实际样衣吗？会有海报解释你的品牌吗？告诉我们关于你的演示文稿

_____

_____

_____

_____

生产者：设计与制造时装（可选项目）

服装组件分析

目的：　将这些物品放在这个项目中，意味着把它们分开！对于这个项目，你需要获得一件能够进行拆卸和评估的服装。理想情况下，应选择几种不同类型的服装，以便在课堂上对其进行比较和对比。按照此工作表上的说明完成

方法：　你的衣服是什么？确定并描述其目的

第一步：　衣服：＿＿＿＿＿＿＿＿＿＿＿＿＿＿＿＿＿＿＿＿＿＿＿＿＿＿＿＿＿

　　　　　目的：＿＿＿＿＿＿＿＿＿＿＿＿＿＿＿＿＿＿＿＿＿＿＿＿＿＿＿＿＿

　　　　　穿戴时间地点：＿＿＿＿＿＿＿＿＿＿＿＿＿＿＿＿＿＿＿＿＿＿＿＿＿

第二步：　使用剪刀、拆线器或其他工具小心拆卸服装，尽可能隔离各个组件

第三步：　确定以下组件，注意它们是做什么的。尽可能地回答关于这些项目的问题。使用你自己的服装经验或感官印象

织物＃1:（包括大部分服装）

织物＃2:（衬垫或其他二次改造的织物）

织物＃3:（触感及功能性）

线＃1:

线＃2:

拉链/紧固件＃1:

拉链/紧固件＃2:

装饰物＃1:

装饰物＃2:

其他:

渠道商：将时尚带给你

前言

真实或虚拟的商店可能是大多数人遇到时尚的场所，即使有些人开始认为时尚可能是他们的职业生涯。今天，"多渠道"零售意味着时尚专业人士必须适应如何最好地利用不同的销售渠道拉动销售。在有趣的店面、令人兴奋的设计室和体验式的互联网站点之后，零售商的存在更加真实和实用。不同类型的商店如何工作？在这里，你将了解商店使用时尚产业规则，并通过组织和运营成为"销售机器"的方式。

本章介绍时尚产业渠道商的活动。这些包括批发商，以及生产者和零售商之间的代表。你将进入他们的市场、贸易展览和内部展示厅。但这不是全部。零售商是你将在本章中探索的另一组渠道商。他们和他们经营的商店是你和其他人了解时尚、时尚的关键以及发生的变化的最明显的和可访问的方式。尔会发现为什么那些给你带来最终时尚的批发商和零售商是时尚游戏的一部分。

本章内容

- 它确定了时尚产品从生产者到批发和零售渠道商的方式。
- 它描述了"企业对企业（B2B）"时尚销售的基本特征。
- 它注意到批发市场所在的主要中心，它们的时间表以及运作方式。
- 它概述了零售业的令人兴奋的开始，调查了不同种类的商店。
- 它通过调查零售商店布局来解释"企业对消费者（B2C）"的时尚销售。

第6章

时尚批发分销

季节性系列设计！排列成行，塑料中包裹的是服装的样衣。在生产和制造工厂的组织过程中等待订单。甚至可能有现成的货物可以交货，只需等待。如果你是时尚制造商（Fashion Manu-facturer），或是商业语言中的供应商（Vendor），你会如何将数百种甚至数以千计的服装或其他商品放入商店，投入消费者手中？当风格仍然反映当前的趋势时你会如何做？更重要的是，你如何能够有效地完成这些任务以保持业务？这些是前文中提到的制造商、时尚生产者全年都必须面对和回答的问题。

时尚生产者有这些担忧。同样，时尚零售商（Fashion Retailers）（在下一章将会进行更加详细的研究）与他们争论的是相反的问题：在哪里可以为他们的商店找到这些商品？当然，不仅是任何商品，而是趋势所关注的相当好的货物，当消费者想要时便可以购买。许多服装营销专业的学生将职业生涯设想为时尚店主或零售买手，这两个职业的人都会遇到并且必须要知道如何解决这些问题。与制造商一样，他们也必须有利可图，以确保各自业务的持续成功。考虑到这些问题，你认为零售商和制造商可能会转向谁？

中间商（Intermediaries）是制造商和零售商之间的桥梁。在这个过程中，他们为三家企业创造机遇，共同繁荣昌盛。这些中间商以各种不同的名字出现：销售代表（有时缩写为代表）、供应商代表或制造商代表。有些人在家中工作或开车与零售商在商店会面。中间商也有自己的商店，被称为展示厅（Showrooms）。这些批发销售场所通常在贸易市场或其他特殊地区，也可能出现其他批发商。

无论位置如何，中间商这些时尚游戏专业人士负责向零售商展示和销售一个或多个制造商的服装和配件。大型或声望较高的制造商可能有自己的内部企业销售代表，并控制自己的批发业务。通常，生产者将直接出售给他人。那就是展厅、代表、卖场和市场所在之地。这是时尚批发分销的世界：在消费者看到他们之前，从时尚商品专业人士手中销售和购买。

时尚产品批发

时尚产品批发依赖于"企业对企业"销售的概念。与零售业不同，零售店向你这样的一般消费者开放和销售，而批发业涉及将时尚业的一部分销售给另一卖家。批发方式有几种方法。人物和地点是涉及零售业的批发业务的因素。

一些时尚生产商通常通过建立独立的业务部门或专门负责的公司部门，来控制其批发业务。这些企业领域独立于其他领域，具有特定的地点和人力。这些地方是专门供制造商出售物品的展示厅。当时尚生产企业经营自己的展示厅时，这些被称为独家公司展厅（Exclusive Corporate Showrooms）。在那里，只有一家供应商提供的商品。有时这可能只是一组货物或许多不同的货物；然而，所有的商品都是一个制造商的商品。在这些场所发现的销售代表只代表一家公司。为此，他们通常以业务支付的薪资和佣金为基础。这意味着他们会获得一个基本的薪水和一定百分比

大型购物中心包含了不同制作商提供的产品

的销售提成。佣金中的提成百分比会变化，正如公司销售代表决定是否报销其支出的费用。

多家展厅（Multiline Showrooms）的销售代表与他们的独家对手是对立的。这些地方可以找到几个甚至更多非竞争的制造商。那里的人就是多行销售代表。

作为零售购买性质不断变化的一部分，商店正在有效地将批发采购委托给技术。例如，非常大的零售商有自动补货计划（Automatic Replenishment Programs）。随着这些计算机程序到位，商店库存量一旦不足，供应商就会将商品发送到商店。销售量高的商品是这种采购的候选。

企业对企业的时尚批发可以以不同于之前的方式完成。这些方法通常用于保护新手时尚业务的财务资源或保持商品排他性。也可以用它们来确保货物数量的可用性或生产私人品牌和商店自有品牌。

时尚制造公司的销售（Corporate Selling）完全绕过了销售代表和展示厅。通过这种方式，制造公司直接向其零售客户出售。通常，一个或几个人组成了企业销售团队。他们被时尚商务雇佣，可能位于公司总部或附近。特别是年轻的时尚和配饰企业，他们可能选择接近生产设施的地区。随着公司服装的销售，制造商几乎完全控制整个零售商的销售过程。然而，他们负责所有费用，如薪水、销售佣金、间接费用和其他费用。选择这种方法的公司包括：

如前所述，新兴时尚企业（New Fashion Businesses）依靠企业团队销售。通常，这些企业无法生产大批量的货物从而使得与中间批发商的合作具有成本效益。大多数情况下，这些生产者从事企业团队销售，以便利用初创公司的少量财政资源。员工甚至设计人员或业主都会发送样品册、样品宣传视频，以及将商品说明和图像发送电子邮件给潜在客户。他们还向有兴趣的零售买家提供商品咨询，并协商商品的成本和付款条件。在某些情况下，由于小型企业销售的一对一性质，新兴时尚业务可能能够为个体零售商生产特定的订单（如不同颜色的样式）或加快流行款式的出货和生产。

简而言之，通过这种方法，小型时尚生产者和零售商能够更好地沟通彼此的需求。小的生产者可以询问零售商可以在多大程度上修改商品，以更好地适应消费者。由于物品承载着制造商的名称或品牌，而不是商店的品牌，他们可以在此过程中发展自己的业务。

高度排他性的时尚企业（Highly Exclusive Fashion Businesses）也使用公司团队销售作为将其商品送入（少数）零售商进行商品运输销售的主要手段。许多生产者在经济上能够雇用第三方批发商，但选择不参与此类服务。使用这种方式的时尚企业通常是高质量的和高价格的设计师成衣和配饰线。像新兴时尚企业一样，一个人或者几个人在时装公司内负责向零售商出售商品。同时，随着小型企业销售的人际关系越来越多，这些制造商也可以改变样式的规格和生产计划，以更好地满足零售客户的需求。作为与零售商谈判的一部分，自行出售商品的独家生产商可能会同意接受客户的定制订单，因为他们有能力修改生产流程。然而，与新兴时尚企业不同的是，这些企业可能没有能力生产大量的商品，但能做出比他们更多的款式。他们使用这种方法来保持每个时装季节只提供少数商品的独家性质。

拥有大型零售客户的大型制造商（Large-scale Manufacturers with Large Retail Accounts）也是企业团队销售的候选人。大型生产商全年生产大量标准化商品，公司员工专门向大型零售商出售商品。通常，这些批发客户是整个商店系统或其中的分部。这些客户在一年中购买数以万计的物品。这些可能是大宗商品（经典的白色T恤）。商品消费者总是希望在他们想要购买替代品时商店可以简便和便宜地提供商品。而在批发级别的企业销售的前两个例子是针对少数几个服装企业的，这些制造商通常将整个生产运行都用于制作相同的产品。以这种方式进行销售使得制造商能够提前制定生产计划。零售商也可以通过建立成熟的、受控制的补货商品计划获益：商店保持存有可销售商品。不使用第三方代表，这种方法的优势在于使用时的分配成本较低。

当制造商专门为一个零售客户生产大量定制时尚商品时，会发生内部销售（Internal Selling）。在这种情况下，通常不会使用第三方供应商代表。没有这些中间商，分配成本仍然低于使用这些中间商的制造企业。如上所述，这实际上是另一种形式的公司团队销售，因为它跟其他情况一样在内部完成。这里的内部销售区别在于零售商对整个过程有很大的控制。商店自有品牌和私人制品根据零售商的规格制定，并按时间表交付。通常情况下，设计人员将根据客户，即零售商的需求开发适合的产品。这可能是一个季节性的系列，如春秋季服装或特殊服装（泳衣）。这些不会产生上述的补货，而是商店而非生产商寻求建立代表其形象和发展业务的专业物品。商品经理、分配者、买方和其他决策者调整这些选择以确定他们从特定供应商购买。在此基础上，他们制定了如何以及何时向消费者提供商品的计划。

卖一些商店品牌或根据需求制作产品的小型零售商

市场和商品企划

你在时装秀上开始学习时尚产业规则。秀结束后会发生什么呢？现在，样衣已经准备好了，甚至大量的可销售商品也准备好了。生产者现在需要接受这些商品的订单并将其出售。对于这些任务，一旦制造商发布季节性系列，许多人会变成批发商。和你发现的一样，一些制造商有自己的内部销售业务。但大多数制造商没有，他们依靠批发商和时装周销售商品。

纽约时装市场开放销售。因为时尚生产和分配需要很多时间，买家在展会、展厅和时装市场上看到的商品是在其预期销售时间之前的季节服装。这意味着1月份的买家正在审查交给商店的夏季货物。"开学季"在秋季首期，但商品在2月份就会显示。因为这种超季节的方式，感恩节的商品在4月份就向买家展示了。到8月份，市场便可以享用假期和礼品主题的服装及配件。而11月份，在感恩节假期之前，将会开始提供春季的货物。

纽约时装市场结束之后，区域市场将会开放，这些都在洛杉矶、达拉斯、芝加哥、亚特兰大和迈阿密等城市。此外，丹佛和堪萨斯城也有较小的区域市场。市场几乎涵盖所有的时尚和家居用品。男装、童装和新娘礼服都是专业市场的例子。市场周在商业中心（Marts）举行。这些地方的批发业务不向公众开放，只有那些具有转售商品和向消费者征收销售税的合法人才可以进入。

在这些商业中心里，来自该地区的零售买家或对市场提供的某些商品有特殊兴趣的零售商可以看到产品和下订单。位于阿肯色州小石城的迪拉德（Dillard's）等商店将买家送到达拉斯服装商场及其他商品市场，如中等价位的女装市场。当然，像这样的大型零售商也会在其他区域市场上出现。同样，寻找以趋势为中心的当代服装和配饰的商店也可以访问洛杉矶的集市，并在那里参加市场采购。

在这些市场上，买家签订合同或下订单。这就是合同和统一商业法实施的地

许多买手通过参加时装秀来决定产品线。产品最终到达消费者手中将耗费六个月左右的时间

方。你可以将与这些相关的概念作为了解时尚行业规则"合法"的一部分。在市场上，买家订购商品，注明订单中的细节，如商品款号、颜色选择和尺码。关键是订购的商品数量。生产大量商品需要制造商进行大量的规划。同时，高数量的销售也给零售商提供了更好的条件。展厅工作人员和供应商代表可以帮助买家准备订单。

付款条件必须在订单上注明。通常，批发商和零售买家协商后可以安排折扣，诸如8%的折扣通常提供给按设定时间付款的商店。当然退款也需要谈判。零售商不想在时尚季节结束时出售剩余未售出的商品。虽然制造商也不想要这样的物品，因为它们不能被重新出售或者被制成其他服装。但是为了保持零售业务，一些制造商同意向零售商支付一些定金，并同意接受未售出的商品的退货。而由此产生的风险则由商店和制造商共担。

交货日期是零售商下订单时需要考虑的另一个重要因素。若收到的货物太迟，货物可能无法售出，便需要降价亏本出售。能够早点交付的货物对零售商来说是有利的。另一方面，海上运输货物可能会延迟。这类商品批发商是否会打折或接受退货也是双方之间需要谈判的问题。时间、金钱等细节都将影响批发过程。

如何突出零售

现代时尚零售的起源可追溯到古老的市场、贸易集市和小商店。然而，我们大多数人会认为这种现代风格的商店大约出现在18世纪中期，如百货商店或专卖店。百货商店是将无数不同产品和服务置于一个屋顶下的新方式。今天，这些商店在美国和欧洲都有迹可循：纽约市的梅西百货（Macy's），由罗兰·哈斯·梅西（R.H.Macy）在1840～1850年创立，伦敦的哈洛德百货（Harrod）（1849年），巴黎的巴黎春天百货（Au Printemps）（1865年）和老佛爷百货（Galeries Lafayette）

（1895年）。那么促使这种零售行业建立、扩散，甚至延续的原因是什么？

从前文中可以看到，零售渠道商（Retail Purveyors）的兴起是通过其他早期时尚产业规则参与者的成功实现的。18世纪和19世纪的供应商（Providers）的创新使得19世纪的面料既便宜又丰富。此外，时代生产者（Producers）（先进的缝纫和制造技术）所做出的贡献使成品服装同样流行，并且成本更低。越来越多的消费者（Consumers）对时尚感兴趣，并且能够负担得起，这些都是广告宣传和其他推广者（Promoters）努力的结果（下一章中将详细探讨）。批发、零售的原则和运作，商品的提供或销售工作在19世纪中期已经确立。所有这些结合在一起，使时尚零售店在后工业革命的社会中具有相关性和重要性。

识别零售商的传统种类

消费者与其他时尚产业规则参与者（如供应商和生产者）之间的最后一个程序可能指的是现代时尚行业中的零售部门，它们有不同种类的商店，并以不同的方式运作。这在现在被称为零售模式，随着时间的推移，它们的特性已经改变但变化很小。

小商店（Small Stores）

迄今为止，能够找到的最早的零售店是家庭式的（Mom-and-pop Store）。它通常由家庭经营（因此得名），提供有限的商品选择，从口香糖到家居用品。尽管规模不大，但这些零售商仍然是社区商品和服务的重要来源，并作为非正式活动场所。

专卖店（Specialty Stores）

专卖店在产品类别中提供重点分类的商品，如男装。当然女士专卖店也很常见。两种专卖店都受到当今消费者的欢迎：Jos. A. Banks和Men's Wearhouse专门从事男装；Chico's和安·泰勒（Ann Tylor）专门从事女装。

对消费者需求的注意对零售的成功起到了关键贡献

早期的专卖店比小商店更为先进，它们由社区承认的个人经营，这意味着店主通常亲自了解客户。凭借这些知识，它们能够提供吸引人的时尚物品，以适合消费者的生活方式和价格。如前所述，这是早期目标营销（Target Marketing）的例子，这在很大程度上定义了品牌实践。早期专卖店的影响范围可能从邻里到全市甚至更远。专卖店经营的商品种类繁多，限于一类或几类商品，如珠宝、家居用品和男装。

专卖店提供的服务通常包括整改、交付和扩展信用，所有这些都旨在增强消费者对商店的支持和良好印象。从商业角度来看，这些为商店赢得了良好的声誉（Goodwill），还增加了商店的无形价值，除了商店的固定资产和实物库存。

现代专卖店（Contemporary Speciality Stores）

今天，专卖店广泛流行。例如，时尚前沿服装、奢侈服装、孕妇装、跑步和瑜伽服或特定的化妆品系列，都有零售场所。高端孕妇服饰品牌 A Pea in the Pod、体育运动用品网络零售商福洛克（Foot Locker）和化妆品品牌露诗（LUSH）都是例证。这种模式的一个优点在于：它使公司能够通过突出它们的品牌产品来建立大品牌。专卖店通常具有高度可见的品牌元素，如可供消费者识别的颜色、标志和口号。将这些保留在消费者面前，即使不购买商品，也将获得品牌认可。

此外，它们经常提供仅在这些商店提供的独家产品，进一步增加品牌形象和人们对品牌的热情。彪马和露露柠檬（Lululemon）是以这种方式经营专卖店的品牌。专业店通常提供训练有素的员工服务，时装相关物品如化妆品就是一个例子，Bare Escentuals 是天然矿物化妆品牌，为其客户提供了如何最好地利用其产品的个性化指导。

你有没有想过成立一个专卖店是什么意思，特别是如何生存下去？这需要大量的财务支出和管理知识来开设和经营专卖店，费用包括商店的选址。商场业主根据使用的平方和所赚取的销售百分比来收取租户租金。在一个购物中心受欢迎不是成功的保证。专卖店依赖于消费者的意识和兴趣、其母公司分配的资金及广告支持，以及如何及时接收新的不同种类的商品，特别是商场或销售场所中的专卖店。消费者眼中的专卖店就是这样：特价！当商店提供消费者不感兴趣的、过时的、不易找到的品牌和产品时，它们就不再那么特别。

因为这些因素，无数的专卖店来了又走。根据运营专卖店所需的费用和维护运行的管理成本已经导致了某些商店的关闭。另外，品牌和管理层的变化也容易造成关闭。由美国之鹰（American Eagle）经营的"Martin & Osa"和阿贝克隆比＆费奇（Abercrombie & Fitch）经营的专卖店鲁尔（Ruehl）对年轻专业人士几乎没有吸引力。结果，鲁尔这个开在富有阶级住所后的具有独特别墅风格的商店在品牌被淘汰时关闭了。无论是过去还是现在，有形和无形的因素对时尚专卖店的成功或失败都有影响。

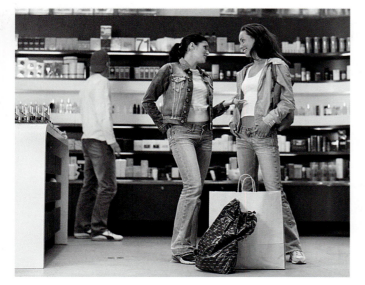

个性商店卖特别类型的产品，如化妆品

过去和现在的百货商店（Department Stores）

专卖店依然受欢迎，百货公司也如此。传统上，百货公司提供价格不一的不同种类的商品以及许多服务。在零售业中，他们被称为一般商人。首先在商业中心，如梅西百货等零售商开设旗舰店（Flagship Stores）在大城镇的市中心。这些多层建筑被认为是19世纪初到20世纪初各自社区经济进步的迹象。

与专卖店的货物相比，传统的百货商店种类繁多、各式俱全。从最普通的到最特别的商品商店都有。在某些情况下，专卖店和百货公司都可以提供深度搭配。这意味着只精选很少的几种商品〔如蒂芙尼（Tiffany）和布克兄弟（Brooks Brother）〕，或者很早之前便使用大量的大同小异的商品。百货公司也增加了它们的财务管理费用，并旨在提供增加购物者便携性的便利设施和服务。餐厅、豪华盥洗室、剧院以及更为技术性的服务，如手表和马鞍维修都是常见的特色服务。

今天，百货公司分为两大类：全线百货公司（Full-line Department Stores）和有限品种百货公司（Limited-line Department Stores）。除了软商品，如服装和配件，前一类商店还提供硬商品，如家庭用品，甚至电器。梅西百货和科尔士百货（Kohl's）是例子。后者的商店模式提供高档服装和配饰，如萨克斯第五大道精品百货和尼曼高端百货等商店，但通常没有家电。

随着人口在第二次世界大战后迁入郊区，成立的百货公司开始开设分店（Branch Stores）。这些是与市中心旗舰店名称相同和高级管理控制的二级商店。分店可能在大型购物中心或一组商店中找到。在这些场地，它们作为核心店（Anchor Stores）。通常，在商场的两端有两个这样的商店：一个被认为是"高档"零售商店；另一个则更精打细算。从这些核心店散发，其他较小的商店位于停车场或其他地方，以吸引消费者。消费者去郊区商店无须驱车太远，也无需找停车位，更不用携带任何包裹。

郊区店（Suburban Stores）证明是成功的，但这对于旗舰店而言是不利的。除了大都会社区之外，随着消费者购物更接近他们的住宅，市中心的旗舰店遭受了损失。形象地说，这种做法会导致整个中央商务区瘫痪，最终消失。到20世纪70年末80年代初，经过二十多年的客户支持，许多零售商关闭了一流的旗舰店。

旗舰店的损失象征着更多的系统性问题，并困扰着百货公司：旧商店无法跟上消费者口味的改变，并且竞争加剧了。以前位于德克萨斯州奥斯汀的世家堡（Scarbrough）体现了这一趋势。在这座城市的几家百货公司中，世家堡提供了大量但有限的商品。同时商店还提供个性化购物和其他服务，并促进了社区的声誉。然而，这些不足以抵挡城市在成为世界音乐之都的道路上所经历的令人难以置信的消费增长。越来越多的零售商力图在奥斯汀建立存在。随之而来的是世家堡这个曾经提供从樟脑丸到晚会舞衣几乎所有商品的商店，开始螺旋式衰败。

采购预算（Open-to-buy）的资金被削减，只是为了保持商店开放和符合工资预支。这导致了剩下的商品陈列不足，因为没有补货。老顾客不能再依赖世家堡购买预期的产品，其中包括基础或替代项目，如家庭用品、一般图书和其他商品。追求时尚的客户由于趋势而被专卖店吸引，因为世家堡的品种不多。此外，讨价还价的购物者会引起大批零售商的兴趣。似乎没有人有理由在世家堡购物。

两个郊区购物中心商店所在的大量空间上的租赁费成为该商店的主要资产。迪拉德公司（Dillard's Inc.）于1989年收购了世家堡，并以自己的名义投入商店。只有一个小世家堡的女装服饰精品店一直保持到2009年。然而，世家堡并没有脱离历史。位于奥斯汀市中心最繁华的角落的国会大道和西南偏南（SXSW）音乐节东六街角落的前旗舰店的黑色花岗岩外墙仍被作为许多电视广告、电影和音乐视频的背景。

在世家堡的例子中，收购（Acquisitions）、兼并（Mergers）、两个或更多零售商的加入在20世纪80年代和90年代是常见的。为什么？在那个时候，租赁、建筑等资产比企业更有价值。出售资产或合并资产比保持开放无利可图的商店更具成本效益。这样做的包括大型的连锁店，如沃尔沃斯（Woolworth's），现在已经淡出美国市场。今天，由于收购、兼并和合并，地方和地区的零售商数量明显减少。

了解基本零售业务

以前的店铺不仅仅是建立了现代的零售格局。它们的业务实践仍然是相关的，即使是那些通过互联网手段出售的店铺。在其核心，这些基本原理反映了一种时尚产业规则：盈利。所有企业都必须盈利，才能保持业务，但零售商如何实现呢？

商店依靠盈余（Margin）。简单地说，这是商店为批发商品支出后、销售后的剩余和店铺支出费用之间的差额。专业零售商的买家通常会为商店购买的商品寻求尽可能低的批发成本。对于这些商品，它们采用初始生产百分比（通常将商品的批发成本翻倍）。这种差异或盈余是至关重要的，将商品以零售价出售，它们可以获得收入，然后再应用于开销或销售费用。盈余使商店能够出售销售缓慢或较旧的商品。除了盈余，销售量也是商店盈利的必要条件。

将利润视为商店盈利能力和库存周转的手段和实现方法。存货周转率（Stock Turn）是商店出售相应类型商品的成本和平均存货的百分比。零售商监管库存交易。那些对于商店而言成本花费昂贵的商品，例如首饰或毛皮，商店可能几乎没有这些物品，它们可能会周转几次，直到这些商品的库存被耗尽为止。其他商品则可能周转频繁，或许每周数百次，与低成本的商品一样。通过盈余和库存周转的共同获得的收入（总收入）对于持续经营业务至关重要。

同店销售是与销售收入相关的术语。该术语是指现有商店在一个星期内赚取的收入，通常与上一年同一时间同一家店铺的收入相比。以百分比的形式表示，同店销售的数字可以显示选定的商店与之前的业绩相比是上升了还是下降了。

零售环境中的时尚产业规则

现在你知道什么样的商店传统上被认为是零售商，基本上如何运作，以及这些商店如何适应时尚产业规则？看看一个典型的百货商店的楼层，注意其布局和功能。通过这样做，你可以了解时尚产业规则的运作方式和原因。如你所知，零售企业可以采取多种形式：包括一、二、三或更多级别的销售空间，但基于零售商通常采用多层次的购物中心。在这个熟悉的场所，你发现什么？为什么要为零售商指定特定区域，为什么它们对于时尚产业规则参与者很重要？

"香气四溢"的地面层（Ground Floor）

从商场入口步入商场的地面层，深吸一口气！化妆品区域挥发的香水味无处不在。通常，这个部门占据了商场主入口附近的空间。化妆品、护肤品、彩妆和香水将消费者吸引到商场。这些都是目的地。这意味着消费者想尽办法获得这些产品。这是化妆品制造商的真正目的，通过消费者的目标市场建立大品牌。

随着它们产品的吸引力和需求，化妆品公司严格控制它们的销售部门，这个部门在市场上可以出售它们的产品。一些品牌将零售客户的数量限制在地方的一家或几家商店。法国奢华级化妆品、护肤品和香水品牌法国希思黎（Sisley-Paris）是一个例子。在每个城市只有一个或两个商店有这个公司的商品。其他品牌则没有这么排外，雅诗兰黛（The Estee Lauder）和倩碧（Clinique）品牌可能会在同一市场上的许多不同零售商中找到。

时尚产业规则范式包括"合法"的规定，这意味着以各种法律认可的方式工作，例如与可执行协议或合同有关的法律。这些文件决定了化妆品公司和零售商之间的业务关系。通常，它们规定了哪些商场在哪些地点可以有特定品牌（通常称为品牌的销售店面数），分配的柜台空间有多大，支持化妆品公司培训销售人员和提供产品退货政策。难以找到的品牌、陈旧的产品、过季的颜色、缺乏训练有素的工作人员，所有这些因素都会导致销售损失，并为其中的商店和品牌造成了黯淡的光景。由于这些问题的重要性，在商店和化妆品品牌之间签订的合同中这些已被明确说明。销售人员和柜台或部门经理都必须根据这些协议了解品牌和公司的期望。

其他地面层商品

百货公司的地面层还可以找到更多的东西。除了化妆品，通常还有季节性配饰。冬季的围巾、手套和针织帽，夏天的太阳眼镜和帽子，这些都是购物者在天气变化时急于购买的物品。时尚配饰——最新款式和最流行的颜色的钱包，也是地面层商品的备选。需要经常补充的物品，如袜子，也可以在地面层找到；还有通常错放的物品，如雨伞。可能还有一些信息亭可以拿各种各样的物品：蜡烛、香水、小饰品和首饰盒。这些物品可能由商店不断降价而转售。商店急剧减少这些商品以诱使顾客购买它们和其他更昂贵的商品。

商店的空间是真正的资产，维护它是昂贵的。水电费、税费和商店其他费用必须支付。因此，它必须盈利。回顾"库存周转（Stock Turn）"概念，它不仅与商店采购的商品一起发挥作用，而且在即时放置在商店中。放置在地面层的货物必须经常周转或移到不

领带一般在百货商店的一楼售卖

同的地方，甚至从库存中淘汰。零售商或商人正在给这些商品溢价，并安排可见度高、方便的仓位。它们必须卖得好才能证明这一决定。零售商经常通过"每平方米的销售量"来估算商店面积是否可以盈利。商店和各个部门不同种类的产品及其分类被称为"商品组合"。这种组合往往因决定性因素而变化，如每平方米的销售量。

　　商店的地理位置很重要。不仅可以确定潜在的客户群，还可以根据其地理位置了解购物者可能需要什么以及合适的商品放置地点。一个市中心的旗舰店可能会在一楼提供男装，特别是定制的西服和男士配饰，如领带。这些将男人吸引到商店，可以在工作时间内快速地找到这些商品。由于同样的理由，化妆品和袜子等替代品可能会吸引事业女性。而郊区零售商店可能将男装放置在上层，并配上季节性女装运动服，如T恤上衣、短裤或时尚跑步服。男性购物者在不工作的时候，可能会有更多的时间去楼上的男士服装区域。而女性则只有在购买化妆品之后，或者驾车通过商店时，才会有更多的时间来徘徊，注意新产品。通过"了解你的客户！"，零售商可以深入了解哪些物品需要库存，何时补充库存，引进多少，以及将它们放在店里哪里。

设计元素决定商店外观

　　再一次看看商店周围。不仅商店的位置很重要，店面也是如此。你将在后续部分中更多地了解时尚的视觉呈现。这些可以描述商品销售实践，如出售的商品视觉和实际表现。然而，店铺设计是重点，问问自己关于商店计划的创意方式。颜色、室内细节、照明、音乐和任何其他元素如何使商店独一无二，尤其对消费者而言？

　　与店铺设计有关的活动解决了这些问题。通常，不同专业人员的团队合作规划商店的视觉外观，其中包括建筑师、室内建筑师、室内设计师、工程师、施工承包商，以及照明设计师、技术人员和无障碍咨询顾问等专家。专注于商店设计的人们经常与营销专家合作，开发与品牌形象一致的令人兴奋的概念，包括百货商店和专卖店。因为商店设计专家和工作人员的努力使购物在人类学中成为一种独特的体验，它不同于在American Apparel这样的商店购物。如你所见，视觉商品有助于整体店铺设计。

　　商店设计的实际情况也是如此。想想为什么商店的地理布局变化如此之大。当然，这与建筑有很大的关系。纽约市的奢侈品百货商场波道夫·古德曼（Bergdorf Goodman）以前所未有的举动，将该店的整个地下室区域重新整理为美容层。在那里，商店为各种奢侈化妆品品牌分配了空间。商店经理做出了这一决定，因为没有办法扩大其第五层的现有规模。就这样，他们认为没有足够的空间来适当地展示其许多高端化妆品、珠宝和配饰。在没有别的选择的情况下，零售商不得不寻找创造性的方法，在商店现有的边界内，在地下室、角落和其他未充分利用的区域中挖掘商品的空间。

店中店：租赁部门（Lease Departments）

在乘坐自动扶梯上楼前，你可能会通过另外几个值得注意的地方，珠宝和女鞋部门。你还可能会看到一个水疗中心或美容院的入口。你可能会惊讶于它们由商店以外的公司经营。

许多零售商在其商店内被称为房主或承租人。这些地区的租赁人提供珠宝、手表、鞋子、毛皮和美容等商品和服务。正如你可以支付租金住在公寓里一样，租赁人也为占用商店空间支付租金。通常，这些人从销售额中拿出一部分百分比来支付租金。该百分比可能因销售量而异。这些区域的商品不是由批发商购买随后转售给消费者。相反，它由租赁人公司所有。美容店安排自己的发型师、美甲师、修脚专家和美容师。

这些零售商几乎完全独立于它们所在的商店。他们最多可以参与广告安排。如你所想，在这些情况下，商店和出租人都要支付部分促销费用。租赁部门作为商店的一部分，遵循这些零售商的运营政策。在大体类似的情况下，保持相同的开放和关闭时间以及遵循相同的信贷和退货政策的情况下。租赁协议可能会为这些部门提供退出选项或拒绝参与某些商店促销活动的权力。商店提供的深度折扣明显排除租赁部门。你可能会怀疑，租赁是与时尚产业规则范式的合法原则相关的另一套规则。

视觉营销影响了消费者对店铺的印象

商店的高档时尚中心：二楼

自动扶梯把你从一楼的喧嚣带到另一个世界。这个楼层有更好的安静气氛。也许照明有点不同，更加柔和。播放的音乐听起来好像是用于时装表演的。当前时尚的衣服和配饰摆放成列展示，使你能够更好地看到它们，了解它们的制作方式以及可以搭配的内容。与进入商店时发现的男女时尚产品的混合组合相反，这里展示的是最好的女士服装。

环顾四周，特别是在奢侈品百货公司，可以看到知名的时尚品牌。那些作为时尚先驱的商店中，这些区域通常陈列设计师作品。你也可以看到这些公司的商品陈列在货架上，有时放置在特殊的位置上，甚至在专为一个品牌而设的"迷你商店"中。高级时装通常是手工制作的，一般是独一无二的服装，指设计师品牌成衣领域。这一层的特色品牌可能包括艾克瑞斯（Akris），巴尔曼（Balmain），蓝色情人（Blumarine），卡文·克莱（Calvin Klein），卡纷（Carven），香奈儿（Chanel），迪奥（Christian Dior），蔻依（Chloe），杜嘉班纳（Dolce Gabbana），唐纳·卡兰（Donna Karan），艾斯卡达（Escada），埃斯坎达（Eskandar），芬迪（Fendi），乔治·阿玛尼（Giorgio Armani），纪梵希（Givenchy），古驰（Gucci），吉尔·桑达（Jil Sander），卡尔·拉格斐（Karl Lagerfeld），马克·雅可布（Marc Jacobs），玛尼（Marni），奥斯卡·德拉伦塔（Oscar de la Renta），璞琪（Pucci），罗伯特·卡沃利（Roberto Cavalli），盛蓄（St. John），华伦天奴（Valentino），伊夫圣·洛朗（Yves St. Laurent）。内衣也可以在这个楼层上找到，特别是来自奢侈品制造商的内衣，如Eres（香奈儿的一个部门）和拉佩拉（Laperla）。

来自其中一些大众制造商的服装将挂在整个楼层的货架上。其他的，如香奈儿和奥斯卡·德拉伦塔（Oscar de la Renta）都被放置在特别的地方，看起来像小精品店。通常情况下，母公司会要求商店建造商铺，并且只提供这些品牌的服装、配件和香水。每个地区都有独立精品店，所有品牌元素都存在，如颜色、标志。通常，一名销售员负责协调这些商品，从零售商那里得到薪水。事实上，大多数销售人员都会获得佣金（Sales Commissions），那就是他们每次销售额的百分比，如8%或9%。

作为中档市场的二楼可能会放置售价较低的品牌，如艾伯特尼波（Albert Nipon）、安妮克莱（Ann Klein）、安东尼奥·梅拉尼（Antonio Melani）以及更优质的私人品牌。皮草以及其他已经提及的商品都可以在这里找到。婚纱店可能也是如此，特别是在老店里。最近的一个趋势是将婚纱店搬到更高的楼层，一般来说，新娘在看礼服时会带来家人和朋友，这需要空间来容纳他们。

二楼也经常供零售商主办时装秀，以推广商店、供应商及其产品或为当地慈善机构筹集资金。为慈善机构集资的零售业者遵循另一种时尚游戏原则："公平"。正如你将在后文看到的那样，餐厅和其他酒店的店面也会以此为目的。通过协助他们所在的社区，其中有吸引力的餐厅可以成为该商店的时尚中心。

实惠的三楼

这不是说三楼缺乏时尚感。相反，这一层楼经常会设有诸如马克·雅可布（Marc Jacobs），蔻依（Chloe），艾斯卡达运动系列（Escada Sport）和圣约翰运动系列（St. John Sport）等名牌的副线产品（Bridge Diffusion Lines），在这里我们仅举几例。这些有时被称为中间产品，这意味着它们提供与大品牌风格相似的服装，但价格更便宜，将消费者与优质大牌连接起来。通常，为他们的服装使用另一个名字比使用签名式系列会产生更多的沟通或延展。特里娜·特克（Trina Turk）和托里·伯奇（Tory Burch）是两个致力于为市场生产趋势服装的品牌。

比二楼价格更合理的配件可以放在这里。一般来说，也有少量的精品店。然而，为了建立大品牌，现在的中间品牌几乎使用实际的标志，而不是商店的通用标志。时尚礼品以及瑜伽和其他运动服商店可能会被放置在这里，如耐克、安德玛或彪马。

在你遇到的许多百货商店中，每一个都至少有一个人或一个团队负责他们的买家团队。这种做法被称为"百货买手"。在连锁商店中，通过对比，该类买家将重点放在产品系列购买上，或仅购买一种商品，如牛仔裤。

三楼和四楼可以根据他们的商品做各种变化。然而，一般来说，中间品牌常常放置在商店时尚中心附近，在这里，只有一个楼层。其他类别的服装，如运动服、成熟女装、少女服（二十几岁的女性）、青少年服（高中时期的女孩）和学生（初中和小学）服饰可以在任何一层找到。

如果没有在一楼找到男装，可能在三楼找到。实际中会将它放置在较低的楼层，如地下楼层。男士服装在二楼很难找到，在这些商店中，通常是昂贵的女性时尚服饰。

家庭用品、礼品和婚纱店通常在较高楼层。随着品牌日益增长，拉夫·劳伦（Ralph Lauren）、马克·雅可布（Marc Jacobs）、莫尼克·鲁里耶（Monique Lhuillier）和凯特丝蓓（Kate Spade）等时尚设计师将其时尚产品扩展到瓷器、陶器、玻璃、水晶、银器和亚麻布等商品。这些产品需要更多的空间以发挥想象力和备货。

季节性装饰品如假期用品常常在较高楼层购买，同时注册服务还需要空间供购物者和商店员工选择产品。只有较高的楼层可以为这些产品和活动提供空间。这些地区销售量较少的商品的库存周转往往比其他的少。

三楼和四楼可能是儿童服装的场所，并保留尽可能多的地方供孩子玩耍和购物！购物者享受这个空间中的商品，不会觉得与家人待在一起过于拥挤，所以这些空间只能在商店的上层找到。礼品包装、信贷服务和行政办公室经常在这些楼层附近。

通常，三楼或四楼可能还会找到餐厅、小酒馆或酒吧。这些也需要大量的空间来使其实用和舒适。它们具有长期存在的商店特征，因为早期百货商店在现场还提供茶歇服务。这些功能不仅满足了消费者，同时也延长了商店的寿命。零售商如诺德斯特龙百货（Nordstrom）和内曼·马库斯百货以高品质的食物和饮料而闻名。因此，他们的餐厅和酒吧也是他们自己的资源，用于某些商店活动。

商店活动不仅仅是为了强化商店的品牌形象，还有助于把商店建立为大品牌，而且也是时尚游戏理念的其他方面。当然，兴趣浓的购物者可能会购买更多的商品，协助商店盈利。但是，还有更多。回想一下时尚行业规则："公平！"商店通常会向当地的慈善机构或团体提供服务，如餐厅。这些组织赞助的活动经常侧重于提高他们所代表的品牌意识和财务支持。医院、交响乐团、儿童问题、健康问题如苏珊科曼乳腺癌（Susan G. Komen）基金会赞助的治愈战斗等都在这些空间筹款午餐和派对。因此，商店通过允许设施用于这些目的以促进公平，进一步弘扬道德和可持续。

在非常大的，通常是较旧的商店，家具可能在第四、第五甚至更高的楼层被发现。由于这些商品需要更多的空间来显示，所以这种放置是有道理的。这些楼层通常是商店中库存变化率最低的。因此，在那里找到的货物价格必须更高来弥补销量不足。

当你乘坐电梯回到一楼时，很容易看到百货公司是商品和地理的迷人混合物。这种混杂方式种类多样，但有些可以解释原因，因为它们可以通过时尚产业规则的范例来发现。

其他零售形式

小商店、专卖店和百货公司在零售业中有着最悠久的历史。然而，还有其他重要的零售模式，一些更现代化的起源需要考虑。今天，消费者和产品制造商比以前想象的还要多得多。时尚游戏玩家设计了新场地以满足每个人的需求：

精品店（Boutiques）： 这些都是专卖店中的特色商品店！通常，这些零售店只选择一家制造商的产品或者是经过严格挑选的商品（如博物馆或艺术画廊）。路易威登精品店就是前一类精品店的例子。而在每个城市，后者都有一个例子，购物者在选择时尚产品或礼物时，被商家的独特创意所吸引。

精品店可以拥有昂贵的豪华品牌，如路易威登、爱马仕等。另外，它们可能是平价的、有趣的场所，提供更实惠的物品。商品成本并不是定义精品店的唯一标准。相反，其狭窄的产品范围和个性感以及其气氛所引起的感觉是定义精品店的重要元素。

一个令人兴奋的新零售趋势是快闪店。这些都是小型商店，类似精品店，经常由塔吉特等大型零售商经营。这些似乎在看似不确定的时间神奇地出现在意想不到地方然后消失。它们的目的是创造兴奋，保持人们的交谈和购买！快闪店与精品店的区别在于这种短时间性，而不是一直存在。理论上，精品店可能会存在尽可能长的时间。快闪店计划在短时间内存在，猜测下一个店铺可能在哪里和什么时候出现，谁将首先到达那里，是令人兴奋的一部分。

精品店售卖特殊商品，或是为特定群体服务

邮购商店（Caralog Stores）： 早期时代的百货商店开始显现，类似蒙哥马利沃德（Montgomery Ward）和希尔斯（Sears）的卖家也出现了。这些零售商以详细说明它们销售的产品目录而闻名。它们的成功得益于它们产品种类繁多，其中绝大部分农村客户难以获得。但是，自由退货政策对于它们的成功至关重要。这些有效地降低了消费者购买商品所具备的风险。推进邮件服务，特别是农村免费送货（RFD），使这些卖家能够快速获得货物提供给消费者。今天的目录已经成为独立商店专门提供的产品。从大型零售商到折扣店，目录是时尚游戏玩家用来建立品牌并获得盈利能力的另一个渠道。

连锁店（Chain Stores）： 你每时每刻都可以看到它们。你认为是什么使连锁店与其他商店不同？这些零售商有两个特征。以沃尔玛为例，它的每个商店都以该品牌名称运营，并且是更大型的集中管理方案的一部分。这些巨大的零售组织可以作为价格控制商，他们可以使制造商以较便宜的批发价格向他们出售商品，从而降低收购这些商品的成本。这种做法使得商店能够以较低的成本销售商品，并且仍然可以获得利润。但这些活动不是没有问题的。消费者通过这种方式减少货物的支付成本。然而，竞争的零售商，如本地更小的商店有效地驱散了其业务。他们无法以相同的价格提供商品并保持运作。可能的是，是消费者自己决定是否喜欢连锁店的价格和做法，最后还是宁愿光顾当地拥有和经营的企业。

直销（Direct Sales）： 今天，雅芳（Avon）、玫琳凯（Mary Kay）、安利（Amway）、唐纳（Doncaster）和沃斯（Worth）（与时尚先锋查尔斯·弗雷德里克·沃斯无关）是直销的主要力量。这种方法与普通零售业有重大差异，其销售人员由非商店甚至母公司雇用的独立代理商组成。代理商可以购买它们然后转售获利。

或者，他们在家中举办呈现样品的非公开展示会。他们收到客户订单和购买商品的佣金补偿。你认为为什么几个世纪以来这种销售形式如此受欢迎？

直销提供了一种社区感，将那些具有相似兴趣的人聚集在一起。通常，销售代理商有广泛的联系人、家人和朋友名单，他们希望从所知道的人以及他们的需求中采购产品。这种个性化的销售方式使代理人能够以即时的、高度敏感的方式工作。这有助于在全球大部分地区传播直销业务。大多数直销计划为代理商提供了从自己的销售中获得收入的能力，而且还从他们招聘到公司的代理商中赚取利润。这也是直销的一个独特的方面。在要求销售代理人承担与其参与相关的几乎所有成本和费用的同时，直销为积极的、联系良好的代表提供赚取大量收入的机会。

廉价供应商（Reduced-price Vendors）： 谁不喜欢讨价还价！因此，价格低廉的供应商在一个多世纪以来蓬勃发展。这些零售商采取多种形式，提供许多不同种类的产品。它们具有以下特点：

较低的价格： 这些零售商以低于平均的价格提供时尚产品，或低于制造商的建议零售价（MSRP）。光顾这些商店的消费者可能比那些在全价商店购物的消费者更有成本意识。

旧产品： 在每个时装季节之前，制造商和商店花费数百万美元准备商品，他们希望以零售价格出售。大部分商品成功地向商店和消费者出售。有时候，供应商的原材料迟来了，将生产时间追溯到时尚季节，生产者应该已经出货了。此外，来自海外的货物仍然在运输（水路），而且过海关需要比预期更长的时间。这些也成为迟交货物的原因。廉价供应商为时尚产品的生产者和供应商提供方法来处理库存，而不会导致很大的经济损失。作为单独的业务，向廉价供应商的销售有助于保护零售商的品牌形象，同时仍然提供获得一定利润的可能性。

回顾前面部分描述的时尚周期。如果按照该顺序考虑，则分为以下种类的商店：

价格低廉的商店（Off-price Stores）： 这些零售商仍然提供时尚商品，也就是说，它们可能不会像常规折扣店那样。因此，这些零售商提供的服装、配饰，甚至化妆品和香水在将达到时尚周期顶峰的阶段。这些商店的顾客想要其他人采用的仍然流行的风格和物品，并且在购买习惯方面具有成本意识。

折扣店（Discount Stores）： 时尚已达顶峰，甚至开始下滑。通常情况下，这些商店的消费者都关注价格，而不是遵循时尚潮流。非折扣店可能会收到当前季节（但延迟交付的）时尚商品，而折扣店可能会收到一个或多个时尚季节的商品。这些是整个季节挂在常规商店架上的商品，经过连续的降价后甚至出现在仓库、末季销售或整合销售中。通常在购买的时候，还会发现以前数千美元甚至折扣很少的商品。

工厂直销店（Factory Outlet Stores）：从生产到成衣，在第一个工厂直销店中都是历尽坎坷的零售商，如里昂比恩（L.L. Bean），这些商店及其产品在过去二十年间日益普及。而其他廉价供应商则是从其他零售商那里购买商品的独立商业实体，比如耐克等单一时装生产商的零售部门。他们也可能是全价零售商的批发部分，如萨克斯第五大道精品百货店（Saks Fifth Avenue）。这些商店是来自该制造商或零售商的商品。通常情况下，制造公司的分公司的采购量比一个生产商的批发商还要少。然后他们以比零售价格低的价格出售这些商品。这意味着商店对批发商品的支付较少，消费者对零售商的支付较少，但利润率仍然很大。工厂直销店是整合公司商品的最后一步。私人品牌就是一个例子。经常，像萨克斯第五大道精品百货店这样的零售商会计划和生产自有商店品牌的服装。该商品将首先在其全价商店中出现。时尚季节结束时剩余的物品（剩余库存）都将被出售给工厂直销店。

特许经营店（Franchise Stores）：如前所述，时尚有财务上的风险。虽然时尚公司在制作产品方面有很大的优势。但当他们决定在自己的商店或精品店销售产品时，他们的风险就会增加。所以通常他们还涉及房地产业！减轻从事这两种企业风险的一种办法是允许其他人专门销售商品。特许经营店为时尚公司和精明零售商提供机会，分担这些风险。一个企业家（一个愿意和能够承担与经营业务相关的义务的人）和一家时装公司达成协议后，前者将开设一家以时装公司名义销售的商店，并专门销售其产品。业务人员同意支付代表公司的权利费用。企业家进一步同意向时装公司支付每件商品的一定百分比（特许权使用费）费用。时尚公司向企业家提供商品、品牌相关媒体和其他协助。拉夫·劳伦Polo男装（Polo / Ralph Lauren）商店是第一个以这种方式经营的商店，从1971年开始，在加利福尼亚州的比弗利山庄开始营业。贝纳通（The United Colors of Benetton）是另一个公认的领导者，使用特许经营方法将丰富多彩的商品送往世界各地。

大型商店（Big Box Store）和类别商店（Category Killer Store）：大型商店可能是像沃尔玛这样的折扣店，甚至是专卖店。重要的是商店的面积很大，通常超过20万平方英尺。这些商店现如今很受欢迎，但人气可能会下降。消费趋势表明，购物者现在正在寻找类别商店，以便拥有更多的便利设施和更少的混乱产品。类别商店，例如许多运动服装店，在一个地方提供了一个产品类别的大量商品。在这些店里，消费者将会发现不同生产商制作的运动服装。简而言之，大型商店是一种销售模式；类别商店是一种营销化的做法。因此，类别商店有可能独立于大型商店之外运行。美国最大的家纺零售商店 Bed Bath&Beyond 是以这种方式运作的零售商的一个例子。

电视零售商（Television Retailers）：家庭购物网 HSN 和 QVC 全部在电视上销

售！更别提其他零售商，如电视购物公司 Shop at Home 和多媒体零售商［Value Vision Media（ShopNBC）］！家庭购物网络中，QVC 以及其他卖家都是销售商，因为他们提供商品，以便观看者购买，或者是提供在他们的主持下制作的私人标签商品，也以零售价格出售。这些供应商中的每一个都会展示一些特色商品，如休闲装或化妆品。电视或电影表演者、时尚设计师都会吹捧这些商品。女演员苏珊·卢琪（Susan Lucci）和设计师 Koos Van Den Akker 和卜麦其（Bob Mackie）通过这种媒体推广了各种产品和时尚。QVC 最近的二十五周年庆也表明了电视购物是一种受欢迎的购物手段。

互联网零售商（Internet Retailers）：大约十年来，互联网已经定义了我们所居住的技术指向型和技术依赖型世界。大约 2000 年，人们对这种新的技术应用如何改变商业规则的兴趣颇大。企业家纷纷开始了互联网业务，只看到他们耗费了大量的资金，而没有赚取太多的利润。成功的互联网企业往往出售给大型企业，有时候要付出巨额代价来寻求进入新的电子渠道。无论是失败还是成功，这些活动至少在最初确定了互联网如何运作有效的商业活动渠道。一切与互联网相关的主要特点是不断变化。新技术每年都会出现新的应用程序或技术程序，这些应用程序将继续加深这种媒介与消费者生活的融合。大多数手机用户开始购买一手的或二手的产品。全方位零售是用来描述新的零售世界的一个术语，消费者可以获得信息、浏览商品、支付账单、享受时装表演视频、观看视觉营销展示（接下来还有可能发生的事）。全方位零售包括许多不同媒体驱动的方式，在时尚中它们会与过去的方式相结合。

互联网可以实现随时随地购物，非常方便。现在，可以在短时间内查找、购买和接收物品，而无须离开家。对于销售流程和产品分销设施有明确规定的卖家来说，这一点尤其如此。因此，成功的互联网销售需要更多的有吸引力的产品和网站。需要大量的服务：订单处理、付款、订单填写、运输、处理退货，更不用说客户服务，这使购买的体验对消费者充满吸引力。对于新的互联网销售商而言，获得这些是昂贵的。此外，他们需要在门户网站上进行专门的营销和设置，消费者将会找到店面。因此，作为一种媒介，互联网正在快速地、成熟，并且有效地运行这些功能。

互联网有几个隐藏的影响。第一个有关消费者隐私，将在后续章节中探讨。为了让互联网以销售渠道方式运营，消费者必须向卖家留下大量的个人信息。从信用卡号码到个人偏好的颜色信息，可以增强零售商对其的了解，使用时需要保护消费者隐私。数据挖掘或统计审查此信息可以在没有消费者同意的情况下进行。简而言之，购物者可能不知道他们的个人信息在哪里以及如何使用。

也许互联网最大的成功就是将社交媒体功能融入购物和时尚体验。消费者现在可以为零售和品牌专业人士提供意见和建议，并创建信息和商业社区。

社交媒体改变了我们购物或交流产品的方式

现代多渠道零售（Multichannel Retail）世界

到目前为止，你已经发现了许多不同种类的零售模式，并探索其运作。从你自己作为消费者的经验，你知道商店和互联网卖家彼此不独立存在。事实上，你可能喜欢甚至期望现在亲自在线购买，或通过尽可能多的其他方式访问零售商。简而言之，你是现代多渠道零售世界的消费者！多渠道是近来有关零售的新术语。如何界定它的重要性？

多渠道零售业务是一种商业模式，零售商通过这种方式组合，为消费者提供购买、了解和获取产品及服务经验的能力，包括了实体店、互联网零售商、直销和零售，以及技术和社交媒体。在逻辑上这可以定义为一个多渠道的零售商。

多渠道零售商经营的重要性可以用时尚博弈理论来描述。值得注意的是，使用几种不同的方法来达到和服务消费者是零售商建立一个大品牌的公认方式。它向零售商提供销售给消费者的手段，并优先考虑品牌和品牌因素。构建品牌的一个步骤是提供渠道和利用媒介来吸引消费者。渠道允许销售，而媒介是促销技术。因此，多渠道方式零售商的品牌建设策略既包括直接邮件计划，也包括为顾客提供独立商店和互联网站点（渠道）访问，以推销他们感兴趣的货物和服务。

尽管多渠道运营成本高昂，但如果组织成功，可为零售商带来巨大的盈利。任何成功实施多渠道零售业务的商家都必须遵守以下法律：保护消费者隐私，公平运作，并可持续利用现有资源。多渠道运营方式涉及传统和近期的销售实践，是描述现代世界零售业的一种方式。

本章小结 Summery

本章对市场、商场、商品以及与之相关的内容作了总结。还探讨了广阔的零售商店世界，它们如何成长和发展，它们在以前和现在分别是什么样子的，以及时尚产业与它们的关系。

问题回顾：你发现了什么？ Questions

1. 在把时尚带给消费者的过程中，零售商是在哪一步融入的？
2. 区分商场和市场。
3. 商品市场在哪里，以及它们的特色是什么。
4. 描述纽约时装秀及其目的。
5. 什么是"贸易展览"，是用来做什么的？
6. 零售买手的目的是什么？技术如何改变其在时装发布过程中的作用？
7. 描述销售代表的活动及其可能的位置。
8. 什么是企业销售，与传统批发有什么不同？
9. 描述采购预算概念，并注意零售如何受到其影响。
10. 解释零售买手和批发商之间的订单谈判流程。
11. 简要描述现代零售业诞生的因素。
12. 什么是百货公司，它们与其他种类的销售场所有何区别？
13. 专卖店提供什么样的商品和服务？举例说明。
14. 描述可能导致专卖店失败的几个问题。
15. 哪两个概念使百货商店和其他类型的商店蓬勃发

展成为有利可图的企业？

16. 通过解释每种门店的作用，区分旗舰店和核心店。

17. 在20世纪80年代，许多零售店如百货公司的合并有哪些因素？举几个特定商店的例子，并描述造成它们关闭的原因。

18. 选择一个楼层或典型的百货商店的区域，说一说在那里能发现些什么，并说明理由。

19. 商店的差异化现在很普遍，有许多类型不同的商店，满足许多不同消费者的需求。描述几个商店和它们履行的功能。

20. 什么是直销商人，他们与别人有什么区别？

21. 说出几种与媒体有关的销售方式，并描述它们的来源和不同之处。

22. 时尚产业的规则，特别是"成为一个大品牌"，如何影响零售实践。请注意它适用于当代零售业的方式。其他规则如何在零售领域发挥作用？

专业术语 Terms

市场（Markets）

目标营销（Target Marketing）

降价厂商（Reduced-price Vendors）

贸易展览（Tradeshows）

电视零售商（Television Retailers）

零售合并（Retail Consolidation）

销售代表（Sales Representatives）

窄/深/宽商品组合（Narrow/Deep/Wide Assortments）

商品周转（Stock Turns）

采购预算（Open-to-buy）

零售商（Retailers）

工厂直销店（Factory Outlet Stores）

商誉（Goodwill）

供应商（Vendor）

销售通道（Sales "Doors"）

家庭式商店（Mom-and-pop Stores）

中间商（Intermediaries）

核心店（Anchor Stores）

连锁店（Chain Stores）

多线展厅（Multiline Showrooms）

无类别店铺（Category Killer Stores）

分店（Branch Stores）

全线百货公司（Full-line Department Stores）

销售佣金（Selling Commissions）

百货商店（Department Stores）

并购（Mergers and Acquisitions）

集市（Marts）

扩展系列（Bridge/Diffusion Lines）

利润（Margin）

公司销售（Corporate Selling）

互联网零售商（Internet Retailers）

非公开展示（Trunk Shows）

自动补货计划（Automatic Replenishment Programs）

批发商（Wholesalers）

目标品牌（Destination Brands）

零售模式（Retail Formats）

制造商（Manufacturer）

旗舰店（Flagship Stores）

精品店（Boutiques）

时尚零售商（Fashion Retailers）

专卖店（Franchise Stores）

精心策划的商品选择（Curated Merchandise Selections）

独家公司展厅（Exclusive Corporate Showrooms）

租赁部门（Lease Departments）

专卖店（Specialty Stores）

内销（Internal Selling）

直销（Direct Sales）

邮购商店（Catalog Stores）

有限品种百货公司（Limited-line Department Stores）

大型商店（Big Box Stores）

市场日模拟项目工作表

市场日产品或服务演示

项目目标：这一部分要求你解释你们组的哪个人在前面的部分负责产品和服务的展示。在这个项目中，他们将如何处理他们的任务。有没有需要的项目

第一步：　你的项目是什么，谁将负责什么任务

成员	任务

第二步：

你需要什么来完成项目？有没有特殊要求_____

_____

_____

第三步：

计划你的时间表，一共4天

第一天	
第二天	
第三天	
第四天	

渠道商：将时尚带给你（可选项目）

风格与类型：了解你的服装，了解你的时尚

目的： 有很多不同风格的服装，但真的有许多独特的服装类型吗？通过这个项目，你将会考虑研究时尚最根本的问题：人类如何设计服装满足他们的身体、实践和社会需求。时装设计师知道这些，你呢

方法： 通过你或你朋友的衣柜。你找到的东西有什么不同点或类似点？牛仔裤与裙子或与运动衫有什么不同？看看其他国家的这些物品的图像，他们穿着不同类型的服装吗

服装类型1

描述
穿法

服装类型2

描述
穿法

服装类型3

描述
穿法

结论：你确定了几个不同类型的服装（提示：至少有三个，你找到了几个？）

推广者：使时尚激动人心

前言

编辑、博客、公关、视觉陈列师，他们和其他人一起参加了第一部分的时装秀。他们是推广者，负责支持时尚产业的专业人士。他们让消费者和其他专业人士知道时尚和时尚零售正在发生什么。有时被称为时尚的"辅助服务"，这些时尚产业规则参与者通过多种多样的努力使消费者产生兴趣、兴奋和希望。

本章内容

- 它描述了为什么现在是时尚的"媒体时代"。
- 它概述了传统的和以媒体为基础的推广活动，所以你会知道他们。
- 它强调了推广活动为什么以及如何促进时尚产业的一部分，并遵循其规则。

第7章

现在是时尚媒体时代

随着移动类型和印刷机的发展，某种新形式的媒体让我们能看到最新最好的时尚，有时也可能对时尚产生不良影响。然而，现在有一些使时尚不同的东西，在这个时代推动时尚营销，甚至左右我们如何看待时尚和定义时尚。由于技术重点加强人际沟通，推广不仅要区分和兜售商品，还要与用户交流，建立社区。

每十年来，时尚发展都有独有的特征。前文已经涉及时尚活动的方方面面，包括对时尚活动的定义、通知以及最终改变了时尚发展的方面：

附：

然而，在今天，有一些东西正在改变这种模式。从前，消费者影响时尚推广和推广者的工作，甚至时尚本身。你可以想象它们是怎样做到的么？幻想——它在时尚方面仍然提供很多乐趣，但消费者越来越多地被技术和社交媒体赋予权力，以确定什么将会是时尚。

- 20世纪70年代，设计师产品的普及使得人们对品牌的重视程度越来越高，并被认定为重要的商业资产，被认为是当今重要的大品牌因素之一。
- 20世纪80年代，将时尚、音乐和娱乐融入一起，以前从未如此。因此，许多消费者对时尚的兴趣、了解和印象都是基于哪个表演者穿什么风格和品牌的服装。
- 20世纪90年代，高度针对性的目标营销对于定义消费群体来说变得更加必要。以价值为导向的消费者是品牌要追求的群体，与奢侈品和种族识别的消费者一样。
- "电子商务"在21世纪之初就加入了传统的沟通渠道，使互联网和手机成为消费者获取、分享、享受时尚产品和信息的方式。

许多人在网上购物，这是时尚大规模流行的一个方式

基于这些和你自己的想法，你将如何描述现在发生的情况，这些与时尚相关的情绪如何？答案近了！

想想你的手机和你使用互联网的频率。回想一下如何使用这些，特别是可以通过它们使用的越来越新的技术。

今天，沟通平台和服务使消费者能够通过分享照片，实现多方对话，建立虚拟社区和使用其他支持技术的手段来塑造时尚知识、产品、服务和体验。

社交媒体扩大了互联网功能和通过手机进行物理传播的方式，现在是时尚的"媒体时代（Media Age）"。这些发展重新定义了消费者眼中的时尚。你怎么看？

根据你的经验，如何获取它、了解其变化的方式、特别是如何贡献和参与时尚，以及享受时尚的一部分？例如，当新产品上市或有一些特别活动时，商家会通知你。你是否与他人分享这些信息？你是否通过社交媒体了解时尚的最新信息，如美国在线社交网站我的空间（Myspace）或脸书（Facebook）？有了这些，你可以向身边的朋友甚至世界各地的人展示你的购买、风格和装饰。想想时尚对你而言意味着什么，它是你生活的一部分，不仅仅是因为你购买的东西（它们可能永远与时尚相关），而且因为时尚的功能。

这些只是你和其他消费者通过媒体体验时尚的几个例子。同样，零售商、设计师，你遇到的所有时尚产业规则参与者都使用媒体。一方面，它们用于企业对企业的交易。互联网和社交媒体使他们之间更容易及时交流。从你自己的经验，你知道这些专业人士使用媒体来吸引和保持像你这样的消费者。针对特定消费者及其需求和欲望，不断加大媒体的存在感（互联网、电子商务、社交媒体或移动媒体），这些都是构建时尚品牌的一部分。这些正是现在消费者、制造商、推广者对时尚的期盼。现在，你对时尚媒体时代有了解了吗？

消息手段：时尚推广的本质

媒体是推广者表达和沟通的工具和渠道。媒体时代意味着在今天，交流沟通的方式比内容更重要。例如，在脸书上跟随时尚设计师、名人、品牌、商店或活动，比阅读报纸让人兴奋的多。但是，就推广者传达的兴奋而言，他们的内容至关重要。针对消费者，你如何对时尚产业中推广者的种类进行分类？

推广信息的类型

无论多么明确的语言和图像的应用，通过任何新的技术手段，有三种基本的推广信息。

Shatter the rules in Terlenka. Invade the stuffiest men's preserve in this gay, young creation of St. Honoré.
The bold belt and yoke effect is beautifully accented by white piping. And, of course, Terlenka means it couldn't be easier to care for. Colours include Navy, Peach, Saffron, Red and Dove Grey. About £6.

葡萄酒时尚广告

广告（Advertising）： 有意出售的时尚产品或服务，这种促销信息是由广告商支付的。广告可以促进一个人及其提供的服务，以及企业和它们代表的产品。通常像广播、杂志和报纸一样，广告商分配款项（有时销售的百分比或预先确定的金额）或者购买时间和空间，以完成广告或是系列广告。在互联网时代，广告主可以购买一种称为"站点（Place-ment）"的网络空间。大多数消费者所熟悉的是"广告促销"，这种形式出售特定的与时尚相关的产品或服务，比如现在在商店和化妆品店流行的春季时尚推广。机构广告与此相反，它执行程序等任务，为了促进机构或活动，以及帮助机构产生好的感觉和商誉。举个例子，汤姆斯（TOMS）鞋子就反复的运用这种机构广告，宣传其致力于为贫困儿童提供鞋子。

你可以想象，广告在《服饰与美容》这类出版物中是令人难以置信的昂贵，几十万美金是很常见的，最近刚出现了一次，而且还不包括广告制作费用。因此"合作"的广告是那些至少有两个或是两个以上的时尚产业参与者共同支付的广告，这种例子通常发生在当时尚产品制造商和零售商进行配股成本时。通常，这种境况下无论在哪里的广告都会出现商业标志，这么安排也是有原因的：广告主支付版位宣传费。

伟大的、诱人的、甚至是挑衅的和令人震惊的广告是如何产生的？通常服装公司雇佣机构来进行创新，最终以广告方式呈现。整个过程包括创建图像的创意概念或书面说明。消费者会喜欢与之关联的公司或品牌。广告机构组织成一个或多个创造性的工作团队。艺术总监计划和协调摄影师，电影剪辑师负责影视作品，撰稿人创造广告中所使用的语言。无论是印刷物、电视、广播等媒体，还是他们购买（为了客户）的报纸、杂志、互联网、广告牌电视或无线电媒体上的版面位置，都表明了是经过广告机构精心挑选的，是那些最有可能受到消费者青睐的。此外，广告出现在地理区域上是另一个值得关注的点，它们必须出现在目标市场消费者的特定区域。广告可能存在几个世纪，着眼于对媒介空间的购买。

公开宣传（Publicity）： 在时尚圈里，并不是任何人都能负费得到一些讯息，但公开宣传恰恰是：免费。准确地说，它们免费提供、代表了自己的媒体资源，并可以公开选择它们想让其他人知道的信息。

公开宣传通常以"新闻稿"开头，以书面形式即时发布，并说明以后发布的日期。例如，店铺开业和时装秀是对时间高度敏感的。这些事件发生后，发布新闻稿有哪些好处？在此类事件发生后，打印或是用邮件传送新闻发布材料，各种各样的设计，比如传记资料、背景信息、图像、声明报告，都是媒体根据人或企业的一些需求而设计的。这些通过一个时尚公司传播出来，比如一家店通过当地的、全国的，甚至国际性的广播媒介播放出来。信息内容可能会被传播到报告机构的看者、听者，这取决于信息是否有报道价值，被退回的信息是由于缺乏对人和商业的控制能力或缺少发行信息媒体源，以至于最后他们没有能力掌控何时、何地运用信息，甚至信息的用途。

案例的聚焦点不是宣传而是时尚生活的本质，并以得克萨斯州的内曼·马库斯百货为中心。如果你是一个零售商而店面远离时尚都市纽约或巴黎，在前些年你如何吸引别人，同时创立品牌内曼·马库斯？公开宣传！斯坦利·马库斯（Stanley Marcus）主导这个店面数十年，当内曼·马库斯一年一度的圣诞节宣传册（Christmas Book）出来时，他都会通过新闻稿确保所有的重要媒体都知道。贵重的珠宝、皮革或一件独一无二的东西，有太多的物品需要媒体传达。一个商品目录才是真正的时尚消费，如巧克力专卖版。

在宣传的过程中，马库斯建立他想要的商店，打造神秘性，如今这些被称作内曼·马库斯的品牌基因（DNA）。即使是现在，新闻媒介也会跟随商店，继续宣传商店的奢侈理念。随着宣传的发生，有时这些报告是社论、评论，或做一些模式化的讲解，但通常比较幽默。

宣传并不仅限于昂贵或普通的东西。许多零售商赞助团队，或者参加一年一度的苏珊克格曼防治乳癌慈善竞跑（Susan G. Komen Race for the Cure）。媒体被告知这些值得努力的消息，并提及他们，通过这种方法建立商店自己的品牌形象。现在，在时尚界的"媒体时代"，感谢我的空间（Myspace），脸书（Facebook），优兔（YouTube），照片墙（Instagram）和拼趣（Pinterest）的个人和团体，通过这些社交媒体平台，品牌在网站发布自己的宣传。这样可以使他们保持对宣传信息的内容和布局的控制。

商店用许多工具来进行宣传

公共关系（Public Relations）：有时被称为"公关（PR）"，这种促销"信息"可能只是一个消息或一系列的消息、声明或活动。换句话说，公关是一个过程。公共关系的核心是树立形象，解释发生的问题，并修复。这可能是个人的形象（与时装设计师一样）或零售商、制造商和消费群体的形象。简而言之，公关活动可能与任何时尚产业规则参与者的表现有关。像推广一样，发送公关消息的人通常不会在媒体中支付费用，因此是免费的。相反，他们发行书面新闻稿，组织发言人口头发言或两者兼而有之。他们也可以运行广告、舞台或赞助活动。这些可能由通讯社和其他媒体报道或传播。像宣传一样，控制是公关工作的一个问题。无论多么及时或用心，公共关系的努力都可能会被修改，甚至被媒体忽视，导致其信息仍然未知。

广告、宣传和公关形成了时尚产业推广者所做的消息种类。他们如何使这些消息被理解？他们专业的"工具箱"是什么？你会发现，他们经常使用许多不同的手段进行广告、宣传和公关活动。构建多维的"多渠道"计划对于目标消费者和其他群体至关重要。

附：

《女装日报》参考了许多观众、评论员的时尚事件和做法，将这些描述为"全盘揭秘的时尚时代"。通常，他们获得的信息最终展示在互联网或社交媒体平台上。由于公关专家需要做好准备应对，这一现象带来了挑战。然而，同样地，这些媒体的形式比通过"传统"媒体如报纸、广播、电视传播的更快，且有更针对性的响应。

时尚推广者的媒体资源

本章的前部分已经描述为时尚的"媒体时代"。此外，你已经探讨了推广促进的三个最基本的功能。从本质上说，这个时代已经给我们提供了时尚推广的背景，并且表达了这些活动的重要性。现在，时尚推广员如何进行广告、宣传和公关工作？他们可以用哪些手段使得媒体成为时尚界的普遍力量呢？了解这些方法，进一步观察消费者有多依靠他们。

新媒介定义新时代

互联网和它提供的许多资源现在已经是我们生活的一部分，似乎没有哪一刻它们不存在。如果没有它，可能没有一个人会了解世界。以前，推广员可能会将报纸和时尚杂志上的平面广告看作是开展活动的主要手段，而现在互联网的站点放置通常是他们的起点。

然而，互联网只是第一步。手机带来的高性能计算能力和软件（信息处理程序）一旦被装上，遍布世界各地的发起人和消费者之间能够互相保持联系，相互交流有关自己的信息或者其他感兴趣的方面。在以前，时尚爱好者只有通过月刊或季刊才知道最新的时尚消息，这在我们看来简直难以置信。

将消息传递给新一代

新媒体是一个令人兴奋的世界，大多数时尚活动的起点，也是你最熟悉的方式。

互联网（Internet）——目前，时尚产业规则参与者与几乎每一个人，更确切地说几乎二十亿人，聊天、销售，希望以使自己的存在彰显于世，寻求在互联网中可以占得一方天地。站点（Sites）是他们可以到达和与他人交流的地方。因此他们是互联网所有活动最基本的平台，许多人寻求像谷歌这样的搜索引擎，只需一点信息就可找到对应信息。电子邮件对一些人仍是获取和分享信息的普通方式，其他人更偏向信息和微博接受信息，他们相信它们比邮件更快、更便捷。

博客（Blogs）是互联网站点的一种形式，通常有一千或几千人围绕一个话题发起讨论。许多零售商都有博客。通常他们可以看到其他人写的评论、博主提供的流行趋势以及店铺或其他话题，商店通过脸书、邮件、推特和消费者交流得到时尚反馈。博客有什么用？评论在当下哪些可行哪些不可行，这就是博客。

有许多互联网方式应用在时尚上。从哪开始说呢，一天一小时甚至更短，所有都有可能改变，更值得注意的是虚拟的旗舰店或在线零售商。这是消费者寻找特定零售商和品牌提供商的场所，这些通常包含有关公司的信息，通过滚动使用页面找到标签或在搜索框输入信息，访客可以从自己电脑和手机浏览产品得到信息，然而任何有网络特点的平台都包含这些功能，从与网络公司代表的在线聊天，到时装表演的视频，这些方式使得观看者在屏幕上看到独一无二的服饰，并建立愿望清单。技术使得一切事物都能进入网络平台。观众何时离开呢？互联网站点的电脑上存储着用户访问记录、他们查看的内容以及他们所购买的产品。通过这些信息，商店和其他负责人能够根据以前存储的活动预测未来的消费者兴趣和行为。

电子商务网站作为互联网的网站，在这个意义上，他们提供的推广信息或良好的公关是如何成为个人或公司寻求的世界大范围代表的？无论你的答案是什么，互联网和社交媒体为时尚产业规则参与者提供了一个快速手段，或者说，消费者认可的品牌和做生意的方式，因此，投资技术也可以是消费者研究的产品。

社交媒体（Social Media）——如果不是一个成熟的网站，那么你会喜欢我的空间还是脸书？为什么仅选一个？许多人选择两个甚至三个！这些平台使得推广者、消费者或者是几乎每一个人都可以访问这些网站，交流特色和放置图片，或者说一说自己喜欢的特定品牌，并获得反馈。社群商务（Social Commerce）正在增长，但时间尚短。它大约开始于2009年，伴随着电子商务或提供商品和服务在脸书上进行售卖。新的功能将有效地让用户制作自己的"电子剪贴簿（Digital Scrapbooks）"，将自己喜欢的物品展示给他人，包括品牌专卖店、任何他们想要的东西。

截至2012年，脸书是否将成为另一个销售地点，这一点仍有待观察。然而，似乎它和其他社会化媒体平台仍将保留信息的来源，以衡量消费者利益并回应他们的关注点，这些都是时尚推广人考虑的重要因素。推广者现在会通过监控社会媒体的讨论来左右消费者的思维和言论内容。

其他社会资源包括推特（Twitter），它允许评论者实时交谈，创造了像手机一样的交谈方式，使用标签"#"，用户可以查询和回应特定主题。优兔（YouTube），一个在线的视频资源，它也可以用来分享时尚有关事件，比如展示一个受欢迎的美容方式。通过视频流（Streaming Videos），这些事件可以出现在手机和电脑上，也很受欢迎。而且这些功能经常以图标形式出现在网页，脸书的蓝色包裹的小写字母f和推特的蓝色小鸟是最常见的。另外，例如Pinterest的红色包裹的字母P也在不断出现，此应用允许用户创造自己想要的图片分类［钉板风格（Pinboard Style）］，以供他人欣赏，并允许他人在自己的钉板中重新排列。照片墙（Instagram）是另一个照片分享和社交媒体平台，估计有十亿人在使用。脸书（Facebook）允许用户建立和分享他们的内容。其他社交服务平台，目前包括谷歌（Google+）和汤博乐（Tumblr.）这些更多出现在他们自己的网页上。

应用程序APP——它代表应用，但实际上，它代表了未来时尚推广的新趋势。APP可以软件下载在手机和电脑上。在那里，它们可以获取信息，而且有一个完整的目录。总之，在APP中，就像打开了一个完整的世界。技术如此之多，以至于APP经常被改变。以后，会有更新的、更令人兴奋的、更有用的东西出现。现在，一些APP已经非常普及，如RSS订阅和二维（QR）码。《女装日报》是RSS订阅最好的解释。

什么是RSS订阅?

RSS是代表真正的"简单的聚合"。它从各种网站收集新闻和信息，并将它们呈现在一个单一、方便的位置，是一种受欢迎的信息收集方式，如网页浏览器和独立的新闻阅览器。女装日报官网（WWD.com）的每日最新头条可为RSS新闻供稿。

如何使用RSS?

要查看RSS提要，你需要一个RSS新闻阅读器，用来收集和显示RSS源。有许多阅读器是免费的，一些流行的阅读器包括谷歌、Feedreader、FeedDemon和雅虎。按照特定新闻阅读器的说明进行操作，并将你选择的URL粘贴到要订阅的位置。

用户将RSS的优点描述为可以一次查看大量的站点。对于提供RSS源的平台，其优点被描述为允许"新的内容分发（给用户）"。

一些崭露头角的"应用程序（APP）"如Bump，两个或两个以上的用户可以用手机拍摄并分享内容，如照片和文字。时尚和零售品牌发起人可能会注意到，随着这么多的APP提供了手段，使他们的信息可以传播出去，达到许多意想不到的效果。时尚推动是令人兴奋和具有挑战性的，不仅在于新的风格、趋势、品牌和新产品的消息，也在于这些传达方式，他们在使用自己的权利。

今天的消费者可谓内容感知和信息驱动，他们时尚知识渊博，并寻求最大的便利。得益于社交媒体，以前消费者需要花费几个小时浏览不同的来源，现在可以在一分钟完成。当然，对于消费者来说，这意味着他们可以更快速且容易地获取产品信息，广告、宣传或公共关系重点。

有时在极小区域的尺寸和形状附近，一系列的条形码和小点提供了正稿的信息。怎样做到的？使用智能手机和下载手机APP，消费者可以扫取任何二维码（QR Code），并快速直接连接到他们的在线内容。内容可能包括丰富多彩的细节，如整个目录。下载内容后，用户可以将其保存在此设备上。通过这样做，他们能够通过自己获得时尚信息。

时尚与技术

时尚是关于变化的。它是令人兴奋的时尚方式，期待未来的同时又享受现在。在这个意义上，时尚和科技是理想的伴侣，两者都是通过变化来定义的。然而，这两者都依赖于与现在的相关性。否则，消费者和时尚产业规则参与者会对新的服装、配件、手机、下载的APP不感兴趣。总会有新的东西出现，使别的成为明日黄花。媒体为沟通建立了共生关系，允许时尚和技术互相受益。

但我们能跟上这样快的改变节奏吗？对于媒体和时尚产生的所有兴奋而言，它们也导致了重要的、也许是不可预见的问题。网络空间中谁真正拥有内容？加入到这个令人兴奋的世界中，消费者真正放弃了哪些信息？保护是否足以忽略不必要的沟通？云技术如何将整个世界变成一个大的Wi-Fi区域，这是否会影响他人访问别人的私人信息？

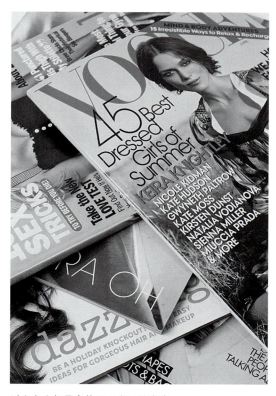

未来有效的时尚推广将需要知道如何以令人兴奋的方式使用技术，同时也意识到要保护消费者的隐私。现在，将技术纳入时尚推广的策略可能是什么？以下是纳入技术的六个考虑因素：

1. 用丰富的互动，提供有吸引力的网上内容，并提供导航。
2. 使用"cookies"技术进行消费者购物预测，因为这些信息增加了消费者的购物体验和服务范围，零售商和其他人能够提供它们。
3. 提供用户选项，使他们觉得自己在这个过程中有发言权。
4. 更留意年轻人，尤其是现在，因为他们不仅能够影响别人购买，还有他们使用社交媒体的能力。
5. 以多种方式使用媒体，为消费者提供最佳的有吸引力的方式来了解时尚、品牌、零售商和公司，并从中购买。
6. 永远保持安全和功能性，因为消费者会根据这些因素去判断是否能信任。

时尚杂志都是宣传不同产品的广告

新时代的旧媒体

新媒体是迷人的，但不是唯一的媒体。传统的推广手段，如杂志，仍是重要的时尚信息来源。越来越多新旧媒体被用作时尚宣传活动。

杂志（Magazines）——闪亮和优美的外观，《服饰与美容》（*Vogue*），《时尚芭莎》（*Harper's Bazaar*），*W*，《智族GQ》（*Gentleman's Quarterly*,*GQ*）等杂志发行都很好，许多消费者都会选择它们！这些被称为消费者出版物，女性和男性收集时尚的最新趋势，以及如何穿戴，用自己的方式将其纳入自己的生活中。

对女性来说，法国版的*VOGUE*走在最前端。在法国，它从传统上定义了时尚、性别、身份，提出极端的风格趋势。很少有时尚杂志，将如丁·安德雷（Andre J）这样的穿高跟鞋和化浓妆的男性时尚造型师、派对红人用作封面。

它对应的美版*VOGUE*杂志在领域中有着较少的争议，它提出了更多可穿戴式时装以及当代文化与兴趣个性的展示，*W*在提供时尚资讯时始终保持对名流的关注，它是专业《女装日报》的小姐妹。这些杂志是康泰纳仕（CondeNast）出版帝国的一部分，《时尚芭莎》是赫特斯公司出版物，一直以高品质的时尚摄影闻名于世。这些出版物首先出现了许多标志性的时尚形象，无论是广告还是编辑特点。《时尚先生》（*Esquire*）和《智族GQ》旨在让男性更加具有时尚意识，更好地穿戴搭配和精通生活方式。以前每年出版四次，现在是一本月刊。它经常使用男性运动和娱乐名人穿着的最新款式，以传播其时尚消息。

聚焦于时尚的杂志远不止这些。时尚产业推广者以两种主要方式使用这些出版物。首先是设计师、商店或其他产品的最新广告。此外，推广者还可以向这些出版物提供商品。通常，他们会借给杂志编辑或造型师服装和配件，用于照片拍摄或编辑故事。这些主题是一系列图像，描绘时尚潮流，经常在异国风情的地方拍摄或在曼哈顿街道上拍摄。然而，在没有确认的情况下提供数千美元的商品有什么好处？用于拍摄的物品的"制作人员"显示在单张照片的下方或专题报道结尾处。令人惊讶的是，拍摄中使用的物品通常是同一家公司的产品，与杂志的付费广告中出现的物品相同。杂志上刊登的广告和编辑后的产品引发消费者对时尚的兴趣。尽管广告费用极高，产品租借具有挑战性，但是杂志可以通过时尚消息来覆盖国际、全国或全省的观众。

另一种杂志是贸易或专业刊物。《女装日报》是时尚业内人士的出版物。趋势追踪者可能对纺织纤维的价格和时尚公司的最新管理层调整不太感兴趣，但这些信息形成了《女装日报》的大部分内容。它还广泛涉及零售业务实践、技术发展和商业实践等问题。然而，它也不能抵制一些八卦，它还包括名人介绍和流行文化的写作，这些都是在商业和普通消费者中受欢迎的。时尚产业发起人经常在《女装日报》中购买版面，作为商业或机构公关活动的一部分，例如祝贺其他专业人士取得成就或宣布公司的关键人事变动。

报纸（Newspapers）——这种媒体仍然被时尚产业规则参与者用作供应商和零售商：宣布商店开放、关闭和销售。作为报纸使用的另一个例子，报刊可以在报纸上选定物品运行优惠券。与杂志一样，推动者为使用媒体资源付费的价格取决于纸张的观众人数（小社区与大城市相比收费较少）、版面位置（首版有很多阅读量），以及广告或宣传消息的运行次数。《纽约时报》（New York Times）这样的报纸与其他大城市的报纸一样，经常出现许多时尚相关的广告。消息可能不会持续很长时间，甚至可能必须运行数天或数周才能让消费者产生意识。然而报纸可以在特定的地理区域相当快地到达读者。因此，它们通常比杂志使用的资源更少，传达更快。此外，与互联网和其他形式的传播方式相比，报纸需要较少的技术基础设施和维护。它们仍然是一个获得时尚消息的重要手段。

广播和电视（Radio and Television）——假期时间，你在广播和电视上看到多少广告通知你促销活动？例如，化妆品和香水公司通常会在媒体宣传假期"购买礼物"促销活动中打广告。通常是在结束时公布声明，通知听者和观者在哪些本地商店可以找到这些产品。这些商店支付部分广告并运行。当时尚推广者需要在特定地理区域接触到很多消费者时，这样的点可以很好地发挥作用。这些媒体，如报纸，是时尚推广者可用的工具之一。他们确定一种手段是否在财务成本和范围内，以及达到的消费者种类方面的效用有多大，这是他们规划多渠道传播计划时所考虑的因素。

邮件列表（Mailing Lists）——打印的目录、传单、邀请特殊活动、信用卡申请和奖金卡都依赖邮件列表。列表是含有名单和住址的信用卡持有人，他们是购买时留下名字的消费者、过去参加活动的人、居住在某些地区的居民，以及符合标准的消费者（通常从数据挖掘中确定）。这些成功取决于商店、制造商、时尚品牌和宣传专业人员如何收集、维护和使用邮件列表。仔细挖掘消费者信息可以获取有关收件人特定需求的目录。例如，可以根据以前的购买为个人消费者定制目录。零售商可以通过邮寄方式提供不在商店中供应但仍会让消费者感兴趣的物品。这些可以是特殊物品，例如亏损的商家可能鼓励消费者购买其他的廉价物品。他们也可能是商店大量购买的产品，或者是其他地方没有的"独家"商品。因此，通过邮件列表，消费者可以获得便宜的或独特的商品，商店也可以维护其形象。再次，所有这样将时尚消息传递给消费者的方式形成了时尚产业推广者的工具箱。

体验式时尚推广

时尚——这与新趋势、感受、观点有关！社会媒体、印刷媒体和其他形式可以将几乎所有这些带到生活中！其他类型的推广给你带来时尚，在特定的时间和地点邀请和鼓励个人观察、参与和享受。这些都是体验式的推广策略，也是时尚推广者掌握的工具之一。

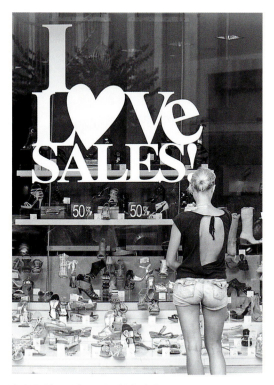

打折促销是最好的时尚推广方式

视觉营销

商店橱窗和零售店内的商品陈列是时尚表达的首要方式。消费者可以通过观察和触摸衣服、配件看看他们真正喜欢什么。视觉陈列师（Visual Merchandiosers）是负责时尚魅力的推广者。视觉营销（Visual Merchandising）旨在通过巧妙和实用的方式来促进消费者的时尚兴趣。这种形式的时尚推广是数百年前就存在的，有着丰富多彩的传统。罗丝·贝尔坦（Rose Bertin）是时尚界首屈一指的品牌设计师之一，提供了橱窗陈列，吸引了18世纪末期的法国贵族妇女。他们的陈列会搭配丝绸丝带、异国情调的羽毛、精致的小鞋子和其他的诱人元素，吸引购物者进入商店。在里面，他们发现自己在一个镀金的、迷幻的圣所，这似乎不是一个商店，而是一个奇异的、远离任何实际存在的世界。视觉营销，包括建立一种情绪，一种在适当的环境中定义商店、品牌和产品的氛围。

即使在二百年之后，这种视觉推广方式还是为大众所熟悉，仍然具有吸引力。复古风格的服装和配饰可能在相应风格陈列的商店中看见，这些商店旨在将购物者放在一个别致的20世纪70年代休闲区，并配上令人兴奋的图案和视觉营销。对于品牌霍利斯特（Hollister）来说，它不像罗丝·贝尔坦（Bertin）的商店那么简单！在夏季，他们在海滩上配备了藤椅，以吸引游客。一旦进入，购物者似乎从商场到了远处的海滨别墅。感谢橱窗，为加利福尼亚海滩投射网络图像，购物者可以看到实际的冲浪状况，以及谁在冲浪。无论时间、地点或商品类型如何不同，历史上的罗丝·贝尔坦和当今的霍利斯特（Hollister）商店通过视觉宣传和利用其让人兴奋的力量来吸引顾客。

实际上，视觉营销是与什么有关？它包括了哪些东西？它包括安装大型显示屏，比如那些商店橱窗；它还包括设计店面布局，将服装和饰品安置得更有趣、

哪种促销的理念是店铺促销？

更吸引人，配置更方便。视觉营销，通常就是让物品看起来更好。《展示之窗》（Show Window）是最近19世纪关于怎样去做视觉营销的杂志，致力于告诉人们在有些狭小的空间里时，如何有想象力、有吸引力地展示商品。这本杂志由《绿野仙踪》（The Wizard of Oz）的作者莱曼·弗兰克·鲍姆（L.Frank Baum）发布，他的版权直到1902年，杂志的成功证明了视觉营销的不可或缺。这时的商人自己决定如何定义他们的商品。确实，许多大型包装消费品的公司，如美国饼干公司National Biscuit、纳贝斯克（Nabisco）和很多其他公司，当时提供机会让人们进公司参观他们的产品，然而，对于最时尚的商品，没有可以与之相比的资源。无论他们用什么营销方式，他们自己没有资源来支撑这场额外的视觉活动。

陈列展示（Display）的进程在20世纪的几十年里进展缓慢。一些小店老板仍然在橱窗和陈列上缺乏设计。大型企业会招聘一个或几个人来承包他们的展览。只有少数商店可能会有一些创意，但创意非常少。这很大程度取决于负责人的天赋和商家在展览上分配资源的多少。在早期，几乎所有商家都同意的营销因素是主题橱窗展示的重要性，尤其是圣诞节。那些会变得流行的季节性视觉陈列预料了社区中的活动。在纽约，梅西百货的圣诞橱窗直到现在依然是一种吸引大量游客的世纪传统。通过对早期视觉营销的大致描述，你认为在今天为什么仍是重要的？

脑海中浮现出了早期商人工作的画面，实际商店的橱窗里堆积着大量商品。这意味着商店有着太多的存货，本来可以只放一些在橱窗展示，顾客就不会因此两手空空的回家。过了一段时间，这种方法得到了改善，时尚感高的店变得更有艺术感。"少即是多（Less-is-more）"，这种方法被用于销售中。蒂芙尼公司就是其中之一。后期在吉恩·摩尔（Gene Moore）的设计下，纽约第五大道的旗舰店橱窗陈列有着独特的复杂性。摩尔（Moore）因为这些被认为是20世纪领先的橱窗设计师之一。有时候只使用几个道具：破碎的玻璃或弯曲的叉子，以及令人惊叹的首饰，在他的橱窗设计中，强化了这家商店低调优雅的形象。

随着产品的品牌实践越来越多地被理解和欣赏，视觉营销成为时尚品牌推广人员的另一种工具。例如，西蒙·杜南（Simon Doonan）的橱窗展示了巴尼斯纽约精品店（Barneys New York）的品牌形象，作为一个突出潮流的零售商，它强调幽默和风格，并做了很多工作。视觉营销成为该商店向外表达其品牌形象的方式。此外，视觉营销也成为一个经过预算、高度计划，协调的过程，其中视觉陈列师与品牌经理和其他人合作。方向很少、资源很少、单独的橱窗装饰者的时代已经过去了。

这些做的结果是季节性和时尚风格主题的一致呈现。在任何时候，无论商店是在纽约、达拉斯、旧金山或其他地方，快时尚品牌H＆M的展示几乎都是相同的。同样，高档时尚品牌菲拉格慕（Salvatore Ferragamo）陈列也在所有商店中相同。不仅是商店橱窗中的商品陈列经过了精密的设计，还有商店内产品展示的方式。

商店陈列布局

每隔几周去看美式休闲服饰品牌老海军（Old Navy）或者盖璞（Gap）专卖

店，尤其在他们不营业的时间，比如在一个工作日的早上，你便会看到他们在思考如何确定品牌的理念和方向。就拿平面图来说，常用绘画或者复杂照片的手段来判断哪个陈列方案是更具代表性的。每一个商店都基本如此，在原有的基础上进行发展。这种手段在保证商品具有代表性的同时也鼓励了消费。

简图示意服装和配饰在配置中的比重，使用家具或其他道具来显示陈列，创新是永无止境的。椅子、行李箱、独轮手推车，一旦被选中就可能有用处，这些是有特殊用法的。装置中有一些是经常被用来摆放的，放上一段时间后便随着季节和视觉方案的改变而下架，以品牌人类学（Anthropologie）为例，在售货场地上以及专有商品上，像古典外观的浴缸和田园风格的桌子。货架、圆形道具、四方体，以及威尼斯凤尾船都是固定配置，也经常被用于零售摆设。像有些商店内，货架是独立或建在墙上的。圆形道具指环形的货架，两边都可以很好地固定住货品。四方体指带有"手臂"的固定装置，可以多方位延伸。这种装置和环形货架一样被固定在墙上，也不像其他商店在用的货架一样。"内部构造"就是在墙上再建小空间，并且永久的在墙内。通常这都是用来放折叠好的衣服和配饰的。威尼斯凤尾船被用来做独立的搁板，使货物在店内环形陈列，顾客可以在店内自由走动。

从这些陈列布置和它们的种类、类型的简单描述中，你可以得到许多关于如何在一个空间里摆放布置的想法。因此，商店或部门组织及其整体设计是视觉营销的其他重要方面。商店设计，如视觉营销活动，都是促进商店或品牌形象的关键。大批商人提供大量商品，挤在架子上，彼此平行放置。使用标志（有时称为"标牌"）或描述性的信息卡很少。通常一般商品类别为"女装运动上装"或"儿童服饰"。具有高度独家品牌形象的精品店和专卖店通常有较少的商品出售（有时服装可根据要求购买）。然而，销售季到来时，即使像纽约的波道夫·古德曼（Bergdorf Goodman）和亨利·班德尔（Henri Bendel）这样的专业零售商也像服装仓库一样，货架到处都是。无论是独家商店还是打折特价的场所，如罗斯廉价服饰（Ross Dress for Less），零售店的视觉陈列师都设法通过放置架子和其他装置来保持吸引力。

消费者会看到一家商店的长度和宽度吗？他们能找到他们感兴趣的特定部分吗？他们是看到有吸引力的陈列或者仅仅是一个出口信号？这些是视线或视野，是推广者寻求解决方法的地方、组织门店，以及店铺内部的物理布局。商店的实际室内设计由持牌或注册的商业室内设计师策划。他们获得了足够的教育和经验，被法律允许规划室内环境。他们设计的空间不仅要具有吸引力，符合商店和品牌形象，还要遵守不同的相关安全法律和可访问性标准。高级视觉系列师和专业室内设计师合作，一起建立创意概念和计划如何利用品牌元素，比如颜色，这对于商店是有益处的。

观察其他固定道具和商品，似乎商店本身是人体模型。这些有些现实、有些不现实，通常代表商品去显示样式与配件，人体模型可以像女人、男人、孩子和基于物理测量和功能的实际模型。他们也可能更抽象，甚至像童装模特儿一样，有着卡通般的比例和着色。同时，人体模特的选择与商店或品牌形象有关。展示高级时装形象的商店经常会在人体模型上显示时尚秀台上的商品。像阿贝克隆比＆费奇（Abercrombie & Fitch）这样的商店，他们的人体模特基于年轻男性和女性的适合高度。现代人体模型质量轻巧，可手工运载，与前几年相距甚大，它们象征着以前缺乏组织的展示工作已经转变成专业和有计划的视觉营销活动。

商店开幕式和时尚社群活动

推动者试图让消费者在实际商店体验氛围，从而熟知这个品牌，有两个手段来完成这些目标。店铺开幕（Store Openings）基本上是庆祝新的卖场开业。这些活动旨在使商店销售顺利，建立社群和品牌形象。许多开幕式以与品牌本身一致的音乐表演开幕。例如，比利·里德（Billy Reid）的门店通常会展示美国南部的音乐家的作品，这个品牌就来自那里。

开幕式可以给商店带来许多参与者，甚至将他们转化为长期的顾客。这是获得更多消费者的另一种方式。新闻媒体的免费报道对对方是互利的，如《达拉斯晨报》对城市中 H & M（Hennes & Mauritz）商店开幕的特别报道。

时尚社群活动（Fashion Community Events）涉及多个零售商的协助努力，用于某些目的和其他与时尚相关的企业。通常受益的是学校、慈善机构或其他机构，这些活动是为了增加推广者及其客户的利润。音乐、饮料、特殊商品，甚至折扣价格都是吸引人们感兴趣的东西，并涉及与此相关的商店。与所有此类宣传活动一样，组织者应考虑通过实际数量的销售成本来思考努力是否合理。此外，还应该考虑参与是否进一步扩大了商店和品牌形象。这种流行和成功的事例包括发生在世界各地的时尚之夜（Fashion's Night Out）！

造型师确保照片抓住售卖服装的理念

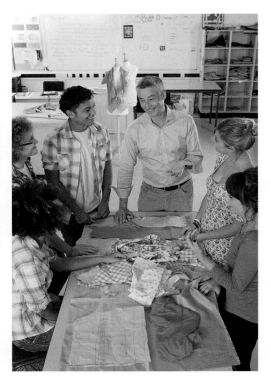
教育为分享时尚知识和经验提供了许多机会

近期最热门的时尚推广消息之一就是"时尚之夜"社群活动。这个活动本质上是为那些选择参与展示商品并提供社交场所的零售商提供一个"开放式空间（Open House）"。这件事发生在纽约时装周的开始，通常在9月初。

名人形象（Personal Appearances）——这些是设计师和产品专家，如化妆师、具有风格意识的人物和其他对时尚感兴趣的人的公众见面会。著名的时装设计师，如奥斯卡·德·拉·伦塔（Oscar de la Renta）经常将自己的设计与季节性时尚相结合。新设计师也使用这种体验式推广来吸引潜在客户。此外，著名化妆品品牌的代表也将最新的化妆趋势、护肤品，以及专业技术引入到这些产品线上。社会名流和其他名人也与产品的发布一起出现，或者由他们支持的慈善机构赞助。

无论是谁或不管为什么，名人形象的展示活动使重要人物可以与消费者接触。从这些活动中，他们得到反馈和观点，消费者则靠近了这些名人，听他们讲他们的工作，并得到他们的亲笔签名。通常，商店和设计师或公司在合同上同意某些数量的名人形象产品作为产品线的一部分。公关专业人士考虑使用这种推广形式，从而进一步推动设计师或公司的品牌形象。一些涉及时尚的设计师或其他相关人士与公众见面，可以逐渐了解消费者，并在此过程中销售他们的产品！化妆品雅诗兰黛和时装设计师比尔·布拉斯（Bill Blass）是这种推广形式的专家。伦纳德·劳德（Lauder）在出场时用了自己的化妆品，布拉斯（Blass）则穿了自己的礼服。今天，斯特拉·麦卡特尼（Stella McCartney）和卡尔·拉格菲尔德（Karl Lagerfeld）等这类人很可能成为大众推崇的景色，因为两者都非常受欢迎。其他因素包括时尚明星是否有时间、能力和兴趣，以及该活动是否足以激发消费者的兴趣。

产品发布（Product Launches）——旨在提高消费者对新时尚，如化妆品、香水、配饰等项目的认识和兴奋度。新的香水通常通过大力推行使它们为人所知。通常从宣布开始，然后举行几次新闻发布会，推广者准备新闻资料，并创建电子版本，尽快传播信息。吸引其他媒体进行免费宣传，并发布关于品牌口碑的讨论。

实际上的发行将包含这几个事件：一系列充满名人的派对与后续的派对，通过这一整个流程，这个产品会使用自身的网站提供流媒体播放视频。比如说唱歌手吹牛老爹（P.Diddy）的香水就是通过音乐时尚大亨自身的网站策划发行的，并且特定的配乐可以被消费者下载。其他香水的发行也会给消费者参与的机会，"丹尼尔（Danielle）"是一个由伊丽莎白·雅顿（Elizabeth Arden）化妆品品牌为浪漫派作家丹尼尔·斯蒂尔（Danielle Steel）发行的香水，并将它作为一个故事比赛的奖品。基于音乐、写作的这些符号是与消费者所熟悉的品牌特色和形象一致的。

最后，公共关系专业会思考这个推广形式，并且通常相信这些事件加深了消费者脑中对于这个品牌独有的、特别的、一致的、正面的和向上的印象。当这些应用在一个派对上并足够引起消费的兴趣时，昂贵的花费是值得的。就像运用名人形象一样，资深设计师和其他人高效的推广促成了这些事件的成功，人们享受派对的时候也会进一步思考。人们如何看待身处其中的时尚人士？他们了解这些时尚人士么？他们理解产品本身的需求吗？这些问题是推广者们询问的。有些名人与消费者思想中的时尚有关联，吹牛老爹（P.Diddy）是一个例子，詹妮佛·洛佩茨（Jennter Lopez）也是，她拥有十九款香水代言。这些美好的产品的推广是异常昂贵的。因此，有一个能够支付服务及其他所需花费的零售商是十分必要的。

时装秀（Fashion Shows）——查尔斯·弗雷德里克·沃斯，一名在19世纪后期在巴黎担任设计师的英国人，率先推出时装秀。今天，没有人会非常感兴趣花哨的裙子（他的著名风格之一），但在他们那个时代，他们就是时尚新闻！漫长的故事概括而言就是：早在18世纪80年代，沃斯就在季节性表演中采用了现场模特。无论他们的历史如何，时尚秀仍然是一种推广方式，包括公共场所的豪华作品或精品店的商品。有组织的时装秀与非正式展示（Informal Modeling）形成对比，其中模特围绕销售部门甚至整个商店，展示服装和配件给路人。

时装表演通常对应新时尚季节的到来。在沃斯那个时代，有两个时尚季节：秋季与冬季。今天，最少有四五个展示季，有时候多达八个"季前秀（Preseason）"，秋季（通常是一年中最大的、最有利可图的时装季）、假期、早春或春季。推广者使用这些节目来激发消费者对时尚的兴趣。这是消费者接近设计师和其他生产者的机会。如你所见，一些表演足够大、就足够重要且令人兴奋，就足以让时尚产业规则参与者和消费者同时聚集在一起。

如果你打算为时尚公司设计一个广告宣传和策略，什么可能是你达到成功的关键指导，下面这四个来自时尚营销者的笔记为你提供了一些标准：

1. 记录让你兴奋和紧急的事，不论是期刊上的一篇新闻稿还是一些事件。
2. 连续不断地庆祝公司、品牌、产品或相关服务，使它们一直存在于消费者的脑海中。
3. 为时尚公司品牌、产品或服务找到一个有联系的形象，人们会觉得自己和它有关。
4. 从每个角度分析推进保持公司品牌、产品或服务的目标，寻找一些新的推广方式。

推广和时尚产业规则

正如你知道的，第一条时尚行业的规则是成为一个大品牌，随着你有关于这些方面的经验，会发现无论是时尚品牌或者商店品牌，品牌建设实质上是时尚推广。它指的是以正确的方式宣传，从而将其推广给目标受众。如果成功，这能为时尚公司带来很多利益，引诱和刺激消费者，让他们购买时尚商品和服务。

随着媒体的变化，隐私和所有权的概念在时装推广中会引起法律和伦理问题，时尚产业规则参与者就如何"公平"和"合法"地提出各种问题和决议，这部分将在其他章节中更加详细探讨。

媒体驱动意味着沟通方式改变了时尚的推广模式，消费者现在可以方便快捷地与推广者互动（包括大多数其他时尚产业规则参与者）。品牌可以与其他消费者平等交流和分享，这导致时尚营销变成一种对话的来源，而不只是一味地去销售产品和服务。

本章小结 Summery

时尚行业的规则启发了促进者如何在这些激动人心的时刻传达时尚信息。本章已经介绍了他们这样做的许多细节。结论可以说明什么？新媒体并没有完全取代旧媒体。相反，所有这些都在不同程度上由推动者使用。对于现有的媒体形式，如报纸、杂志、电视、广播和直邮、互联网和社交媒体都增加了新的沟通渠道。有了这些，消费者可以做他们所做的一切——购物。不仅如此，他们还可以与他人发送和接收信息，成为时尚推动者。

问题回顾：你发现了什么？ Questions

1. 描述"时尚的媒体时代"的含义，它是如何发生的，涉及什么？

2. 注意今天使用的各种推广信息。

3. 时尚媒体时代的结果是什么？消费者的期望如何改变？

4. 什么是虚拟旗舰店？他们向消费者提供什么服务？

5. 什么是二维（QR）码，它们如何帮助推广时尚商品和服务？

6. 什么是编辑撰写的制作人员，为什么他们对时尚产业规则参与者很重要？

7. 区分针对"贸易"和"消费者"的时尚出版物。

8. 什么是视觉营销？它涉及什么？如何加深推广信息？

9. 什么是货架图（Plan-o-Grams），它们如何协助视觉营销？

10. 用基本术语描述推广活动如何进一步推动时尚产业规则参与者的活动，并注意消费者在此过程中扮演的日益重要的角色。

专业术语 Terms

确保你知道本章中的以下术语，并可以举例说明。

广告（Advertising）

机构广告（Institutional Advertising）

公共关系（Public Relations）

社交媒体（Social Media）

宣传广告（Promotional Advertising）

公开宣传（Publicity）

互联网（Internet）

我的空间（Myspace）

脸书（Facebook）

推特（Twitter）

照片墙（Instagram）

汤博乐（Tumblr）

二维码（QR Code）

报纸（Newspapers）

邮寄列表（Mailing Lists）

商店开幕式（Store Openings）

名人形象（Personal Appearances）

时装表演（Fashion Shows）

社会商务（Social Commerce）

优兔（YouTube）

谷歌搜索引擎（Google+）

应用程序（APP）

杂志（Magazines）

广播电视（Radio and Television）

视觉营销（Visual Merchandising）

时尚社群活动（Fashion Community Events）

产品发布（Product Launches）

非正式展示（Informal Modeling）

市场日模拟项目工作表

为你的商品营造氛围

项目目标：推广这个商品！你如何将目标消费者吸引过来？你会遵循什么流程？在这里，你将策划媒体宣传活动，并在第9章推出

推广类型：＿＿＿＿＿＿＿＿＿＿＿
＿＿＿＿＿＿＿＿＿＿＿＿＿＿＿＿＿
＿＿＿＿＿＿＿＿＿＿＿＿＿＿＿＿＿

| 第一周计划
（附图片） |

使用原因及目标：＿＿＿＿＿＿＿＿
＿＿＿＿＿＿＿＿＿＿＿＿＿＿＿＿＿
＿＿＿＿＿＿＿＿＿＿＿＿＿＿＿＿＿

推广类型：＿＿＿＿＿＿＿＿＿＿＿
＿＿＿＿＿＿＿＿＿＿＿＿＿＿＿＿＿
＿＿＿＿＿＿＿＿＿＿＿＿＿＿＿＿＿

| 第二周计划
（附图片） |

使用原因及目标：＿＿＿＿＿＿＿＿
＿＿＿＿＿＿＿＿＿＿＿＿＿＿＿＿＿
＿＿＿＿＿＿＿＿＿＿＿＿＿＿＿＿＿

推广类型：＿＿＿＿＿＿＿＿＿＿＿
＿＿＿＿＿＿＿＿＿＿＿＿＿＿＿＿＿
＿＿＿＿＿＿＿＿＿＿＿＿＿＿＿＿＿

| 第三周计划
（附图片） |

使用原因及目标：＿＿＿＿＿＿＿＿
＿＿＿＿＿＿＿＿＿＿＿＿＿＿＿＿＿
＿＿＿＿＿＿＿＿＿＿＿＿＿＿＿＿＿

推广类型：＿＿＿＿＿＿＿＿＿＿＿
＿＿＿＿＿＿＿＿＿＿＿＿＿＿＿＿＿
＿＿＿＿＿＿＿＿＿＿＿＿＿＿＿＿＿

| 第四周计划
（附图片） |

使用原因及目标：＿＿＿＿＿＿＿＿
＿＿＿＿＿＿＿＿＿＿＿＿＿＿＿＿＿
＿＿＿＿＿＿＿＿＿＿＿＿＿＿＿＿＿

推广类型：＿＿＿＿＿＿＿＿＿＿＿
＿＿＿＿＿＿＿＿＿＿＿＿＿＿＿＿＿
＿＿＿＿＿＿＿＿＿＿＿＿＿＿＿＿＿

| 第五周计划
（附图片） |

使用原因及目标：＿＿＿＿＿＿＿＿
＿＿＿＿＿＿＿＿＿＿＿＿＿＿＿＿＿
＿＿＿＿＿＿＿＿＿＿＿＿＿＿＿＿＿

推广类型：＿＿＿＿＿＿＿＿＿＿＿
＿＿＿＿＿＿＿＿＿＿＿＿＿＿＿＿＿
＿＿＿＿＿＿＿＿＿＿＿＿＿＿＿＿＿

| 第六周计划
（附图片） |

使用原因及目标：＿＿＿＿＿＿＿＿
＿＿＿＿＿＿＿＿＿＿＿＿＿＿＿＿＿
＿＿＿＿＿＿＿＿＿＿＿＿＿＿＿＿＿

推广类型：＿＿＿＿＿＿＿＿＿＿＿
＿＿＿＿＿＿＿＿＿＿＿＿＿＿＿＿＿
＿＿＿＿＿＿＿＿＿＿＿＿＿＿＿＿＿

| 市场日
（附图片） |

使用原因及目标：＿＿＿＿＿＿＿＿
＿＿＿＿＿＿＿＿＿＿＿＿＿＿＿＿＿
＿＿＿＿＿＿＿＿＿＿＿＿＿＿＿＿＿

推广类型：＿＿＿＿＿＿＿＿＿＿＿
＿＿＿＿＿＿＿＿＿＿＿＿＿＿＿＿＿
＿＿＿＿＿＿＿＿＿＿＿＿＿＿＿＿＿

| 后续媒体跟进
（附图片） |

使用原因及目标：＿＿＿＿＿＿＿＿
＿＿＿＿＿＿＿＿＿＿＿＿＿＿＿＿＿
＿＿＿＿＿＿＿＿＿＿＿＿＿＿＿＿＿

推广者：使时尚激动人心（可选项目）

作为一个时尚推广者，你将如何做

重点： 你将如何运用本节中学到的内容？如果你被雇佣，你将如何推广时尚产品和服务？在这个项目中，你要为你即将做的事列出过程并陈述原因

第一步： 选择基本时尚产品，如T恤或运动鞋。你选择什么：＿＿＿＿＿＿＿＿＿＿＿＿＿

过程： 描述你将如何推广这种基本产品，以赋予其独有的特征，使其在市场上脱颖而出，吸引消费者，并让他们选择你的产品

谁是你的品牌及产品的目标消费者＿＿＿＿＿＿＿＿＿＿＿＿＿＿＿＿＿＿＿＿＿＿＿＿＿＿＿＿＿＿＿＿＿
＿＿＿

你为你的产品品牌设计了什么＿＿＿＿＿＿＿＿＿＿＿＿＿＿＿＿＿＿＿＿＿＿＿＿＿＿＿＿＿＿＿＿＿＿＿
＿＿＿

你的品牌形象是什么＿＿＿
＿＿＿

你选择了哪些品牌元素来建立你的品牌及其形象＿＿＿＿＿＿＿＿＿＿＿＿＿＿＿＿＿＿＿＿＿＿＿＿＿＿＿＿
＿＿＿

你认为什么样的事件可以相互促进？并描述＿＿＿＿＿＿＿＿＿＿＿＿＿＿＿＿＿＿＿＿＿＿＿＿＿＿＿＿＿＿
＿＿＿

哪里可以找到你的品牌产品（即你将在什么类别的零售商销售产品）＿＿＿＿＿＿＿＿＿＿＿＿＿＿＿＿＿＿＿
＿＿＿

如何通过这种渠道进一步建立的品牌及其形象＿＿＿＿＿＿＿＿＿＿＿＿＿＿＿＿＿＿＿＿＿＿＿＿＿＿＿＿＿
＿＿＿

你希望你的品牌因为什么事而为人所知＿＿＿＿＿＿＿＿＿＿＿＿＿＿＿＿＿＿＿＿＿＿＿＿＿＿＿＿＿＿＿＿＿
＿＿＿

解决时尚产业规则问题

时尚是有代价的。

你所了解的"价格"是关于货币的。但还有其他的含义吗？这一部分探讨了四个具有挑战性的问题，每章两个问题。这些问题都是与时尚有关的问题，面向时尚和零售行业、消费者乃至世界本身。这一部分章节指出的这些问题没有明确的答案。不过，也许现在需要时尚产业规则参与者和消费者做让步，小的"付出"最终会随着时间的推移而获得更多的回报。对于时尚产业规则参与者可能扮演的角色，他们很可能需要本文详细介绍的四种规则的新应用。也许你可能作为新一代的时尚产业规则参与者，成为解决这些令人困惑问题的一部分。

第8章　产品的实施和问题

时尚的一些代价是什么？

谈到时尚的代价，合法公司由于假冒"伪造"时尚产品的扩散而支付的代价如何？本章探讨了仿冒时尚产品的世界以及看似不可阻挡的扩散所产生的影响。同样，在这种残忍的情况下，那些在血汗工厂里工作的服装工人会如何？有时，他们付出的代价是他们的生命。为什么血汗工厂会继续存在，到现在已经有几个世纪了？目前消费者是否应该问及与时尚购买相关的工人和工作条件？本章介绍了时尚最长久的生产问题之一。

第9章　消费者和可持续发展问题

由于时尚，消费者和这个世界所付出的代价是什么？

如同喜欢电子邮件、发信息、推特和脸书，关于时尚你喜欢和不喜欢的是什么？这样的信息可能是时尚产业推广者的福利，现在可以根据你的风格定制产品，但是，如果个人隐私的概念变得毫无意义，你或者我们所有人以及消费者应付出什么代价？你想知道关于你的一切吗？为什么时尚这样一个强大的行业不会继续存在？换个方式：时尚是可持续的吗？随着消费量的增加，世界环境需要付出什么样的代价才能让消费者可能会拥有他们想要的时尚产品、他们想要的方式以及决定何时需要？

你将如何解决这里提出的问题？你必须是时尚产业规则参与者！下一部分将描述你将进入哪个世界为时尚力量提供实际操作方式。

第三部分

产品的
实施和问题

前言

时尚产业，正如你所发现的，是参与者和消费者之间的交互。如其他复杂的流程一样，这种交互也带来了问题。本章探索了伪劣或仿冒时尚产品的使用。因为消费者一直接受某些品牌，"大"品牌已经出现。然而，随着这种接受，其他人制造了未经授权的产品，不过这样也更能激励品牌来探索良好信誉的来源和消费者。

即使是最简单的服装和配件，也要通过许多不同的工作岗位进行剪裁、缝制和整理。负责执行这些工作流程的一些人员享有相当舒适的条件和环境。然而，一部分人则深陷不安全的环境中。这种情况并不少见。相反，时尚的历史包含了许多通常称为血汗工厂的例子。同时，也有一些与其有关的众所周知的悲剧。

本章内容

- 给出了仿冒产品问题的背景
- 介绍了特定种类产品的专业术语
- 建议如何使用时尚行业规则来解决仿冒产品
- 给出了血汗工厂及长久存在的背景
- 使用时尚产业规则来重视血汗工厂的问题并给出潜在解决方案

第8章

仿冒时尚：错误还是环境问题？

这章有一个争议的主题，有人应该为今天这么多时尚仿冒商品而受到责备。仿冒产品（Counterfeit Products）是没有授权，但像正规商品那样具有法定注册标志、徽章、名称或其他特征的商品。例如，耐克品牌在美国政府注册为商标。虽然耐克获得准许可以使用该名称，但其他人依然可以未经许可而使用。设计侵权（Design Piracy）是用于这种未经授权的用途的一般术语。仿冒时尚产品的存在，实际上已经是假冒产品的扩散，这是时尚产业及其参与者需要面对的一个问题，难以捉摸。本章探讨这个问题，并寻找时尚行业规则的可行答案。

对于仿冒服装、配饰、化妆品等商品，问题有多严重？2012年，国际商会估计，国际上仿冒和盗版产品的总价值约为6000亿美元。根据一个消息来源，估计到2015年这个数值将翻一番！另据报道，美国执法机构十年间查处的仿冒商品数目增加了二十倍以上。毫无疑问，未经授权的复制是有问题的且不可被接受。然而，为了建立服装环境，合法的仿制长期以来在时尚史上发挥了巨大作用。

如果你能识别这个包的品牌名称，你就可以理解为什么仿冒品源源不绝

19世纪的制衣商从出版的"报刊"和"女装书"中寻找最新的时尚信息。根据这些信息，裁缝和家庭主妇尽可能地复制出最新的风格，以生产出使它们看起来像是即使远离巴黎，但做出的服装依然是由查尔斯·弗雷德里克·沃斯提供的。在第二次世界大战后的时代，在"设计师成衣系列"之前，零售商为了复制法国时尚设计而付钱。这是一个需要改变设计师如克里斯汀·迪奥（Dior）的季节性时尚服装的时代，将裙装缩短或改变廓型。样式很快过时，商店必须竞争才能拥有当前的商品。商店会对时装公司非常"小心"，并保证手工制作的时装样品必须退还。一旦获得样品，这些样品被研究后，国内的制造商会生产出许多不同价格和质量的商品。在这些例子中，抄袭是有意的，（在很大程度上）是合法的。今天，一些形式的抄袭依然被很好地接受，如本章后面所述。

好的被复制，不好的也被复制。为什么它们之间有这么重大的区别？就本章而言，目前的时代为什么会有如此大量的未经授权的时尚商品抄袭行为，以及时尚产业规则参与者能做些什么？是否有人犯错误才做仿冒商品，还是现代环境不公平的结果？

仿制品的背景

当代时尚是关于品牌的。阅读任何的时尚出版物，走过任何的商店就很容易得到这个结论。广告和大品牌的精品店通过他们的形象和对时尚和当今生活重要性的强调，来塑造品牌。这篇文章讲述了品牌和构建一个"大"品牌对时尚和时尚零售业的重要性。

从阿迪达斯到杰尼亚（Zegna）以及每一个它们之间的品牌，通过把商品转变成为简短的讯息，告诉它们的消费者真实和令人渴望的生活方式。迈克高仕（Michael Kors）就是这样的，用奢华向男人、女人描述它们的成衣，说这是名流的风范；拉夫·劳伦的Polo系列（Polo/Ralpn Lauren）代表了优雅的休闲运动装；阿贝克隆比＆费奇（A&F）意味着像牛仔裤一样的体感；路易威登是"完全"的法国明星风范；以及古驰永恒的经典，谁不想要成为或得到其中一种生活方式呢？经过了长期的曝光和宣传，还有哪个消费者不想要这些牌子的产品呢？

　　产品的价格和可用性是时尚专业人士在品牌建设过程中需要考虑的。例如蔻驰（Coach）这样的品牌提供一定价格范围内的商品，并通过自己的品牌商店或者其他零售商进行销售。超豪华皮革品牌瓦莱可斯特拉（Valextra）只提供几种高价产品给零售商。因此价格和可用性成为建立品牌形象的一部分，同时也是品牌的外在形象。形象、价格及可用性这都是品牌吸引消费者的因素。这些因素在另一方面又推动了仿冒品的发展。

　　由于可预期的需求、高昂的产品价格及有限的库存，又或者是消费者期待的打折，导致品牌产品成为仿制品的候选者。这些"企业家"应该对这些借别人之名的仿制品负责。造假者既可以制造和销售虚假的、非法的物品给消费者，也可以通过一个隐秘的中间商来销售。仿冒产品的质量可能好到足以欺骗除了对产品极度熟知的所有人。另外，仍然有很多不需要担心质量的香奈儿、阿迪达斯或其他仿冒产品。

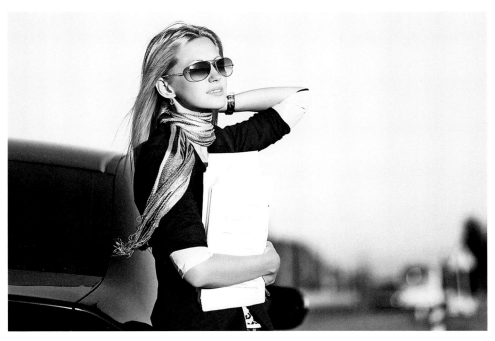

设计服装使之变得更复杂

区别于仿冒品的是"白菜"产品（"Cabbage" Product）（地摊货）。从外观上看，这些似乎是合法的，除了它们经常通过非授权商店，如街头小贩、无资金赞助的互联网网站，在意想不到的商店或通过个人销售。这样的产品可能是"真实的"，即它们来自同一个工厂，甚至是与授权产品相同的生产线。但是，它们在某些地方被擅自从生产或分销链中取走，然后秘密地被出售。外部承包商可以将订购数量大于订购单位预定的多余物品自行出售。这是地摊货进入市场的另一种方式。

这些不完全是复制仿冒出来的产品也很重要。什么时候产品的灵感来自于对其他产品的借鉴（Adaptations），它们什么时候就会被排挤出市场？一般来说，借鉴型设计是那些与其他产品类似但又具有明显差异的产品。例如，也许衣服边饰造型或按钮样式与原版不一样。另一个例子是短袖连衣裙变成长袖的。这些只是时尚借鉴创新的几种方式。作为开发该品牌产品系列的一部分，原始服装制造商可能会设计款式类似的产品，它们也可能来自其他制造商。这些生产者希望只通过简单地改变来制造流行时尚风格的衣服，这会使他们的产品对目标市场的消费者更具吸引力。高端时装秀中首次展现出的极致风格，也能被改造成不那么昂贵的大众喜爱产品。

名牌仿制品（Knockofls）非常接近其他人的设计和制造，它们被制造成和原版完全一样的产品。在制造中使用不太昂贵的织物、皮革或类似皮革的部件，力图尽可能相似地制造它们。例如卡尔文·克莱恩（CK）这样的品牌，它们流行的泳衣和内衣通常是仿制品的目标。当类似于CK的产品，但携带另一个制造商的标签时，它可能被认为是一个类似品。如果被标记为"CK"，但是来自另一个制造商生产，则是仿冒的商品。

借鉴和仿制是时尚界的常见手段。目前，官方组织正在考虑保护时尚设计。关于时尚和时尚品牌的专利、商标和版权形式等相关要素就是为了杜绝其他的非法用途。

设计师手包是最流行的名牌仿制品之一

仿冒产品的流行性

服装和配件不是唯一可能被伪造的产品。化妆品和香水也受到仿冒产品的影响。你认为哪些类型的仿冒产品最受欢迎？

据有关仿冒缉获机构的统计和在《女装日报》上的报道，"欲望城市（Sex and the City）"系列香水的仿冒品占美国海关和边境保护总局的缉获名单的最前列，2011年达到5100万美元。该香水与流行的HBO有线电视网络媒体公司所播的电影和电视剧相关，是2011年最频繁的"惯犯"。

《女装日报》进一步报道："美国海关和边境保护局（CBP）还与香水专利的所有者合作，来打击非法进口交易"。此外还有报道指出海关与边境保护局（CBP）查获了138起在洛杉矶运输的侵权香水和52起侵犯"欲望都市"系列香水的交易。其中包含100多万件的假香水，价值高达800万美元。合法的在销物品超过4500万美元。假货香水是一种盗窃品牌所有权的行为。保护知识产权在美国非常受到重视，除了经济危害，假冒香水也常常含有未知的化学物质，会导致严重的人体伤害。

时尚保护

在欧洲，服装和时尚产品的原始设计得到法律的保护。例如，欧盟在他们公布设计版权法规下为他们未经注册的设计提供保护。这让欧洲设计师和品牌发现在未经许可的情况下使用他们的设计时可以寻求帮助。

在美国保护时尚会有以下几种方式。例如你或你的公司开发了其他公司没有的技术先进的纺织品，或者你找到了一种更好的方法来制造化妆品或护肤品。保护你或你业务发明的方法是申请专利。专利由国家专利商标局颁发。专利保护（Patents Protect）被称为知识产权（Intellectual Property）：使得制造纺织品或化妆品的方法得以发展的专有技术。通过这种形式的保护，当正式申请并获得政府批准生成注册专利号后，只允许独家使用使这种技术。作为该保护的一部分，专利授予其所有者在二十年内禁止他人使用相同技术的权利。未经授权使用专利的行为，被称为侵权，持有人可以起诉约束或者阻止他们进一步使用，并能获得金钱赔偿。

知识产权的另一种形式包括：修改法律用语，将这些单词、短语、符号、设计或是它们的组合用于识别，将个人或公司的产品与其他产品区分开。对于国家专利商标局而言，这些是商标（Trademarks）。这就是你知道的它们的品牌名称或标志。它们可能在当地政府注册，当它们这样做了之后，就可以合法使用注册商标（®）。另外，个人或企业可以简单地使用商标域名（TM）。但是，当注册后，他们将获得十年保护，只要商标仍在使用中，还可以再次续订。提供识别服务的服务商标（Service Mark，SM）也可以被注册。

1946年的美国《兰哈姆（商标）法》[Lanham（Trademark）Act of 1946]规定了商标和服务的注册与保护，用以防止未经授权的使用。和专利一样，这种非法的用途被称为侵权，一种商标或服务的侵权。1984年《美国假冒商标法案》

（*Trademark Counterfeiting Act of 1984*）进一步规定，对故意制造、销售仿冒商品，或未经授权贸易而使用服务商标的人员进行刑事处罚。

这里描述的保护主要涉及名称和服务。如何保护设计？通过版权（Copyrights）保护艺术设计（图纸和设计）、文字、图像、音乐、文学作品、电影、电视节目，甚至表演。1976年的美国《版权法》（*Copyright Act of 1976*）规定了这种保护措施，而且多年来对此行为的后续修正中已经扩大了保护范围。未经授权使用上述内容可能会被视为版权侵权，版权所有人可以向使用者发出禁令。对于个人而言，版权保护持续七十年；企业的则持续九十年。公平使用原则（Fair Use Doctrine）允许使用教育和其他非商业目的的版权材料。

有可能保护时装的设计吗？目前美国的《创新设计保护与盗版防制法案》（*Innovative Design Protection and Piracy Prevention Act*）正在通过国会来保护时装设计。如果通过美国参议院，该法案规定的"如果设计的副本被发现与原始作品基本相同、很少或根本没有改变"就是设计侵权，惩罚在一千到一万美元不等。除了服装设计，该法案还提出保护面料和配件以及眼镜的设计。目前这个立法的进展还不清楚。然而，纽约参议员查克·舒默（Chesk Schumer）正在力推这个法案，从委员会到参议院的全面听证会及美国众议院的投票，将推动保护时装设计。

无论结果如何，对服装的贸易保护（Trade Dress Protection）是存在的。目前，一些时尚产品本身、包装的外观或两者都受到保护，防范其他人的侵权和未经授权的使用。然而，范围是有限的，索赔的标准也很复杂，他们必须证明，消费者被涉嫌侵权的物品或包装混淆了。这些类型的法律保护可用于产品侵权的参考。消费者和时尚产业规则参与者可以做些什么来保护品牌？

"正品"还是"仿冒品"？

不是所有的消费者都是通过购买仿冒商品寻找便宜货。很多人想购买正版，但想想他们所拥有的购买选择！购物者可以到各种各样的商店购买商品，还可以上网、二手和复古商店。尽管有些人可能会小心，但是它们最终只是正版的复制品。从消费者角度看，他们怎么避免被欺骗？有什么方法是时尚产业规则参与者可以在实践中学习并应用到帮助消费者？

在质量方面，仿冒产品的范围从肉眼可辨别的伪造品到完美可信的复制品。造假者，同合法生产者一样利用先进的技术和高质量的材料。知识可以帮助消费者从一堆赝品中识别出真正的设计品，但只有少数的时尚狂热者才有时间和精力去了解真实产品的细节。根据2011年6月30日《华尔街日报》刊登的文章《假冒的艺术》消费者通过做下面这五件事情，可以避免上当受骗：

1. 直接从品牌的商店和精品店购买。
2. 找一家销售该品牌的授权零售商。
3. 购买二手物品时查看文件的真实性。如果物品是伪造的，卖家能否提供担保（如回收退款）？

4. 要小心折扣。顶级豪华品牌通产不会打折，如果有的话也不会很大。

5. 网上购物时，请仔细阅读网站。他们是有效的吗？

从这些观点来看，品牌还有很大的任务：教育消费者了解他们的产品，并确定他们是否拥有真正的产品。其他措施包括添加序列号、全息识别标签和隐藏的认证方式，目前这些方式中的每一个都用来表示正品。如前面所述，宝嘉美（Blackglama）品牌毛皮的标签中具有安全数字，只有在授权零售商的特定波长灯具的光照下才可见！品牌赞助商店的销售人员也受过培训或了解，能协助消费者区分赝品和正品。时尚行业的规则提供了关于仿冒品的其他见解以及如何将它们的影响最小化。

使用时尚产业规则寻找解决方案

本章关于假冒伪劣的讨论应该引出时尚产业的四大规则。例如，假冒伪劣的内在不诚实本质，应该引发对"公平"适用方式的思考，以及实际中是如何被避开的。如何更明确地界定时尚行业规则和伪造问题的相互作用？在官方机构的记录中，涉及政府成功拦截的案例说明了假冒伪劣是时尚行业规则所考虑的关键问题之一。为了解决这个假冒问题，找到解决方案，可能需要时尚产业规则参与者在规则框架内与商业以及消费者沟通并通力协作。

有利可图

建立和经营业务需要巨大的财务支出。保护经营也是昂贵的。开发有利可图的商业模式，能够产生可靠的收入和提供可观的利润，包括寻找保护专利、商标和品牌标识的方法。此外这些商业模式也为设施及人员保障提供了可能。

大量出现的仿冒品是规范时尚行业中遇到的严重问题

本质上，仿冒行为（如同本文中的其他时尚产业问题一样），需要时尚产业规则参与者采取防御性行动，制定计划，并设法投资保护知识产权。审计外部制造承包商，通过监督和评估维持透明的供应和分销链，监督销售点的零售业务，并对任何可疑、意想不到的活动保持警惕，这些都是建立防御计划的基础。这些计划需要公司的预算支出，无论最终是否成功，昂贵的保护措施都会影响利润率。

成为（大）品牌！

建立大品牌很重要。事实上，公司真的要竭尽全力这样做。本文和本章强调，品牌能够因消费者而变得"大"。他们接受或拒绝品牌如同他们时尚风格上的变化。考虑到品牌的力量和消费者的力量，两者可以共同协作打击仿冒产品？例如，品牌是否会在广告和社交媒体宣传产品，帮助消费者寻找出仿冒产品，并在发现后通知品牌经理？消费者协同打击仿冒产品的行为可能会通过获得品牌的"奖励"来得到激励。消费者显然希望参与打击仿冒他们喜欢的品牌的产品。他们的渴望甚至需求，可以融入品牌项目的发展过程中。他们把在社交媒体上追随喜爱的品牌作为娱乐。消费者参与是唯一的解决方案吗？可能不会。许多品牌太大了，无法完全实施这样一个计划。总是会有消费者对品牌进行价值评估，而且购买未经授权的产品也是没有问题的。然而，获得消费者参与可能只是品牌用于保护正品的许多方式之一。

消费者真的需要被告知假冒伪劣商品是"劣质的"吗？他们自己清楚没有购买真实东西的区别吗？除了品质接近完美的高仿品或者授权制造商的白菜产品，其他几乎都有质量问题。当然，廉价制造的低端商品退市之前在时尚季节中也不会持续很久。与奢侈品品牌相似的高端商品可能会更好一些，但最终也不会长久持续。在这些问题出现的时候，由于他们的便宜对所有者和旁观者都是显而易见的，所以其他的感觉也开始出现。一些评论家提出通过讨价还价获得的兴奋已经被罪恶和羞愧取代。同样的消息来源指出，这些感觉很快就会转变成对正宗品牌产品的喜爱。仿冒真的有助于销售真正的品牌吗？还有待观察。不可否认，购买仿冒商品会剥夺持有人的经济权利。也是如此：消费者可能会获得劣质产品，但不是用低价格。品牌经理对假冒伪劣产品越来越警惕，更加依赖法律手段保护品牌？这些步骤加上更新、更奇特的外观，做出更贵的产品，才能总是走在消费者面前，让他们只想要正版的产品？品牌（及其生产和宣传预算）必须在这些界限内找到仿冒问题的答案。作为未来的时尚产业规则参与者，可以吗？

公平！

这一原则重申了假冒伪劣造成的内在不公平现象：消费者的混乱，利润的流失甚至安全性的缺乏，只是其中一些问题。再次，消费者自己也可以被要求作为品牌建设计划中"公平"原则的一部分吗？在这种情况下，他们可以被要求对他们所喜欢的品牌"公平"，因为他们的选择会影响他们自己，在不购买授权的品牌和产品时可能会有安全隐患。可以肯定的是，向消费者传达这样的信息会对品牌管理者构成挑战。然而，品牌已经证明，它们可以成为维护社会正义和控制环境变化的强大平台。这些都是品牌关注的公平问题，要求消费者解决的问题。品牌会在财务上做出贡献以支持消费者的解决，激励消费者采取行动。也许品牌可能会再次引起注意，只是让消费者更加意识到假冒伪劣品牌造成的问题和危险。

合法！

要合法，需要意识到哪些法律会影响企业，以及如何影响。本文已经探讨了其中明显的例子。与企业构建和商业交易相关的法律是两个例子。关于假冒行为的"合法"，除法律专业人士以外的人，包括品牌如何知道这些与知识产权保护有关的所有法规？虽然时尚产业规则参与者不是合法的专业人士。然而，他们可以知道哪些执法机构负责保护国家和国际品牌以及公司的资产。上述内容指出有哪些机构参与，以及他们如何互相交流，并通过法院系统实施执行。时尚需要跟上时代，时尚产业规则参与者需要精通流行趋势及其来源。使用类似的思维方式，他们可能越来越多地被要求了解当前的执法技巧（例如在哪里通报可能的违规行为）。同样，他们要求了解哪些机构负责执行相应的违规行为，并协助他们采取行动。

持续的血汗工厂

讨论血汗工厂（Sweatshops）和他们代表的压迫性工作条件。此处会经常提到1911年发生的三角工厂（Triangle Shirtwaist Factory）大火灾。据了解，造成146名工人丧命，其中大多数是年轻女性，当火灾扫过他们工作的并封闭的工厂时，导致了他们的死亡。然而2012年11月的孟加拉国工厂火灾重新开始了这个话题，其中112～115人在与三角工厂非常相似的情况下遇害。新闻报道显示，孟加拉国过度拥挤的服装厂楼层倒塌，造成至少三名遇难人员死亡。两者都是目前血汗工厂灾难悲剧的历史案例。

大多数关于血汗工厂的描述包括1996年电视主持人凯思琳·李·吉福德（Kathie Lee Gifford）的丑闻。在这一事件中，全球劳工与人权研究所（Instituste for Global Labour and Human Rights）披露，她支持的零售巨头沃尔玛服装是在中美洲血汗工厂生产的。然而，血汗工厂在服装生产中持续存在，也轻而易举地牵连了卡戴珊（Kardashian）姐妹科勒（Khloe），金姆（Kim），考特妮（Kourtney）以及她们的母亲克里斯·詹娜（Kris Jenner）。2012年，大约十七年后，同一个劳工组织披露，金·卡戴珊的Dash品牌和三姐妹的Kollection品牌中的时尚产品是在中国血汗工厂生产的。

时尚产业必须关注影响企业的法律法规

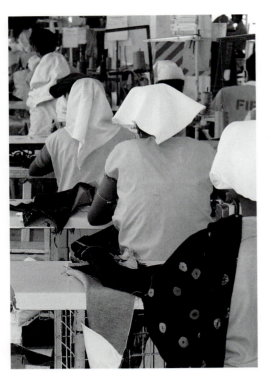
工厂里的重复体力劳动是时尚从业者的挑战

卡戴珊家族呈现的超过一百年的流行趋势，从吉布森女孩（Gibson Girl.）服装，就像过去的仿男式女衬衫一样，到人造革摩托车夹克；从纽约市的服装区到遥远国家的匿名工厂，血汗工厂的存在仍然是时尚产业的顽固问题。时尚产业的规则提供了解决他们的远见。作为学生或未来的时尚产业规则参与者，你会如何运用这些规则来结束血汗工厂？

什么是血汗工厂？

你的努力可能要从了解血汗工厂的构成开始。为此，有几个观点要考虑。国际劳工权利基金会将血汗工厂描述为"包括以下一些特征的工作环境：工资低于最低生活工资；经常工作时间过长，无加班费；工作是在不安全或不人道的条件下完成的；工人被雇主滥用或遭受性骚扰；工人没有能力组织谈判更好的工作条件。"从美国官方的观点来看，美国政府机构总会计师事务所定义的血汗工厂是"违反两个或多个政府或国家劳动、职业安全与卫生、工人赔偿或其他管理行业法律的雇主"。这两个描述一并表明，血汗工厂是虐待和压迫他们工人的地方。

血汗工厂的补充说明

这些描述不会传达血汗工厂的隐藏性质。对于定义它们的所有说明，欺骗性的隐藏，能否看到三角工厂在纽约市重新开放，显而易见，从今天的角度来看它的出现可能会停顿。然而，现代的血汗工厂通常不是很明显，或者不是公开的。通常情况下，它们存在于孟加拉国、墨西哥、中南美洲以及亚洲许多地区，远离西方国家穿着产品的主要消费者。它们变得越来越难找到，因为它们的位置可能会频繁地从一个隐藏点转移到另一个。这很常见，无报酬的外国工人到达他们认为合法的制衣厂，结果却发现设备、过程进行中的工作，以及一切都在夜里搬空，让他们一无所有。

血汗工厂仍然在美国。例如，他们在港口城市或其附近，原材料运输方便，成品装箱交通便利，使纽约和洛杉矶等港口适合血汗工厂。劳动力的供给是另一个因素。已经发现美国血汗工厂的压迫行为包括未受过教育的和教育程度低的人，经济上处于不利地位和法律保护范围外的工人，具有很少知识、手段或能力的人在追求权利时被剥削。像其他国家的血汗工厂一样，美国的也不容易看出，现代无耻的血汗工厂，如20世纪90年代加利福尼亚州洛杉矶及其附近发现的血汗工厂，被隐藏"伪装"在像公寓楼那样无害的地方。血汗工厂的隐蔽性使它们难以被定位在所在的地方。它们持续和隐秘的性质引起了一个问题：血汗工厂是如何产生的？它们一开始是怎么成为现代压迫的地方的？

血汗工厂的兴起

　　上文详细介绍了当代时尚生产流程。随着生产提早和高度连续性的特点，大部分商品开始从美国国内生产转变成一系列的国际来源，血汗工厂的问题（并如前所述的盗版设计）已经出现。在协调效率的同时，会将生产或部分产品外包给公司以外的其他人，该举动存在缺陷。据了解，这种分散的供应链进一步加剧了仿冒商品的出现。此外，采购系统下涉及服装制造的不同承包商和分包商的错综复杂的关系也使血汗工厂成为可能。

　　几十年来，美国纺织和时尚制造业在世界上处于领先地位。到20世纪70年代，其生产的原材料和成品服装不仅丰富、质量好，而且制造及销售容易。欧洲和亚洲国家不仅生产丝绸和羊绒等特种纤维，还生产精美的时尚产品。然而，这些通常量少且价格高。20世纪50年代的苏格兰羊绒毛衣，如多年著名的"两件套（Twin Set）"，都是真正的奢侈品。另外，位于第七大道的卡罗莱纳州纺织厂和纽约时装屋，其商店里装满了丰富的不同品种的商品。消费者可以以他们能承受的任何质量和价格水平拥有国内生产的时尚商品。

　　可以肯定的是，国内纺织厂、服装制造商和零售商店的工作条件并不完美。1979年的电影诺玛蕊（Norma Rae）戏剧化地描述了北卡罗来纳州史蒂文生纺织厂（J. P. Stevens Textile Mills）工会化的现实事件。电影中描绘的条件反映了长期的真实生活，包括吵闹、炎热的加工环境，工作时间长，缺乏医疗保健，以及没有工会来确保工人权利。

　　制造厂和工厂强力抵制工人为了更好的工作条件、工资和福利而进行谈判、组建团体的努力。而工会给了工人们说话的权利，拥有在这样的问题上与工厂和工厂所有者、经理谈判的权力。工作条件和工资标准导致服装工人在1900年左右开始成立工会。到1976年，个人纺织和服装协会联合其他力量组成合并了服装和服装工人联盟（Amalgamated Clothing and Textile Workers Union）。截至1995年，该工会与国际女装服装工人联合会（International Ladies' Garment Workers Union）组成了现在的美国纺织成衣工会（UNITE）。

　　最后，伍尔沃斯公司（Woolworth）和许多社区百货公司的销售人员往往薪酬不高。这些因素很关键，因为它们反映了工人面临的条件，这也将是制造厂和工厂的时尚参与者和制作人面临的条件。其改变了国内纺织品和时尚生产的性质，并将有助于血汗工厂的发展。

　　到20世纪70年代末，进口在美国市场普遍存在，汽车、家具，这些低成本吸引了消费者。当然，纺织品和服装物品往往不是从其他国家进口的。那十年是通货膨胀率高的时期，商品价格大幅上涨。美国所有行业的制造商用于制造商品的费用越来越低，希望与国外低成本商品竞争。然而，许多人在这种成本驱动、整体更具竞争力、最终更便宜的环境中无法生存。美国企业在其他方面的开支也大幅上涨：支付更高的工资，提供更好的保健服务，以及应付不断上涨的生产成本，并使美国商品价格更低。同时税费和法律费用进一步增加了成本。消费者不会再考虑支付这些附加到零售价格上的部分，而是越来越多地购买廉价的外国生产的商品来节省资金。

不断增长的成本和竞争日益激烈的市场导致国内制造商开始出售固定资产、裁员，并将工作外包给国外的廉价生产商。因此，到20世纪80年代，时尚生产已经变成了一系列独立的过程，由个体生产者分别完成服装和配件的生产过程（如裁剪织物或缝纫拉链）。这些由采购和供应链经理协调。这种间接的处理方法通常比之前的国内生产便宜，即使算上运输和其他费用也是如此。那些能够保持成本并降低相应的零售价格的工厂和生产商仍然有业务。可以说，20世纪晚期，竞争和结果主导的规模经济已成为时尚的真正动力，其带来的低成本最终影响了消费者。

血汗工厂店的到来带来了竞争。到20世纪90年代中期凯西·李（Lathie Lee）崩溃时，血汗工厂和它们的压迫性劳动条件已经确立。为什么？消费者想要尽可能便宜的时尚商品。生产者和零售商希望通过不断降低价格来吸引消费者。另一方面，生产成本持续上涨，这些造成制造商寻求各种可能的劳动来源。

压迫性劳动需要机会经营。20世纪80年代和90年代的成本压力只提供这样的机会开放。为了盈利，工厂将目光转向了童工，他们被强迫劳动，几乎没有任何工资。这大大减少了制造商的间接成本。同时成本问题也带来了大量的需求。采购设备的生产时间大大加快。劳工被强迫和滥用，以便生产成千上万的服装。国外的承包商像他们服务的时尚品牌一样寻求利润。而来自海外采购的时尚公司往往缺乏真正的监督，导致这样的血汗工厂持续增长。

公平地说，国内采购专业人员的工作环境往往与承包商商店内的一样。在撰写供应商、生产者指南和现场访问未公布之前，他们没有显示出服装制造背后的真实情况。血汗工厂暴露出的悲剧影响颇大，特别是那些涉及的"大"品牌（如盖璞、耐克）和著名设计师的工厂。这些悲剧会促使消费者、时尚产业规则参与者和政府机构采取行动。他们的目标是结束目前的血汗工厂的劳工做法，并防止新的危害事件发生，目前已经有许多方法来实现这些目的。你熟悉的时尚行业规则使你能够回忆起并使用它们。

用时尚产业规则的力量结束血汗工厂

从时尚产业及其规则的角度来看，它们可以在哪里被应用？

一些运动鞋流行品牌与血汗工厂有关

成为（大）品牌和公平！

成排的抗议者，未售出的抵制产品，消费者监督团体要求得到回复和废除相关工厂的请愿书只是时尚零售企业在血汗工厂问题暴露时所面临的现实。应该指出的是，大学生团体对血汗工厂的认识和请求关闭的行动尤其积极。成立于20世纪90年代末的美国反血汗工厂学生联盟（United Students Against Sweatshops，USAS）是致力于这一事业的一个组织。为什么学生团体对这个问题特别感兴趣？

一个原因可能是学院、大学和运动队授权商品的流行性。教育机构允许或许可供应商，生产使用其商标或版权制作服装。你有显示学校名字、徽章或吉祥物的T恤、运动衫、帽子吗？成千上万的学生这样选择！他们希望了解这些丰富多彩的产品的起源，导致教育机构为这些产品制定制造商行为守则。一些机构甚至联合工人权利联盟（Worker Rights Consortium，WRC）等组织，以确保定制商品的制造商遵守这些组织的行为准则。此外，大学成立的许多"基层"小组仍然致力于提高对血汗工厂的认识和协助改善工人的生活。可以肯定的是，大学和学院也是大品牌，但诸如盖璞这样的大品牌会是怎样？他们该怎样做，才能帮助维护品牌的形象，更重要的是，如何对在每个购物中心的产品背后的工人公平？换句话说，关于血汗工厂的问题他们该做什么？

"社会责任（Social Responsibility）"已成为当代时尚公司和零售商本身的品牌因素。与识别和描述品牌的其他任何手段一样，它也是多方面的。只需点击品牌网站底部，就可以让观众看到其使命、前景、声明或代码语言，以及企业现在为确保公平的劳工标准和做法而采取的步骤。这些是社会责任要素的一个方面：

使命宣言（Mission Statements）——有时被称为愿景陈述或"我们的愿景"，它们列出了公司的社会责任政策和重点领域的基本目标。例如，盖璞公司的使命清楚地表明了公司的优先事项，例如保护"环境""员工"、持续的"社区投资"，这些与本部分所探讨的时尚产业问题类似。

供应商行为准则（Vendor Codes of Conduct）——如本章所述，血汗工厂是因为经济状况和缺乏所有标准的真正监督。供应商行为准则的目的是确定以前未定义的准则。

监督和审计（Oversight and Audits）——规则、守则和准则很重要，执行也是如此。当然当这些限制与第三方供应商产生任何摩擦时，监督手段是必要的。包括对设施进行突击检查，记录审计和采取工作人员访谈的形式。

不仅公司可以监督生产，因为物品通过了第三方承包商的供应链，所以消费者也这样做。例如，巴特哥尼亚（Patagonia）运动服饰品牌提供了"足迹记录（Footprint Chronicles）"。有了这个功能，感兴趣的消费者可能会看到承包商所在的地方和他们所做的产品。

消费者和公司参与一起致力于双重目标。两者都积极努力结束或至少减轻国内外血汗工厂以及他们所代表

消费者应该开始通过法律和其他手段参与帮助停止廉价劳动力的行动

的不好的劳动条件。另外，无论大品牌还是其他品牌的社会责任都提供了另一个定义和区分身份的方法。在结束血汗工厂方面还有哪些可以努力？

合法！

政府官方的行动也致力于解决血汗工厂问题。两个例子包括美国1996年成立的服装行业合作伙伴关系（Apparel Industry Partnership，AIP）。由美国总统比尔·克林顿（Bill Clinton）主持，这个由服装和配件生产商自愿组成的工作组在成立的第一年就提出了初始版本的供应商行为守则。这些制定者与维权人士和工会合作。

像美国加利福尼亚这样的州一直积极参与反血汗工厂的行动。2010年，该州通过供应链透明度法案（Transparency in Supply Chains Act）。随着该法案的通过，在加利福尼亚州开展业务的公司必须公开他们的生产行为，以解决在血汗工厂发现的那种"奴隶制"、工人的薪水低、并且不人道的现象。同样，他们也必须处理与"贩卖人口（Human Trafficking）"有关的工作（就像工人被带入"奴役债务"一样，直到他们的运输者或俘虏者认为他们为了还债而付出了努力）。豪华品牌古驰在其公司披露了在此行动方面的努力。值得注意的是，总部设在美国纽约市的国际社会责任机构（Social Accountability International）也设定了相关规则，其使命是提高世界各地工人的人权。

尽管冗长，但古驰公司给出的信息非常丰富。一方面适用于时尚和时尚相关的各种商品。此外，它还介绍了公司内部为培养员工所做的努力。您是否为本组织工作，您有责任对他人进行培训，根据国家法律和工人权利的标准制定进一步的政策，甚至进一步审核承包商。

盈利！

时尚业务的盈利要求的核心是全球化（Globalization）。正如本章讨论的那样，当国内服装制造商在本国继续经营变得无利可图时，它便会开始转向国外资源。他们愿意在其他国家支付纺织品加工、裁剪、缝制和服装装配工作等业务费用。这些外包活动是国际货币基金组织对全球化所计划的几种"贸易和交易"交流。

全球化的倡导者及其实践指出，它帮助提高了世界各地的生活水平。更进一步，他们认为它创造了人们以前不会有的进步机会。另一方面，有些观点认为全球化本质上是剥削性的：一旦企业从大量廉价的劳动中获益，当生产成本过高或其他条件变得无利可图时，他们就会进入更新的场所。此外，他们还认为，全球化掠夺了各个国家的自然资源，剥夺了他们的文化遗产，最后产生了一个同质化的世界。

关于全球化的辩论双方，支持者声音更强大。通常，与这个问题有关的公开示威和抗议活动比较激烈，需要警方干预。这仅仅是一个简单的概述，即经济学家、政治决策者、研究者、社会学家、人口学家、统计学家和许多其他学科的专业人士的理论和发现。那时尚和零售行业呢？它们如何在这两个高度相反的哲学之间进行沟通，仍然保持业务往来？

成本和消费者是影响时尚产业规则参与者行为的两个因素。全球采购及其产生的问题（如血汗工厂）以及高昂的纠错代价，如社会责任经营（SRM），这些的产生是因为美国商品价格高于大多数消费者愿意支付的价格。如果美国消费者愿意为本国时尚商品付款，即使这样做意味着付出更多的代价，全球化的问题可能会缓解吗？至少，如果在美国而不是在遥远的国家发生这样的事情，那么血汗工厂的劳工是否会更容易发现和纠正呢？

这些问题仍然没有得到答复。毕竟，三角工厂的灾难发生在这个国家，即使是一百多年前。未察觉、未纠正的虐待行为可能再次发生，尽管只有这一次在隐秘场所。然而，在这个问题牵扯进来后，最初的关注点仍然是：美国消费者愿意为自己国家的商品支付"额外"的费用吗？一位评论员提出：

（美国人）更有可能支付"美国制造"的商品，如果其中含有价值主张。意大利人已经做到了这一点，人们愿意在这种交易中付出额外的钱。你可以利用经济复苏的市场，这需要更多的就业机会和社会责任，如果再加上质量的重要性，那么这些高级品牌就会变得更有价值。[芭芭拉·卡恩（Barbara Kahn），引自：凯特（Karr），阿诺德（Arnold）。"美国：消费者说他们愿意支付"。2012年9月5日，《妇女世界日报》，2012年11月28日]。

供应商关系管理（SRM）实践已经成为现在构建时尚品牌的元素之一。他们不仅解决了时尚产业规则上的问题，而且建立了品牌代表的理念和想法。目前，这些举动力求纠正全球化带来的问题，比如血汗工厂。也许他们应该意味着更多的东西？可能的细微差别会成为社会责任政策和实践的一部分？

拉夫·劳伦（Ralph Lauren）2012年的美国奥运会制服围绕着大声抗议的信息披露，这些作为国外生产的产品（虽然不是在血汗工厂）的象征性代表是值得注意的。它重申了消费者希望对自己选择的品牌和购买的产品的感觉良好。当负面的信息曝光后，他们会感到不安。或者，消费者寻求产生良好感觉的品牌，可以产生情感上确认的情绪。如艾琳·费雪（Eileen Fisher）和其他拥抱社会和环境责任的品牌享有很大来自消费者的善意。

把所有的部件放在一起，"美国制造"是否可以在消费者的心中意味着"不是在血汗工厂制造"？这样做会使消费者感觉到他们做出了有责任的积极选择。将这些想法与感觉融入时尚品牌最终证明是可以盈利的。然而，只有消费者认可和欣赏这些努力并愿意为它们付出，经济或其他方面的成功才会出现。

本章小结 Summery

仿冒产品的存在，甚至持续的需求性是时尚产业中出现的一个问题。"成为"任何规模的品牌都要求将需求置于产品之中，消费者必须想得到他们。构建需求的其中一个含义是通过创造仿冒产品来欺骗公司和消费者而获得激励。本章探讨了仿冒产品为什么存在和如何存在。同样，它确定了与知识产权相关的重要术语，以及法律保护相关的依据。这些包括专利，商标和公证。尽管本质上只是部分的解决方案，但本章提出如何将时尚行业的规则及其含义用于改善持续的盗版设计问题。

仿冒产品只是一个问题。本章探讨了另一个经常在"血汗工厂"中发现的不公平劳动的相关问题。强制性劳动，低收入甚至高度危险的劳动环境长期困扰着时尚界。在现代，时尚界已经做出了更大的回应，对服装和配饰生产流程的监督也是对这个问题的回应。政府官方法律也对这一问题做出了回应，通过了更为严格的法律来管理工作环境，并对时尚公司负责。然而，尽管做出了相当大的努力，不管成本多少，消费者似乎都希望以最低的价格来获取时尚产品。也许来自对时尚产业规则模式的解释分析，特别是作为"大品牌"可以同时满足消费者并带来更好的工作环境。

问题回顾：你发现了什么？

1. 什么是仿冒产品？它们怎么能被辨别？
2. 其他非法时尚产品在哪里，它们如何出现？
3. 描述一些处理仿冒产品的法律保护措施，可以防止其发生，为消费者提供保护，并补偿产品被窃取的公司。
4. 描述"盗版设计（Design Piracy）"的概念。你可以在时尚新闻中找到有关其发生的报道吗？这些文章对这个问题的存在以及时尚界和其他人如何尝试解决这些问题？
5. "血汗工厂"的定义？

6. 描述血汗工厂如何躲避检查。你有什么想法来防止这些事件发生？
7. 全球化如何直接或间接地影响血汗工厂的持续经营？
8. 什么是"贩运人口"，它与血汗工厂的存在有何关系？
9. 监督机构在防止血汗工厂的扩散方面发挥了什么作用？
10. 消费者如何参与打击血汗工厂的扩散？

专业术语

确保你知道本章中的以下术语，并可以举例说明。

仿冒产品（Counterfeit Products）

版权（Copyrights）

反血汗工厂学生联盟（United Students Against Sweatshops）

盗版设计（Design Piracy）

1976年《版权法》（Copyright Act of 1976）

工人权利联盟（Worker Rights Consortium）

地摊货（Cabbage）

公平使用原则（Fair Use Doctrine）

公司使命（Mission Statements）

借鉴（Adaptations）

《创新设计保护与盗版防制法案》（Innovative Design Protection and Piracy Prevention Act）

供应商行为准则（Vendor Codes of Conduct）

名牌仿制品（Knockoffs）

监督和审计（Oversight and Audits）

专利（Patents）

服装贸易保护（Trade Dress Protection）

服装行业合作（Apparel Industry Partnership）

商标（Trademarks）

全球劳工与人权研究所（Institute for Global Labour and Human Rights）

《供应链透明度法案》（Transparency in Supply Chains Act）

服务商标（Service Marks）

血汗工厂（Sweatshops）

人口贩运（Human Trafficking）

1946 年《兰哈姆（商标）法》［Lanham（Trademark）Act of 1946］

美国纺织成衣工会（Union of Needletrades, Industrial and Textile Employees）

国际社会责任组织（Social Accountability International）

全球化（Globalization）

1984 年《假冒商标法案》（Trademark Counterfeiting Act of 1984）

市场日模拟项目工作表

监督市场日准备过程，第三部分

项目目标　这是上次市场日的下一步。完成这个表说明已经做了什么以及还剩下哪些任务。完成"之前和以后"表格。你的汇报也应该初步形成

第一步　在开始遇到的事情

第二步
已经完成了些什么？ _____
_____

还需要做什么？ _____
_____

第三步：
附加问题：你有没有做过样品或其他视觉广告？你吸引到参观者的注意了吗？如何使你的汇报脱颖而出或非常突出
_____
_____
_____
_____

图片

时尚生产的幕后（可选项目）

重点： 你已经了解了工人们对于时尚产品的生产是如何重要。所以，从你的观点看，还缺失了什么？需要做些什么来保护工人们

第一步： 找出来你认为时尚产业规则参与者应该做而没有在做的事情。换句话说，什么应该被做！
（注意：你可能发现许多人甚至不知道工厂里发生了什么，因为工厂都外包的很遥远）

第二步： 如果你正在作为一名时尚专业人士工作，你如何解决这些要做的事情？

第三步： 整个时尚产业和其他的时尚产业规则参与者会做什么去解决你提出的那些问题？
他们该怎么做以及如何持续这些行动？

第四步： 消费者可以协助做些什么？如果他们对于时尚产业很重要的话（当然确实很重要），他们难道不应该引领更多的道德的时尚生产方式吗？

消费者和可持续发展问题

前言

时尚的"媒体时代"就是现在！这是社交媒体向消费者提供信息、娱乐和便利的时代，就像他与他们的手机一样亲近。然而，这些特征引起了一个更大、更值得关心的问题：隐私。每天，消费者经常给他们知道和不知道的人提供大量的信息。消费者是否应该重视隐私？时尚和零售专业人士应该如何尊重消费者隐私？本章介绍时尚产业规则参与者和消费者面临的这个复杂问题。

隐私问题涉及如何参与时尚。但是如果对于他们来说与时尚有关的选择很少该怎么办？有什么含义？时尚是否可以继续作为消费者的消费期望？这取决于他们自身和参与者是如何做的。时尚的原材料面临日益增长的全球竞争，越来越多的自然资源面临消耗，环境条件变得更加不确定。本章还探讨为什么时尚产业规则参与者寻求资源的可持续性使用是有利的。

本章内容

- 探讨了关于隐私的基本概念，如何从消费者获得信息，以及如何运用时尚产业的规则作为解决这些问题的手段。
- 定义可持续发展，以及调查其原则和实践融入时尚产品生产的方式。

第9章

多渠道世界的隐私

隐私（Privacy）——对你意味着什么？即使你喜欢与他人分享个人信息，但作为一个时尚参与者，你将与消费者合作，其中的一些人可能不那么直爽或不了解隐私是什么。可以发现消费者控制着时尚的方向。然而，当这种力量与未知的技术结合时，这股力量几乎每天都在改变，那么关注隐私问题就会非常困难，更不用说解决它们。本章确定了与隐私相关的问题，你将面临的问题和要求解决的问题。

时尚可能会让消费者做出不舒服的选择。适合女性的裙子长度：在20世纪70年代应适度得接近地面，若在膝盖以上则被视为可耻的。是惊人的紧身牛仔裤"设计"还是那些有舒适的"呼吸空间"的设计，这些都是20世纪80年代有时尚意识的人不得不做的决定。然而，今天，时尚提出了一个更具挑战性的问题，不仅仅是风格的选择，而是一个未知甚至不可知的答案，参与或注重隐私？

隐私一般被认为是对个人信息的保护。例如，个人的健康和经济记录是两种赋予法律保护的私密信息。你已经探索了为什么当代可以被认为是时尚的媒体时代。例如，社交媒体被品牌和消费者用来表达时尚的最新趋势、最新产品和大多数发生的事情。世界正在通过技术驱动对每个人的行为进行观察、注意和评价。正如2013年波士顿马拉松爆炸事件的显示，这些事件被记录、保存和审查、在研究了警察从罗德与泰勒（Lord & Taylor）百货公司获得的高分辨率安全磁带之后，终于发现了这起悲剧的犯罪者。

你也已经知道当代零售的多渠道性质，一个由于技术进步而出现的世界。现在，实体店、互联网、直销店和社交媒体平台等都是为消费者提供便利而又丰富的互动体验的一部分。这是可能的，因为信息零售商、搜索引擎和媒体，如脸书，可以收集和分析这些信息，然后进行使用。另外，大多数消费者会不自觉地在一个互联网站点搜索查询、发推文或发布大量数据。

综合考虑，在这个关注时尚的时代，仍然有一些让人不舒服的选择：消费者现在不得不决定参与时尚所提供的便捷和激情是否比他们的个人隐私更重要。隐私有许多不同的解释。对它的大多数理解包括避免他人有身体上的接触或获得关于个人、群体信息的能力。更进一步，隐私的概念意味着有选择让其他人了解自身多少的能力。

如果时尚产业规则参与者要通过一个复杂的格局，可能需要将隐私、合法、公平、盈利和品牌管理问题进行合理地定位。

时尚产业规则参与者会是通过这片复杂区域的指引者吗？还是消费者？后者控制了时尚的大致方向让其款式成为街头流行或是滞留在商店货架。尽管时尚行业规则不能提供如何解决关于隐私问题的答案，但它们提供了一些手段来探索参与者如何在已有挑战中选择。

成为大品牌！有利可图！

那么怎么看待你在浏览互联网网站时出现的那些"个性化选择"呢？这些都是

由于信息记录程序（Cookies）或从互联网站点发送到用户计算机的文本文件。一旦被计算机输入，主机站点就可以识别和存储有关用户浏览的信息。更简单的是，消费者自愿决定在线零售商存储个人和商业信息，如鞋子尺寸和信用卡号码。这些存储在"我的账户"功能中使用，旨在使未来购物更加快捷。

这些和许多其他功能确实使购物更方便和愉快，甚至仅仅浏览网站就是一种娱乐。但是，即使采用了先进的安全设置和加密方式，消费者一旦进入网站点击"购买""发送"按钮或在线搜索后，他们也很难准确控制他们的信息会发生什么。正如挑选的例子所示，消费者并不是唯一可能受益于此技术的人，企业也会使用信息记录程序和消费者所提供的信息。但如何使用它是一个较大的隐私问题。

在互联网上使用搜索引擎（Search Engines）或软件程序搜索和传送用户关系、短语和图像时，尤其需要关注隐私问题。目前还不清楚消费者是否愿意为这些提供的内容付费。搜索和查找信息的能力似乎不仅仅是服务。因此，互联网搜索引擎面临着不得不从其他某个地方获得收入的问题。来自其他企业的广告收入可能是唯一理想的替代方案，但仍然缺乏消费者收入。广告需要相关信息，并吸引消费者。通过搜索获得的信息是广告蓬勃发展的数据类型。这是从没有察觉的搜索者身上收集的信息，然后被出售给广告商。数据挖掘（Data Mining）是这些数据被隔离和组织应用的过程，通常在零售行业用于广告和营销计划。技术进步提供了不断更新的获取消费者和产品信息的方法。许多搜索引擎和网站表示从此处获得的信息不会像广告商那样提供给第三方。然而，正如下面所描述的古驰案例所示，即使有这样的陈述，依然会共享一些数据用于市场营销。

那么消费者所面临的隐私问题就反映在企业必须处理的另一个问题上：由于任何数据来源的收入不足，潜在的或一定的盈利能力就被忽略了？个人信息可以用来建立品牌。但如果以消费者不知道、不理解或他们不同意的方式使用，品牌将遭受损失。信息使用的程度是一个艰难的挑战。

合法化！

如果你是时尚产业规则参与者，那么当涉及互联网、隐私和消费者问题时，你如何将其"合法化"？可以肯定的是，法律及其要求是复杂的。不仅每个国家的法律不同，甚至在美国不同的州也有所不同。

目前，美国的联邦隐私法涉及信贷报告和医疗保健服务等问题。在一些州，特别是在加利福尼亚州，法律已经涉及保护消费者。简而言之，根据 2003 年颁布的《加利福尼亚在线隐私保护法案》（California Online Privacy Protection Act，OPPA），收集该州居民消费者数据的企业必须明确发布一份在线隐私政策并遵守此政策条款。

典型的隐私政策声明包括设置一种模板和方法让公司遵循。要明确的是，获得与加利福尼亚州居民个人信息相关的任何个体或企业都需要遵循此类政策。想想有可能包括多少公司！诚然，这项法律及其规定范围狭窄；它旨在保护加州居民。也是由于该州法律在这个问题上的全面跟踪。此外，其他州可能会采用这一立法要求，并用于制定时尚产业规则参与者必须遵守的新法律。现在加利福尼亚的法律可能会成为联邦法律。在这方面，其影响值得所有消费者考虑。

你将注意到，在这些声明中，它解释了该公司将如何处理由在线销售和实体店购买而获得的个人信息数据。销售人员通常询问客户是否愿意"注册"他们的姓名、地址、偏好、实际尺寸以及信用卡信息。通过提供了这些选择，消费者同意零售商使用该信息。该公司表示可能会使用该信息通过专门的邮件向此人推销。然而，这是值得注意的：虽然零售商声明，它不会向第三方出售或以其他方式提供其获得的消费者个人信息，但它将在该零售商拥有或控制的零售商集团内分享这些信息。例如，古驰公司目前是巴黎春天（Pinault-Printemps-Redoute）奢侈品牌集团［现在正式被称为开云集团（Kering）］的一部分。因此，在古驰上注册个人信息意味着注册多达十三个其他时尚品牌！这样的事实及其所引起的影响是没有提到的。那么，这样的做法真的有被充分地披露吗？

消费者是否能够了解关于披露其信息的"整体故事"（即使有法律来保护他们）是互联网隐私的较大问题。另一个子问题涉及消费者不得不保护自己的责任。沉浸在古驰店内购物的兴奋中，还是进行少量的异国物品的快捷网络购物，有谁停下来想过？大多数消费者的注意力集中在拎着棕色和金色的购物袋走出来或继续其他的网络购买行动。有人真的想"选择退出"吗？

政策声明告诉我们，我们应该退出，并要求古驰或任何其他合作的企业、个人停止追踪我们。但谁想要这样做？作为购物的结果，古驰将在那些不太实惠的鞋子打折时发出通知。我们与在线卖家的信用信息一起被存储起来，以便更容易重新排序。然而这种情况对于时尚产业规则参与者来说又是一个挑战：你想要让那些知道和了解品牌的付费客户就此走开？换句话说，你作为时尚产业规则参与者为谁而服务：品牌还是消费者？你是否遵守诸如加利福尼亚州这样的法律，并交给消费者来决定他们想做什么？

隐私政策及其详细声明是重要的法律要求。两者的范围波动都包括在线和实质活动，并在多渠道销售实践中变得更加完整，使消费者看起来好像他们有能力挑选和选择谁将收到他们的个人资料。然而，就如古驰的隐私政策声明指出："古驰是最终的数据控制者。"这公平吗？

消费者是否已经决定了这个问题？他们中的一些人似乎也是这样做的。例如，青少年以及那些大部分时间在网上度过的人，如果不是全部生活在网上或都没有看到任何问题，这些人当然不需要选择。这个群体重视透明度和信息共享。同样的，他们也感受到自己的控制：他们可以在脸书页面上设置高度的隐私控制，或者可以使用搜索引擎上的"不跟踪"控件，以及他们感觉舒适的其他技术。

另一方面，年长的消费者觉得自己更喜欢自愿发布个人信息。也许勉强的是，其中最吝啬的人会为了便捷在网上买东西，但只会从他们觉得自己熟悉或知道有安全网站的零售商处购买。所以存在的广大消费者和用户群体中，每个用户都具有不同程度的接受度和对技术反馈的舒适度。

目前，关于"隐私问题"可能就是这样的：消费者可以选择他们给予的信息。在某种程度上，他们也可以控制其传播。为此，古驰的声明指出，他们可能会禁用古驰的信息记录程序，以及跟踪站点移动和选择偏好的技术手段。消费者被告知他们可能会打电话访问，并将他们的名字从邮寄名单中删除。

因此，时尚产业规则参与者面临着如何向消费者呈现不同的选择，即如何使消费者变得时尚而又不被打扰。是否消费者总是必须做出决定？例如，他们可能被要求"选择加入"，也就是说，作为一种常规做法，企业将不会获得任何信息，除非消费者这么要求？现在，似乎大多数消费者和企业都不希望这种做法。然而，脸书已经启动了其"智慧"功能，允许用户选择是否将其个人数据提供给营销人员、零售商和其他人员。也就是说，消费者仍然是掌管隐私权的，因为他们能够给出关于如何以及由谁使用此信息的不完全信息和整体技术支持。关于如何做到这一点，有许多建议：

1. 通过热传感相机（Heat Cameras）跟踪客户在商店的流量。
2. 使用无线网（Wi-Fi）跟踪客户手机使用情况。
3. 使用无线电频率识别（Radio Frequency Identification）标签技术来跟踪某件商品被拿起和放回货架的频率。

如果我想利用脸书粉丝进行宣传，我可以使用我们的项目（报价、优惠券、民意调查等）来接近消费者。但在开始之前，我可以使用"智慧"功能创建一个专门针对脸书用户的年龄、教育背景、收入支配、关系状态等的心理学模型。使用"智慧"功能我可以合并消费者关系管理（Customer Relationship Management，CRM），跟踪、记录消费者和商业采购行为的软件程序，包括脸书数据，并查看过去的交易。凭借所有这些综合信息，我可以将市场个性化到特定渠道。（"获取个性化：零售商采集数据为消费者提供量身定制的经验"，棉花公司白皮书，于2012年8月2日《女装日报》中报道）。

这一段举例说明了个人信息如何被收集和定义以供使用。文章指出，这种做法是零售服装销售的未来。同样，文章阐述了本章中探讨的另一个方面，如下所示：

零售商在个性化方面必须走一条路线，以免侵犯购物者的隐私。这可以通过购物者自己主动接近零售商来解决，而不是其他方式。个性化应基于购物者与网站的互动，以及零售商的脸书、推特和其他社交网站。

你同意吗？如果你是品牌管理者，你如何让消费者做出这些选择？还是根本不会呢？

时尚的未来

也许本章标题让你停顿了一下？当然，你和许多人也许会认为，时尚会继续下去！与制造和销售时尚产品、配件有关的行业已经存在了几个世纪。为什么时尚不再是强大的商业、经济和社会力量呢？

问题是时尚将如何保持在这些领域的存在。随着人口的日益增多随之带来了令人难以置信的需求，所以这种担忧变得特别激烈。比起以前，越来越多的人穿着没有任何象征性的服装，这种趋势可能会停止。此外，越来越明显的是，为了时尚需要支付昂贵的环保价格。在满足人口增长带来的时尚物品需求的推动下，自然资源，如空气和水等，正在以惊人的速度被消耗着。有时这种消耗是需要负责任的，就像企业使用"净化"的做法将其恢复到可用条件时一样。然而，其他人则继续剥夺自然资源，污染环境以至于到达危险的不安全级别。随着时间的推移，这种做法使地球变得更糟，无法自己补充调节。

鉴于这些挑战，为了参与时尚你可能需要知道什么？一方面，术语"可持续性"是什么意思？虽然使用的语言有所不同，但通常引用的定义就是联合国提到的关于可持续性（Sustainability）和可持续发展的定义，即："满足目前需要，而不危及子孙后代满足自身需要的发展"。从本质上讲，这意味着目前"不要伤害"，以便后代能够以同样的方式继续发挥作用。

这个概念的定义帮助如何进行拓展以便提供进一步的指导？有关时尚的可持续发展已经涉及另外两个概念。第一个可以从上面的例子推断出来：保护我们生活的自然环境，以免其受到时尚产品生产所引起的危险和有害行为。另一个概念是引发时尚行业规则的公平性！正如你们发现的那样，这包括保护工人安全，更广泛地说是承认人权。这两个概念有助于目前对可持续性的理解，并深入了解时尚如何真实存在，并将继续成为后代的力量。

塑胶制品的回收符号

准备做好可持续性工作

讨论可持续性时需要知道哪些专业术语？其中最常用的是"碳足迹（Carbon Footprint）"，通常用于参考实践或行为的影响。例如，由于远距离的运输，在一个国家制造并运往他地的产品往往被认为会留下大量的碳足迹。制造产品所需的生产工艺会将包括二氧化碳在内的气体排放到空气中。加上运输这些产品所需的船舶和卡车的排放量，意味着一些时尚产品，如跑鞋（通常在中国和印度制造，然后运送到其他地方）会导致大量的气体排放或"碳足迹"。

时尚产品的生产过程本质上是浪费的。由裁剪造成的许多面料剩料常常被丢失或丢弃。零浪费（Zero Waste）的想法意味着要反思快速生产，例如消除面料毛边以及修剪边缘。然后时尚设计将成为一种有机的过程，以寻找方法进行立裁并巧妙地将材料切成服装。

时尚及其可持续性

据环保署介绍，"美国人每年平均将54磅的衣服和鞋子扔进垃圾桶，这样增加了900万吨可穿用物品被运送到废物流中，在过去的8年中增加了27％。"同时，"复古"服饰的本质就是重新使用其他人废弃的服装，是一个受欢迎的趋势，特别是在21世纪的一代消费者中。

使用和再利用——这两种做法都会引发可持续发展的整体问题。当谈到时尚时，我们是否太快地消费过多，然后又迅速地将我们以前购买的产品扔进垃圾箱里呢？这可以继续吗？从店面的货架挑选新的产品，将同样的衣服简单地定期清理，这个过程似乎没有尽头。

时尚历史学家和人类学家们指出，在过去的时候服装被穿了又穿，而且衣服上任何可用的部件都被整个或部分地再次使用，直到只剩下碎布。最终，这些废料被出售给收集废品的人，他们将纺织品转售给造纸厂。衣服的预期寿命要长得多。想想你已经捐赠的、给朋友，或者是多年来扔掉的许多衣服，问题出现了：为什么？

也许工业化是其中的原因之一。到目前为止，你和无数其他消费者已经可以使用大量的时尚产品。浏览任何网站、去任何商店，以及出售的商品数量是显而易见的。因此，消费者现在有了令人难以置信的选择和可获得的质量。此外，竞争给这些商品带来了越来越低的价格。

这种廉价又高质量商品的可用性有另一个影响。一路上，消费者忘记了如何利用缝制、修补和替换流程，直到服装成为其他有用的东西。值得注意的是，这种节俭并不受社会阶层的限制。在20世纪初期，伊迪丝·沃顿（Edith Wharton）描述了她的一个女主角的许多悲哀，因为一个喜欢的礼服不可用，返回巴黎的沃斯堡进行翻新，从而提倡建议在未来大量穿戴。预期的保护加上学习的技能和灵感的创造力，如果不是值得注意的珍贵财产的话，整个家庭在好几个世纪期间都保持着合理的穿着。

为什么像他们这样的欲望和技能看上去似乎已经消失了？

时尚经营已经成功地实现了这些目标。那就对了。本文中所涉及的主题在本章中是有争议的！这意味着什么：如今消费者可用的时

回收服装在提高行业的可持续发展中是重要的

尚选择是令人震惊的，因为多年来时尚产业规则参与者可以有效地操纵所提供的产品、销售方式、销售地点、价格要求以及劝消费者购买的促销手段。时尚消费者是否应该是时尚保守者，商品推销规划已经大大减少了类似的问题，这是为什么呢？

像Zara、H＆M和老海军（Old Navy）等商店，每个季度，实际上每个星期都有全新系列的牛仔裤、T恤衫、连帽衫，以及能穿着的所有服装。从这些更新的选择中，消费者可以简单地抛弃不喜欢的物品，而不用费心去修补孔洞或清洁污渍，更不用说用旧衣服来制作新衣服。曾经这样的行为经常由很伟大的祖母进行，如通过样板制作服装，将长辈的夹克和裤子进行剪裁，以适应年轻的家庭成员，或用服装废料来缝制被子，这样的行为被归入到玛莎·斯图尔特（Martha Stewart-tutored）周末，一个有趣的手工项目。借用国内的女主人的语句："那是件好事吗？"

好的、坏的、不确定？与本章讨论的每个问题一样，这没有明确的答案。当然，当涉及时尚时，保守文化已经被消费者（某些人反对用完丢弃）信赖系统彻底代替，这种情况是否真的好是值得关心的问题？假设数以百万计的消费者，只拥有他们自己的和目前家庭的服装，都停止购买新时尚产品。此外，这些男女拿起针线，重新开始制作服装。为了真实反映沃顿商学院的例子，如果突然之间，社交名流让奥斯卡·卡尔或任何其他设计师，为歌剧开幕、交响乐团午宴、所有大型表演、那些代价很大的特殊场合，只是重新装饰修改长袍和西装，这样的行为是否是更好的。假设成千上万的妈妈告诉他们的孩子，他们不需要最新的运动鞋和新的鞋带会让他们看起来更好。成千上万个工作岗位将会消失。销售收入和税收将丧失数百万美元。商业取决于消费。

缝制和修补产品是提高可持续发展的另一种方式

用可持续发展来对待时尚"进程"

本文以"传统"的方式探索时尚。你可能已经从其他来源和参考资料知晓影响和推动时尚的力量。此外，还了解了时尚的基本元素和这些产品的供应商。你研究了时尚生产流程和商品的批发零售销售方式。运用时尚行业的基本方法和规则，考虑如何加入可持续发展的概念？

时尚元素及可持续发展性

有一天你喝的水瓶也能成为牛仔裤的一部分！在 2011 年哥伦比亚推出的生态牛仔布是由塑料制成的线做成的。据报道，与旧牛仔裤相似，质地柔软。生产的面料采用 32% 回收的聚酯（PET）瓶制成。将瓶子压碎后，将其纺成线。同棉花一起编织，与用棉纤维制作的牛仔布相比，成品生产成本高出约 10%。这只是回收应用在时尚的一个例子，否则这些物品不会被重新使用，更糟糕的是仍然在垃圾填埋场。

生产环保牛仔布的部分原料来自塑料

生态牛仔并不是本文中提及的唯一产品。天丝（Tencel），通用术语是莱赛尔纤维（Lyocell），由木浆制成。在 20 世纪 90 年代初期，这种纺织产品由溶解在溶剂（本身循环）中的木屑，再通过喷丝头挤出并产生纤维。然后染色，确定特性和其他特征。将得到的纤维与其他物质如棉花混合，编织成织物。同生态牛仔一样，它也比传统的棉纺织品生产成本高。这两种都是用回收材料制造，同时本身也可回收利用。

纺织品需要水，用于制造、染色、生产以及清洁。这些过程使用多少水和水的质量是值得关注的。李维·施特劳斯（Levi Strauss）公司进行了一项研究，发现用于生产其著名的 501 型牛仔裤的水量远远少于在随后的时间中洗涤所用的水量。该公司发起了一个新的"地球护理"标签，提示使用者不要经常洗牛仔裤。

除了水之外，时尚还涉及空气影响。服装生产和运输会影响到空气质量。服装一开始只是位于某个国家的棉纤维生产地，然后被运送到其他国家进行处理并加工成衣服。然后，它们运向世界各地的零售商，这过程影响了空气和水资源。离家越近意味着更清洁的空气。尽管纺织品和服装的生产在国内变少，在一些国家甚至更少，但空气质量保护还是很难。

巴塔哥尼亚运动服（Patagonia Sportswear）是可持续发展的大型领导者之一。作为建立品牌的一部分，该公司已经启动了一个服装回收计划，在近二十年的时间里收集了 1300 磅的服装。虽然他们回收的物品运输了很长距离，但据可靠消息，这个过程实际上节省了能源和减少了有害物质的排放。

维持可持续发展

本章介绍了与时尚相关的可持续发展概念的基本问题。考虑到这一部分，你可能会想了解一个"真正的"时尚公司，一个旨在促进和推进可持续发展，并能落实到每个时装季节生产新产品的时尚公司。朱莉·贝（Julie Bee's），由朱莉·布朗（Julie Brown）在佐治亚州亚特兰大成立并经营。2013年7月15日《女装日报》介绍了她和她的团队如何努力使她们的业务可持续发展，如她们制造的时髦的鞋子。同时她也提到她们采取的具体步骤，以及接下来可能面临的问题。

什么可能迫使时尚企业家开创业务，并设立促进可持续发展的明确目标？缺少可用的、可接受的选择！朱莉·布朗说：

我找不到真正吸引我的东西，我不知道自己在做什么，但是我对"可持续发展"和目前正在发生的很有兴趣。

但是，你认为如何用可持续发展的概念来设计制造季节性商品？当引入这种概念时，产品会做出怎样的变化？文章再次指出：

为了减少因鞋子生产造成的环境影响，轻便舞鞋（Pumps）、平底鞋（Flats）和凉鞋（Sandals）使用植物鞣皮革、100%有机面料和棉布。该系列还采用了二手、可回收和破碎的面料和皮革。所有这些商品都是在洛杉矶周边的两个工厂生产的，该团队可以亲自监督生产，避免还需要海外运送物资和产品。

从中可以看出，该品牌不仅涉及可持续发展，而且紧密关注生产，可以更好地确保产品质量和高品质的生产环境。

那么这里描述的可持续性元素实际上来自哪里？该文章包括朱莉·贝团队的工作描述，正如其创始人所说：

我们寻找二手和可回收的，以及超量生产和剩余的物品，并将它们纳入我们的设计。我们从不同的地方找到它们。团队会寻找能适合多尺寸的原料。它们遍布全国。我们发现有些东西在亚特兰大，有的在加州或纽约。你会在有趣的地方发现它们，但永远不知道它们什么时候出现。

您认为朱莉·贝（Julie Bee）品牌的公司可能面临什么其他问题，以及可能会寻求哪些长期举措？概括一下，关于这个不可思议的公司及其所有者讲述了以下内容：

寻找合适的皮革是我们最大的挑战之一。那里有很多，但是很多都不是环保的。但是，我知道有很多人在做和我们一样的事情。我感到兴奋的事情之一是制定我们的可持续发展指南，并在接下来的几个月中提供给普通消费者。我们将看看供应商如何处理皮革，以及他们在哪里找到这些皮革，包括如何寻找替代能源及处理水。

可持续发展是否能成为你的兴趣？也许当你考虑到新的职业道路（你可能对这个领域有积极的影响），它可能会变得更加有吸引力。

本章小结 Summery

　　谁不想成为当前时尚潮流的一部分？不仅是服装和配饰，时尚已经意味着经验、即将发生的事情和待分享的信息。社会媒体和其他形式的技术带来了许多新的参与时尚的途径。通过这些成为消费者和顾问都是可能的。然而，这些技术形式也会呈现出真正的隐私问题。那些时尚媒体时代的人会以自己的个人信息为代价。是自愿放弃，还是从"个人搜索和购买细节"等数据中被挖掘，消费者被要求向许多看不见的未知人士提供高度具体、高度个人化的信息。目前，消费者似乎对这是否可取的意见有不同的看法。虽然

一些消费者对当代时尚的现实感到满意，但其他消费者却并非如此。本章已经定义了这些问题，并建议未来时尚产业规则参与者可以尝试解决这些问题。时尚是关于消费和资源的使用。本章提出挑衅性的问题，即时尚是否应该或是以何种程度鼓励这种消费做法，以及产业规则参与者可以采取什么措施来改善消费带来的影响。随着这么多新兴消费市场的不断扩大，可持续性问题的实际回答似乎比以往任何时候都更加重要。

问题回顾：你发现了什么？ Questions

1. 对本节中提到的以及你所认为的隐私问题进行定义。你发现这两者之间的区别了吗？如何区分？
2. 重新寻找消费者故意和无意间透露私人信息的一些方式。
3. 什么是数据挖掘？如何影响消费者隐私？
4. 选择退出意味着什么？当消费者选择了此行为，意味着什么？
5. 时尚行业如何鼓励消费者放弃透露他们的隐私并且尝试保护？

6. 定义时尚未来道路的可持续发展并描述其重要性。
7. 本章中提到的一些可持续性策略是什么？益处和影响是什么？
8. 一些与消费和可持续性发展有关的人力成本是什么？这些是如何平衡潜在需求来保护资源的呢？
9. 时尚企业目前尝试提出可持续性发展的方式有哪些？
10. 为什么消费者应该为可持续性发展烦恼？该对那些没有察觉到此问题的人说些什么？

专业术语 Terms

确保你知道本章中的以下术语，并可以举例说明

隐私（Privacy）

无线电频率识别（Radio Frequency Identification）
消费者关系管理（Customer Relationship Management）
热相机（Heat Cameras）
数据挖掘（Data Mining）
零浪费（Zero Waste）

《加利福尼亚在线隐私保护法案》（California Online Privacy Protection Act（OPPA）of 2003）
缓存（Cookies）
搜索引擎（Search Engines）
可持续性发展（Sustainability）
无线网（Wi-Fi）

市场日模拟项目工作表

开始市场日媒体活动

项目目标	在第7章，你（或你的团队）策划了媒体活动。在市场日前开始一些会议。你将如何用你的汇报吸引访问者
第一步	决定为了开展媒体活动需要做什么。你开始发布推文了吗？打开一个简单的脸书网页？张贴海报？这就是你需要花时间做的事情
第二步	在会议结束，描述你已经做的事情，并记录媒体链接或收集图片，即任何资料可以让我们更好地了解你和你的汇报

时尚媒体时代的隐私（可选项目）

确定隐私多么重要或不重要

项目重点	由于社交媒体的出现，时尚对每个人来说都变得越来越吸引。现在，经验和产品一样重要。但是价格呢？在本项目中你将访谈不同年龄段的一些人来找出隐私的重要性。你将用你的发现起草一份简短的记录
第一步	确定至少十位不同年龄段对以下时尚产品感兴趣的个人

姓名	年龄	姓名	年龄
姓名	年龄	姓名	年龄
姓名	年龄	姓名	年龄
姓名	年龄	姓名	年龄
姓名	年龄	姓名	年龄

第二步　群体访谈来确定他们认为隐私在时尚媒体时代的影响

1. 你如何使用技术？你使用互联网吗？拥有手机？在手机上使用应用吗？
2. 你多久使用这些？为什么使用？
3. 在通过这些分享个人或隐私信息的程序时你感到安全吗？
4. 你认为企业有没有充分地告知你，他们用技术如何使用你的信息以及保护这些信息？
5. 你如何保护自己的隐私？你认为任何个人是否都能真正地保护自己？

第三步　写下你的发现。将时尚产业规则作为指导。例如，通过聆听和吸收你所发现的信息，时尚公司如何成为大品牌？这样他们如何做到合法、合理和有利可图

行动中的时尚产业

没有什么是静止的。

时尚产业正在前进，使这个在不断寻求时尚的世界拥有更多的时尚产品。你也在前进，通过学习，转移到更有意义的职业生涯。你们和时尚如何联合起来？首先，本部分内容让你可以事先了解到时尚产业规则参与者在海外品牌和业务行为方面面临的一些问题。具体来说，时尚产业四个规则的应用为他们如何做提出了些建议。然后，这部分内容让你用自己的个人努力在时尚产业中找到一个位置。在国际、个人和联合体方面，本部分内容保持了时尚产业的持续运动。继续前进！

第10章：国际时尚产业规则

时尚从未如此国际化。

出于对地方和文化的尊重，商品如何进入国外市场？时尚产业规则参与者如何了解商品策略对于远方消费者是否"正确"？推销失策可能是不可避免的。然而，大多数失策情况可通过了解更多不同群体及其信仰来预防。国际消费者可能会像那些西方国家的消费者一样对流行潮流和品牌知名度比较敏感。然而，为了达到这些目的，需要将商品和推销的重点放在消费者的需求和理解上。国际贸易受到一套复杂的法律和条规的约束。避免法律上的失误是对国际贸易监管环境的了解。本章将向你介绍国际消费者的文化、贸易和法律相关问题。

第11章：你准备好参与时尚产业规则了吗？

你的职业兴趣是什么？

在时尚产业中寻找你的位置意味着首先确定在时尚、零售、商品销售或任何相关行业的职位。本章建立在本文第1章的基础上，也对时尚产业规则的范例有了更好地理解。你已经看到这些在行动中的参与者，并了解他们的业务。本章将详细解释，并介绍导致他们成为时尚产业规则参与者的教育和经验。本章也为你进军第一次职业生涯准备好了非常实用的方式。

第12章：开展你的第一次时尚产业行动

你作为一名时尚产业规则参与者，第一次行动是什么？

在你对想要去的地方有了想法之后，你需要什么样的实用工具来帮助你？本章让你为成功竞争做好准备，包括时尚行业的简历、求职信以及重要面试！这为你未来成为时尚产业规则参与者拉开了序幕，为你成为时尚产业规则参与者提供了想要进军的场所。

在最后一章之后，你将对如何将自身投入到前进中的时尚职业行动中有了更好的想法！

第四部分

国际时尚产业规则

前言

时尚的世界就是全世界！本文主要从美国的视角来探讨时尚和时尚零售业。此外，它还包括起源和发生在西欧国家如法国和意大利的活动。然而，为了提供一个更具包容性的观点，本章将讨论时尚为什么以及如何在世界各地"旅行"。

由于消费者对品牌和产品的兴趣和需求，时尚取决于全世界活动的文化条件和经济趋势。时尚产业规则参与者运用熟悉的规则，以满足目前不同的需求和问题。国际时尚的认可取决于那些了解不同社会以及如何使消费者感兴趣甚至受到激励的专业人士。

本章内容

- 定义了国际上出现的问题，如不同的消费者偏好和由此产生的趋势。
- 描述了涉及国际时尚扩张的基本文化和经济问题。
- 将时尚产业规则以先进的方式应用于解决由不同的消费文化和企业运行模式引起的问题。
- 确定了时尚专业人士目前感兴趣的几个国家，并描述了影响其扩张的问题。

第10章

置身于国际时尚产业规则中

你可能不仅置身于时尚工作中，而且置身于国际范围内。这是可能发生的！也许你将在采购部门工作，而你的原材料供应商和生产者遍布在世界各地。也许你将被聘为一个在世界各地销售产品的时尚品牌的客户主管。作为一个顶尖的零售店销售人员，你将开发全球的客户通过你的专业知识，你关于他们及他们生活方式的知识。企业家开展时尚事业，如零售商店，特别是那些有互联网存在的企业，也可以期待国际界的关注。这些只是时尚和零售的专业人士，但他们不仅仅局限于世界的一个或甚至几个地区，而是与很多地方都有联系的一些游戏方式。

这个世界性的范围不是一个新的趋势。时尚的"护照"一直是、并仍然是世界各地消费者对于穿着、拥有和体验独特事物的渴望。因此对时尚的欣赏日渐增长。例如，过去几个世纪以来，从中国进口的丝绸被欧洲人视为极为珍贵的东西，只用来制造特殊的服装。19世纪的美国家庭裁缝热切地寻求来自法国的色彩丰富的、细致的效果图，这样他们也能穿着时髦，就如同巴黎人一样。在无数其他时代，按照许多以前的方式，时尚是由消费者的利益引领越过边界。今天，时尚继续向着消费者寻求的新市场前进。这个过程，时尚产业的运动比以往任何时候带来的职业机会都更多。通过一个例子就很容易看出。

谁没有至少一双跑鞋？想想许多负责这个类型的专业人士，以及你或任何一个人，可能在任何商场、任何商店进行的国际购买行为。在你穿上它们跑向赛道或教室之前，这些鞋子已经走过了许多路程。由于许多暗藏的时尚产业规则参与者的努力，跑鞋中形形色色的组件来自许多不同地方：上方的织物网格部分可能来自中国工厂，泡沫鞋底可能是在印度制造，而整个鞋在墨西哥组装。在那些区域的有些人，也许是整个团队，负责指定、订购和购买每个组件，以及协调每个生产步骤的完成。不仅如此，这个鞋子的品牌可能由意大利的时装集团拥有和控制，在那里拥有着设计师和其他员工，其中一些将负责组织全球产品的分销和零售。你购买鞋子的商场运营商和零售商可能位于美国，如纽约市。他们在那里和在你购买鞋子的位置都会设有专业人士。

照这样数，（至少）五个国家涉及其中，更不用说众多专业人士的努力，只是为一个人提供一双一种风格的一个品牌的鞋子：你。无论是通过社交媒体与遥远的朋友沟通或仅仅在你的事业范围内，世界将是你的世界。鉴于这种现象，你怎么能踏上永远的时尚产业，找到你的职业生涯？获得对国际消费趋势的基本见解以及承认诸如文化差异等问题是重要

附：
包容和合作关系可以为时尚在世界各地的蔓延提供桥梁。同时，本章的信息将帮助你开始了解如何参与到国际时尚界和时尚零售企业中。

时尚的传播取决于文化背景和经济趋势

网络购物已经使世界各地的时尚被每个人所理解

的初始步骤。考虑到洞察力，你将更好地理解如何解释你熟悉的时尚产业规则，并在全球范围内应用它们。

回顾：国际消费者趋势

你对本文中提出的时尚产业规则已经比较了解。现在退一步想想它们来自哪里。有些国家，如美国，有利于时尚的发展，但也离不开西欧国家的贡献。其他高度工业化的地方，如日本也很有帮助。历史上，这些都位于世界时尚和零售发展的领先地位。时尚产业规则产生于在这些高度商业化，以消费者和品牌为导向，法律上、伦理上和经济上都相对复杂的地方。

除了这些之外，世界上还有许多国家在时尚界开始变得或已经变得成熟。然而，他们中的个别可能没有时尚的经验，或者他们的消费行为受到管制。例如，在像中国这样的地方，直到目前为止，消费者能获得的时尚相关产品和对西方品牌的选择很少。以前，他们可能会看到许多穿着外国时尚风格和品牌产品的远方人们的图片。但是出于政治和经济原因，这些东西不能供他们选择购买。然而，根据2013年的调查，时尚品牌如路易威登、香奈儿、雅诗兰黛和李维斯现在在中国是最受关注和追捧的。

在其他国家，如沙特阿拉伯，消费者对于获得时尚产品一直非常感兴趣且拥有一定的财政手段。然而，如今宗教和相应的社会规范依然对着装有所限制，而且已经持续了几个世纪。这两个例子只强调了一些影响当今世界时尚产业运动的消费者和文化相关的问题。

在中国销售的都是类似这样的西式衬衫

　　一方面，有些地方如中国，消费者（虽然在富裕和购买能力方面有所增长）长期以来一直无法满足对时尚产品的渴望。他们现在急于这样做，并表现出强烈的需求。另一方面，长期富有的、时尚感知度高的沙特阿拉伯，时尚消费却被高度控制。同样，这些地方对时尚产品的需求也很大，但是这些需求必须以文化敏感的方式呈现。例如，端庄风格服装标准将限制女性如何在公共场合出现和出现的次数。

　　你认为这些不同种类的消费者（在俄罗斯、印度和巴西等世界其他地方发现的）对时尚和时尚零售专业人士意味着什么？除了消费者的需求之外，还有哪些其他的考虑可能也会让时尚产业规则参与者关心呢？

影响国际时尚产业规则的问题和行为

　　时尚产业规则参与者需要了解非西方消费者，以满足他们的需求和渴望。认识到各种经济和政治问题，还需要考虑到这些影响是否存在和如何融入市场的购物者和购买者中。根据这些想法，他们和你可以修改时尚行业的规则，以更好地适用于世界其他地区和位于其中的消费者。

　　美国、大部分欧洲国家和日本的日用品，包括时尚用品，被认为已经拥有高度饱和的市场。在这些地方，消费者需求和渴望不可能不被满足：可以购买许多不同价格和质量等级的产品。而且许多此类产品是进口产品（Import），即最终销售地之外的世界上其他地方生产的产品。通常，它们来自于可以尽可能廉价制造的地方。以前的章节详细介绍了此类时尚产品，并指出，美国是继西欧之后最大的时尚和时尚相关产品进口国。因为在美国及其外部，与其他国家的各种贸易对国家的经济非常重要，所以有两个联邦机构监督，包括美国商务部和美国联邦贸易委员会。

由于低价进口的时尚物品有着令人难以置信的实用性，所以上述国家的时尚产业专业人士难以扩大已经取得的市场。竞争对手是永远存在的，以填补可察觉的空缺。为了保持盈利，各种各样的时尚专业人士，从原材料供应商到时尚产品促销商，转向那些有机会增长的世界上其他地方的消费市场。他们尝试通过出口（Exports）将货物送到他国出售。以美元表示的进口与出口数量差值被称为"贸易差额（Balance of Trade）"。目前，在美国，贸易差额被视为"赤字水平（At Deficit Levels）"，意味着国家进口的物品多于出口。据政府统计，美国进口货物超过四十三亿美元，超过出口，这被表示为"负贸易差额（Negative Trade Balance）"。

这被认为会产生螺旋状的现象，进一步增加了美国对国外货物的依赖，同时牺牲了自己的生产。这导致其越来越多地依赖进口，也越来越多地向其他国家传递货物。此外，由于那些国家雇用更多的工人来满足生产新产品的需求，工作就被带入到那些国家。这些被认为来自贸易赤字的基本消费市场和经济状况，特别是失去的销售收入和国内工作岗位，是目前影响消费者和全球时尚产业运营的广泛问题。

其中就会涉及货币及其波动。具体来说，一个国家的货币与其他的货币之间价值的差异是一个问题。货币价值（Currency Values）每天更改，即使很小的波动，一个国家"货币价值"的消费能力也会与另一个产生很大不同。一个国家货币的"实力"是衡量其被兑换成另一个国家货币之后的购买力强弱程度。当兑换为其他货币时，"强"货币具有更大的消费能力。目前，英镑被认为比美元相对更强。英国的消费者兑换英镑可以得到更多的美元。这种情况意味着美国制造的商品更便宜，也许对于英镑持有人来说是廉价品。相比之下，美元对于英国制造的物品是"弱的"，因为在英镑兑现的地区，它的购买能力有限。1999年，欧洲联盟机构成员（位于整个欧洲大陆的国家联合体）采用"欧元"作为目前十七个"欧元区"国家和五个其他国家承认的共同货币。像英镑一样，它与美元相比，消费能力更强。来自法国和意大利等欧洲国家的时尚物品对美元持有人来说是昂贵的。这是时尚产业规则参与者在非欧洲国家（如孟加拉国）寻找其产品材料和生产商的一个原因。如果消费者感到他们买不起，那么花费在时尚商品和目标市场企划的成本，以及制定的有利可图的零售价格都纯属浪费。

与贸易和法律约束相关的协议是时尚产业规则参与者在考虑国际运营时必须注意的另外两个问题。世界贸易组织（WTO）在涉及一个国家到另一个国家之间的贸易（Trade）或物质交换方面，都有很大的权力。该组织于1995年设在瑞士日内瓦，寻求"提供一个平台，以便就减少国际贸易的障碍和确保所有人的公平竞争环境达成协议，从而促进所有人的成长。世界贸易组织还为执行和监督这些协议以及解决其中引起的争端提供了一个法律和体制体系。"目前，世界贸易组织协定只适用于成员国。尽管如此，成员国要求的服从问题仍然存在。例如有些国家不愿遵守

附：

这个趋势是否是令人满意的或超过预期的，这是有争论的。消费者面临管理个人预算问题，希望以低价格买东西，他们也可以选择国外商品，但是政策制定者会怀疑这种情况在美国是否经济可行。他们认为国家在购买进口商品方面越来越独立，当越来越多的消费者去国外购买产品来避免贸易赤字，国内的产品就得更无价值。

组织协定对其贸易行为进行国外监督的规定，这依然是一个问题。与时尚相关的利益是世贸组织有关纺织品和服装的协定。2004年，多种纤维协议（Multi-Fibre Agreement）到期。自20世纪70年代以来，该协定的一部分包括纺织品和服装的协议（Agreement on Textiles and Clothing）。这样做是为了消除这些产品的配额控制（Quotas）或政府强制的进口限制。但是，配额控制依然存在。根据美国配额计划，存在两种配额控制：绝对配额和关税配额。在这种方法中，绝对配额指可以按照先到先得的原则进入该国的产品的"总"数量。一旦这些物品的分配数量达到限制，就不会进入更多的物品。在基于关税的配额计划下，指定数量的货物可能以比通常情况更低的关税率进入，但只能在特定时间进入。之后，会征收更高的税率或税收（Rates or Duties）。

关税（Tariffs）是一个国家对从其他国家进口的物品或产品征收的费用。它们是进入该国家的产品税。有些国家，如美国，根据计划表征收关税。目前，国际贸易使用协调关税表（Harmonized Tariff Schedule，HTS）。由位于比利时布鲁塞尔的世界海关组织（WCO）制定和监督，协调关税表被约170个成员国使用。他们制定自己的税率表，即他们将对进口产品征收多少税。然而，这种征税指南必须使用协调关税表（HTS）规定的六位数编码系统以特定的统一方式组织。这种方法以一致透明的方式对原材料和成品进行分类。在协调关税表条款中，每个"缔约方（Contracting Party）"都知道所发送的出口货物和接收到的进口货物的确切性质。然后，他们可以相应地确定其关税金额，并收集与其他国家的贸易行为信息。

关税本质上是基于保护主义的，这意味着它们被用于保护接受国的原材料提供者（如棉纤维纺织品）、品牌持有者和时尚产品生产者。通常，进口可能比国内来源的产品便宜得多，从而在市场上获得竞争优势。也就是说可能有相同数量的进口原材料和货物有意地将价格降低到无利可图的水平。保护主义（Protectionism）与自由贸易政策（Free-trade Policies）相反。后者试图消除或大大减少贸易壁垒。此外，它们还旨在进一步使个别国家努力提供或生产他们技术上最熟练的原材料或货物。

越来越多的消费品，包括时尚品，被认证为"公平贸易（Fair Trade）"。不同的组织已经制定了标准，企业必须遵循这些标准并以这种方式标记和销售产品。国际公平贸易标签组织（FLO），世界公平贸易组织，欧洲世界商店连线和欧洲公平交易协会体系，集体加入并被称为FINE的非正式连线团体，这只是许多团体中的一部分。虽然"自由贸易"的各种定义源自这种情况，但是这种认证的存在通常意味着企业生产或制造物品遵循一定的指导方针。这些规则包括原材料的成本和支付足以支持工人生计工资的市场价格（即不是不合理的低价）。同样，儿童或其他受剥削种类的劳动力不能用于获取原材料和生产物品。公平贸易产品中的消费者利益在美国正在增长，其趋势在其他国家如英国也是相当强劲。目前，诸如梅西百货等百货公司在向美国消费者提供非洲制造的自由贸易产品，通常是装饰用纺织品、珠宝和篮子。与贸易有关的理论及其在实践中的实施方式在细节上是复杂的，其本质上通常是政治性的。认识到他们的存在，理解他们的意图，并承认他们的影响是保持时尚游戏在国际上运行的必要步骤。

时尚产业规则详解

随着国际消费者的普遍意识和对全球贸易问题、行为的基本了解，你已经做好了更好的准备以了解所熟悉的时尚产业。换句话说，你已经准备好了，为了更进一步地理解和运用！以下是国际时尚产业规则参与者在实施其战略规则时所面临问题的概述。

成为大品牌！公平

"大"品牌，甚至是即将到来的品牌，都是建立在一些元素之上的。这些不仅包括符号和颜色之类的有形元素，还包括通过图像、文字和短语唤起的感觉、情绪等无形元素。消费者对品牌及其定义的元素进行感知，并表达对品牌不同的情感。当品牌进入国际市场时，尤其是那些远离其原产国的国家，这是尤其确切的元素。例如，在欧洲国家和美国，许多时尚品牌投放的广告都具有公开的风格模型。在这些国家的印刷广告也都"按原样"出版。只有最具挑衅或令人不安的广告才会引起实质性的抗议。

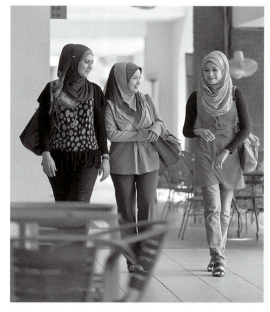

其他国家的人们通过杂志广告受"西方"时尚的影响。即使如此，一些本地服装习惯仍然适用。

例如，在许多中东国家，被称为宗教警察的伊斯兰教士警察有权查抄印刷媒体，关闭任何形式的信息入口，例如互联网，以及关闭使用了被宗教标准视为冒犯的广告的零售商店。

在国际扩张期间，这些公司面临着其他问题。举例来说，时尚品牌可能很慢实现他们品牌名字的力量，错过开发适合新市场口味产品的机会，如开发具有品牌识别度且合适元素的毛织物（长，黑色，长度及地的围巾）。其他人则指出，宗教和文化标准会影响采购决策，而商品应该相应地改变计划，如不为男人准备华丽的金黄色物品。

从这段分析来看，品牌建设应加入另一个时尚产业规则：公平。在这个意义上，"公平"是指保持对文化和宗教标准的敏感性。例如，来自中东的这些时尚强调了这一点。当然，还有来自世界其他地方的例子。对国家及其人民、地方信仰、习惯和惯例进行调查是制定"公平"市场计划的一部分。此外，关于语言使用的输入也是时尚品牌进一步有效扩展的方式。

实用性建议包括将广告和印刷内容在符合特定文化要求和公开发布之前，要先经过政府当局的审查。例如，在许多伊斯兰国家的祷告时期，商店需要关闭灯光或使用昏暗的灯光。性别角色及其表现在世界各地也有所不同。目前，描绘女人自己驾驶汽车在很多国家是常见的，如美国。而在沙特阿拉伯，这种行为对于女性是禁止的，

附：

许多西方时尚品牌，例如杜嘉班纳，以修身型礼服而著名，在某些国家的广告中不得不利用图像处理（Photoshop）技术在服装上添加袖子。此外，这些新型广告图片必须通过政府部门的授权才能展出。

例如香奈儿和杜嘉班纳之类的公司对于在一些需要呈现更为保守的服装的国家是非常警觉的，以此来符合严格的社会规范

在沙特阿拉伯，女性不允许在公共场合穿着时髦。这些布覆盖住了所有皮肤，这是沙特阿拉伯认可的道德规范

并禁止别人展示甚至建议。这个例子强调了在一些文化中被认为是常见的行为在其他文化中可能是不合适的。

正确使用语言、文字、术语和短语以及声音可以带来不同的含义。在一种语言中被认为是幽默的词语被翻译成另一种语言后可能不是本意，或者被认为是粗俗的。语言或图片在公开使用之前，应该让当地人甚至语言学家检查以防止不合时宜。在国际时尚产业中推进品牌发展会面临挑战。对这些规则进行创新性的混合和科学合理的利用是实现目标的方法。

合法化

时尚产业规则参与者需要面临国际企业如何组织及运营的相关法律问题。在许多国家向地方当局支付金钱是很普遍的。对于美国公司，这些运作在美国法律之下合法吗？问题是这种付款是非法贿赂还是便利地方当局迅速采取行动。如果发现是后者（而不是在所在国家被禁止的），那在美国法律内是允许的。贿赂、回扣（隐秘退款）、伪造交易及法律文件，以及装运或接收虚假不存在的货物等几个国际贸易行为是专业人员应该防范的。例如在1977年，沃尔玛被发现在墨西哥贿赂建筑部门官员以获得建筑许可证的行为违反了美国《反海外贿赂法》（U. S. Foreign Corrupt Practices Act of 1977）的规定。联邦政府的法规条款规定了由这些事实引起的允许或禁止的付款行为。法律还规定了在发现违反其规定的情况下的制裁方法，通常是罚款。

试想一下：作为一个时尚或零售专业人士，你的公司可能会要求你探索何种业务去推广到国际市场。你可能会作为领导或团队成员被派遣到哪些国家。

你和你的团队在另一个国家，带着导游和翻译人员，来寻找做生意的机会。当你第一次来，第一次对那里的人和环境做评估时，发现了和预先的计划大不一样。你怎么做？

当面对这种情况时，许多时尚公司和时尚零售公司会与当地企业或企业家建立业务关系来开展业务。他们没有其他选择。根据当地法律，外国企业被禁止在本国经营或拥有财产。为了开展国外工作，外国企业可以联合当地企业。这些合同通常涉及当地商业或企业家购买使用诸如 H & M（Hennes & Mauritz），克莱尔斯（Claire's），美体小铺（The Body Shop），马克·雅可布（Marc Jacobs），拉夫·劳伦（Ralph Lauren）等许多中层品牌和奢侈品牌的名称。然后这些本地时尚产业规则参与者在本国经营业务，返回一定比例利润（通常50%）给母公司，即"大品牌"公司。这种特许经营（Franchises）在中东、墨西哥和南美洲很常见。

盈利

盈利能力对任何企业能否成功至关重要。在进入国际市场时，时装和零售公司面临着尤其大的盈利压力，如征收增值税（VAT）。这种税收制度遍及欧盟国家，如法国和意大利，以及加拿大和英国。其他增值税国家包括印度、中国、墨西哥、澳大利亚、瑞典、丹麦和挪威。虽然美国几十年来一直讨论是否实施联邦增值税，但是这些谈判和相关研究尚未取得实质性结果。

增值税制度是收集税收的一种方法，要求零售商和整个产品供应链中的人向政府税务当局报告。企业在确定商品的销售价格时必须考虑税收任务以及准备报表的成本，同样，他们需要人力来处理税收，这将增加劳动力和成本。增值税增加了消费者购买商品的最终价格。目前，互联网销售的商品免征增值税。因此，时尚产业规则参与者有进一步的机会来"建立（大）品牌"扩展他们的在线品牌。

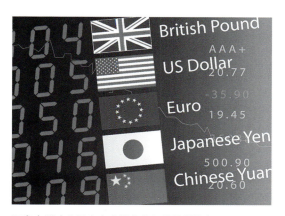

汇率会影响公司在全球经营业务的盈利能力

与金砖国家建立新的时尚世界

巴黎、纽约、米兰，这些是时尚最著名的城市。圣保罗、莫斯科、孟买、北京、德班怎么样？这些城市代表了巴西、俄罗斯、印度、中国和南非日益增长的重要性和影响力。这些被称为"金砖国家（BRICS）"的国家，它们目前是经济增长最快的国家。因此，它们代表时尚品牌和时尚零售业扩大其影响的巨大机会。在这些地方消费者特别期望拥有奢侈品牌和产品。随着经济的增长，更多的人能够购买他们长期以来羡慕的商品。

时尚产业一直向前发展，但正朝着哪个方向？本章探讨了西方到东方的时尚扩张。那么有没有东方到西方的时尚扩张？拥有庞大数量的员工、纺织品制造、服装生产和在西方零售业中培养出的熟练人员，中国在未来可能成为时尚之都吗？可能成为下一个巴黎、米兰或纽约吗？你怎么看？

在时尚产业规则参与者开发产品、设计季节性时尚产品线、销售商品及管理零售店来满足消费者的需求和期望时，中国作为最伟大的创新者的角色正在慢慢前行。目前最大的担忧是中国的时尚产品似乎不适应西方市场。然而，中国市场以其庞大的市场规模而出名：该国有超过10亿的居民需要衣服。《女装日报》已经报道了几家中国零售商及其相关品牌。

1. 美特斯邦威：休闲服装品牌有超过450家中国内地商店，它计划不久后进入北美市场。

2. 波司登：以外套著称，这个在中国拥有万家连锁店的品牌于2012年在伦敦开设了旗舰店。

3. 雅戈尔：寻求时尚的男性商务服装，这个品牌在中国拥有400家商店，在意大利有一个设计中心。

4. 鄂尔多斯：中国领先的羊绒品牌，这家公司在中国有超过三千个销售点，产品销往美国和欧洲。目前，该品牌聘请法国和意大利设计师为了赋予其产品豪华感和吸引力。

5. 李宁：一个巨大的，但目前处于困境的鞋子品牌，在世界各地有超过七千个销售点。在高端鞋市场，它试图取代耐克和阿迪达斯的举措被证明是困难的。

6. 欧时力和安踏：大型，但处于困难的中国休闲服品牌，正在竭力改变消费者认为进口品牌质量更好的观念。

这些品牌现在会进入美国国内市场。它看似很合理，尽管可能面临类似于美国同行相同的问题。他们的国内市场可能饱和，公司的进一步发展需要来自开拓国外市场。这将会是怎样？西方与东方碰撞，还是东方进入西方？两种都为所有消费者提供商品？机会留给在美国受过教育和训练的时尚产业规则参与者们，他们将在为国内雇主或者中国雇主工作时来回答这些问题。

尽管有那么多的保证，但在每个国家都存在成长的痛苦。过度膨胀继续推高巴西的价格。很少有人能买得起生活必需品，更不用说进口的豪华、时尚品牌物品。此外，腐败、政治不稳定和缺乏知识产权保护等都是俄罗斯急需解决的问题。这些因素的存在将抑制外资企业的投资。印度庞大的官僚机构禁止企业进入这个市场，并抑制其发展扩大。而汇率操控的问题继续困扰着中国，以及那里的仿冒产品。南非作为2010年最新的集团成员，人口最少，市场经济分散，更难以保证外资企业的生长。所有这些国家对进入其港口的货物征收关税，并征收增值税，进一步提高了消费者为进口商品支付的价格。但取得新的消费市场是时尚公司国际扩张最令人激动的结果。为了实现这一目标，时尚产业规则参与者需要广泛的经济、国家和国际政治以及文化方面的知识。

本章小结

本章向你介绍基本的国际商务，因为它们适用于时尚、时尚零售和时尚产业。时尚产业规则持续进行！你和其他人如何了解做生意的不同方式和文化差异，并能够不断适应变化，也许你和他们将在世界舞台上生存下来并发挥更好的作用。

问题回顾：你发现了什么？

1. 时尚产业规则如何适用于时尚品牌和公司的国际扩张？
2. 时尚公司在不同国家改变图像和信息的方式有哪些？他们为什么这样做？
3. 描述贸易差额和贸易顺差的概念？为什么它们对时尚很重要？
4. 货币如何影响时尚？消费者如何处理他们的"购买力"？
5. 什么是关税？它们如何影响时尚和时尚消费者？
6. 金砖国家有哪些？如何描述这些国家在世界上的影响？
7. 什么是保护主义及其与自由贸易的关系？
8. 将来中国如何变成更强大的时尚和零售力量？有这种潜力的理由包括哪些？
9. 文章中提到哪些问题可能会影响国际贸易，包括时尚贸易？
10. 增值税（VAT）代表什么？一般来说，会如何影响消费者购买时尚产品的能力？

专业术语

进口／出口（Import/Export）

多种纤维协议（Multi-Fibre Agreement）

关税（Tariffs）

贸易顺差（Trade Surplus）

贸易保护主义者（Protectionist）

增值税（VAT）

货币／货币价值（Currency/Currency Valuations）

1977美国《反海外贿赂法》（U.S. Foreign Corrupt Practices Act of 1977）

自由贸易（Free Trade）

公平交易（Fair Trade）

保护主义（Protectionism）

金砖国家（BRICS）

贸易差额（Balance of Trade）

纺织品与服装协定（Agreement on Textiles & Clothing）

配额（Quotas）

贸易逆差（Trade Deficit）

自由贸易政策（Free Trade Policies）

经销权（Franchises）

合伙关系（Partnerships）

协调关税表（Harmonized Tariff Schedule）

贸易（Trade）

市场日模拟项目工作表

项目目标	在第3章，你解释了你的品牌的各个方面，包括对许多社会问题（如工作场所的道德性和可持续性）的一般声明。作为准备市场日报告的开始，应该还包括一份"白皮书"立场说明
第一步	选择一个本章说明的时尚产业问题，尽量详细地写下来
第二步	用自己的语言描述问题以及引起的主要原因
第三步	关于这个问题做了什么？你觉得还应该再做些什么
第四步	在市场日你提供的商品或服务的生产中，你是如何解决这个问题的
第五步	用一页纸的报告概括你所发现和掌握的内容（尽可能包括图片），你将在市场日汇报中用媒体活动进行描述

当问题太多的时候（可选项目）

项目重点	至今为止，你已经熟悉了各种不同的时尚产业规则参与者。其中哪些人对本章提出的各种问题做出了独特的、已有的或有效的解决办法 描述他们的工作，然后形容你是否能做或者能做到什么程度，来解决道德和可持续性问题
第一步	从许多不同的有趣的时尚产业规则参与者中选择一个；描述这种类型的人或公司
第二步	在本章中他们面临着什么样的社会问题
第三步	描述参与者或公司面对的挑战
第四步	描述你应该如何开始涉及这些问题以及你应该做什么

你准备好参与时尚产业规则了吗？

前言

你将如何参与时尚产业规则？换句话说，那里会有怎样的时尚以及相关的职业？本章提供了几个职业的概述，一个概念汇集了你现在熟悉的所有观点：时尚产业、消费者、时尚产业规则。让我们不要忘记最新的成员——你自己！

本章内容

- 它描述了一个潜在的职业道路，将引领你成为时尚产业规则参与者中的一员。
- 它基于四个时尚产业规则参与者的名称来探索职业发展的可能性。

第11章

这个图像显示，时尚产业的各方面都是紧密关联的

作为提醒，思索一下你在第一章中接触到的时尚产业规则参与者（时尚产业规则和它的参与者）。在这里，你将会更好地理解这些专业人员所遵循的职业要求。为什么不是你在这个令人兴奋的时尚或与之相关的职业中？在本章之后，你可以意识到自己的一个或多个兴趣。在最后一章，你将学习到使你成为一名时尚参与者的实用技能。

时尚职业道路

当你发现自己在工作之前规划下一季的购买、勾勒画板、参加另一个品牌管理会议或在一个很好的商店协助客户时，你可能会问什么样的时尚职业可以让你去这样的地方。广义来讲，时尚职业可以描述为以创业（Entrepreneurial）或就业（Employment-based Careers）为主的职业。在前者中，个人用自己的方式来开展和经营业务。在就业中，则是参与由他人建立的业务。每种方法都有它的奖励机制和挑战。哪条职业道路是正确的？取决于你！

时尚创业者

许多知名的时装设计师都是企业家。无数的时尚零售店、特色精品店和批发展厅也只有一个或几个人在工作。许多与时尚相关的"大"品牌，如那些提供化妆品的品牌，都是因为企业家最初的努力形成的。

企业家是愿意并能够承担经营企业风险的人。这是具有挑战性和苛刻的工作，更何况只有一个人参与创业。因此，企业家通常不得不牺牲大量的个人时间和资源来扩张和继续他们的业务。

关于时尚，你有伟大的想法。使它们成为现实是你成为一个企业家的挑战！除了最富有的人之外，所有人都需要资金支持，使他们的想法实现。经常被引用的时尚传奇克里斯汀·迪奥在20世纪40年代从法国纺织工业家马塞尔·布萨克（Marcel Boussac）那里获得初步支持。没有这些支持，今天可能没有任何"新面貌"或迪奥时尚品牌。在现代，设计师玛丽·麦克法登（Mary McFadden），卡罗莱纳·埃雷拉（Carolina Herrera），托里·伯奇（Tory Burch），肖恩·库姆斯（Seen Combs）和坎耶·维斯特（Kanye West）使用自己的方式开始时装企业和品牌。这都是梦幻的场景：通过想法和他们的手段。所以"现实生活"的时尚企业家是怎么样的呢？

无论是设计师还是零售店老板，在开展阶段会意识到钱非常紧张！真实情况是这些企业家不得不花费资金购买布料或库存，以便有样品服装来展示给买家或者挂在店铺中。

一些人采取"透支"信用卡来开展他们的业务。然后，他们必须等待来自批发买家或零售消费者足够多的购买，以便有充裕的钱开始生产、维持库存及支付账单。如此以往，经营时尚相关业务的挑战是巨大的。通常，设计师、所有者、企业家都是没有薪水的。

这并不意味着阻止你或劝阻你进行时尚创业。无论你想开始自己的设计业务还是开设零售店，现状是时尚新企业的失败率很高。据不完全估算，大约80%的时尚新企业生存不超过两年。如果这次创业没有成功，许多企业家会继续开始其他创业。但是，任何尝试，财务支持都至关重要。所以你需要了解如何获取和管理资源。

小型企业管理局（Small Bnsiness Administration，iSBA）是为开展新兴业务的商业人士提供服务的美国政府机构。其中包括如何开展业务及怎样获得资金。关于资金方面，小型企业管理局（SBA）通过银行等金融机构为企业提供贷款。这些是许多新实体（包括时尚企业）的启动资金来源。

另一个资金来源是"支持者"和"风险资本家（Venture Capitalists）"。这些是为企业提供启动资金的个人或公司。支持者通常与时尚企业家有个人关系。例如，他们可能是朋友或客户。另一方面，企业家可能寻求陌生风险资本家的支持。不关心他们的名字或关系，都是投资者（Investors），或者那些想从财政支持中寻求利润的人。如这种情况，他们资助企业的收购价格金额可能会超过投资者的支出。包括这些实体"上市"时也会发生这种情况。第12章："开展你的第一次时尚产业行动"概述了外部金融支持者需要的商业计划。企业家、自由职业者，无论什么头衔，许多时尚和时尚相关职业的人会发现自己在为他们工作！

大多数金融投资者需要详细的商业企划。企划书应包括此图中列出的所有部分

时尚公司普通职员

创业不适合每个人。大多数在其他人建立的企业中从事时尚的工作。这个职业道路会适合你吗？企业家发现不管他们喜欢与否，合适与否，他们必须执行多种任务。所以他们雇佣执行特定职责的人。即使许多任务相当广泛，这些都属于教育、经验和兴趣的活动范围。

为他人工作意味着你享受为你喜欢的人工作，稳定的薪水和福利，如健康保险。也有可能意味着灾难，一系列令人失望的工作，情感和薪水上的不匹配。你如何避免？努力做好工作和平衡野心，以及拥有良好的工作能力，或尊重他人的能力是在企业事业成功的重要因素。你有这些能力吗？当你开始实习或获得第一份工作时，经验和精通是关键属性。你怎么能在你选择的公司工作中完成这些事情？

这些问题是什么意思？

公司职业发展需要久经世故和人际交往。它不仅需要更多的知识和拓展的技能（即你可以执行更广泛的和工作相关的任务），但也需要难以置信的灵活去待人处事。你如何与一个难相处的高级管理团队成员，甚至老板或公司首席执行官合作，而不会失去信誉或工作本身！管理和职业训练指导可以是高级员工关于如何处理复杂工作关系（如这些）的重要信息来源。

公司高级管理人员

从入门到专业的职业道路是大不相同的。时尚设计、生产和零售只有满足那些条件后才能承担更重的责任和实现更高的薪酬。

譬如从事时尚设计事业，刚开始也只是作为团队的一个成员，工作于其中一部分：研究颜色及款式趋势或协助资深设计师。与生产相关的工作可能包括在采购岗位工作，负责选定组件的面料，检查服装及配件上使用的装饰。你将在下一个文本部分浏览这些项目。其他职位可能还包括负责找到可印制公司标签的服装和配件制造商。当你在技能上和与人联系方面更进一步时，你需要到更远的地方去，一些天甚至几个月，为其他人以及他们的工作承担更重的责任。

无论是在设计、生产或其他公司事务，你将为其他人工作的结果负责！为此，作为中级生产经理，你需要监督多数工人，以确保遵守生产和运输的计划。同样，管理人员必须与其他员工合作，以确保印刷品和其他媒体项目可以及时提供与品牌和公司价值相一致的信息。

当你到达核心位置或首席办公室，如首席运营官、首席营销官，甚至首席执行官，很可能会有很多人直接向你报告。这些可以是个体工人或大型工作组。无论是入门级、中级还是高级，赶上紧急的期限、实现目标结果、与他人合作以及他们的贡献（好、坏或无关）都一起构成了公司的日常生活。

附：

你是否可以做到就像俗话说的"和别人玩得很好"？许多企业生活就是这样，以有效的方式掌握行业知识，以促进自己的事业发展。

与他人合作是时尚界成功的一个重要组成部分

时尚产业规则参与者及其职能

有了对时尚职业基本的想法，下一个你可能对特定职业感到好奇，无论是以创业或就业为基础。正如你猜测，这里有数千个工作要探索。这么多的人如何被缩小及组织成一个可识别或理解的职位描述？第一部分内容介绍了四组时尚产业规则参与者。这些是供应商、生产者、渠道商和推广者。进一步回忆，他们各自的基本职能如下。

供应商： 这些是负责提供纺织品和其他原材料的时尚产业规则参与者，帮助形成我们穿戴和使用的服装、配件。

生产者： 这些被称为"时尚制造商"。从设计开始，然后生产。还有许多不同的时尚专家，他们计划、剪裁、缝制和准备时尚物品供消费者使用。

渠道商： 本文从时尚和相关项目区分两种渠道商或卖方，无论是经营时尚批发陈列室还是独家精品零售店，渠道商都将时尚从机器上带到你的面前。

推广者： 编辑、博客、商品陈列设计师、时尚教育家等大量的专业人士，促进者在时尚产业中负责什么是新的、令人兴奋的、你应该穿什么、你应该在哪里置身于时尚中！

使用时尚产业规则调查职业

以一种简单的方式使用如上所述的时尚产业规则参与者来调查几个在时尚、时尚零售和其他相关行业中的几个职业。

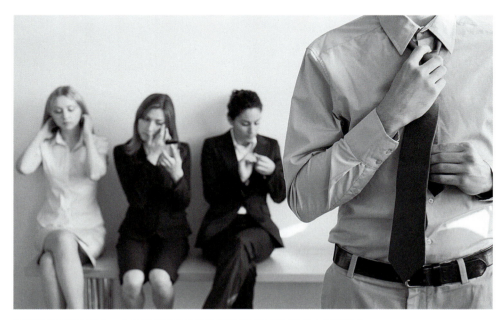

时尚行业有许多职业，你如何找到那个让你有兴趣同时可以发挥才能的职业

供应商

正如你所知道的，这些是负责开发时尚和配件组件的专业人士。

时尚职业：纺织品专家（Textiles）

纺织生产（大多数消费者提到的"布"或"织物"的制造）需要化学、工程和生产的知识。虽然许多时装设计和商品研究课程开设一两个课时来学习，实际上四年本科纺织品学位也是可行的。许多纺织工程师需要完成这样的课程。同样，许多专业纺织品设计师也需要完成该领域的专业研究。从核心来看，这两种课程都强调理解纺织纤维，包括其组件和特性，以及生产过程如何影响和修正它们。管理者以尊重其历史经验的方式保存纺织品。高技术的管理者也需要从专业本科教育开始接触。

生产者

时尚产业规则参与者负责设计和制作时尚及其配件。

时尚职业：时装设计师（Fashion Designer）

通向时尚设计生涯从获得本科学位开始，在这个过程中，你需要展示你的设计成果。需要高度熟练的手绘、立体剪裁、图案制作和服装制作的技能。要成为设计师应该开发和完成一个能表达他们创造性观点和展示他们技术专长的作品集。时装设计工作是一个有着很多申请者的高度竞争性职业。然而，你依然可以区分出优秀作品，完成一流的设计，并将自己的设计作品卖给商店，这些都将帮助你更快地进入时尚行业！

如果选择在制造业工作，你需要很好地理解纺织纤维，以及在生产过程如何处理它们

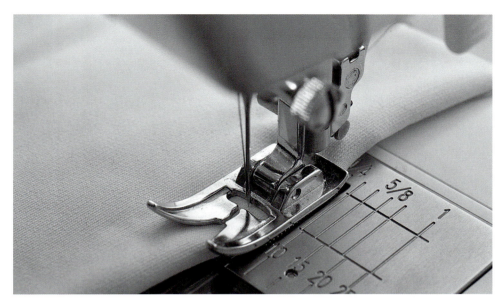

需要广泛的实践才能在服装制造中成为一名专业人士

时尚职业：服装制造者（Garment Prodnction）

图案制作、样品制作和生产质量控制是真正喜欢时尚细节工作的人的职业。大多数这些主题都包括在时装设计本科课程里。然而，上课时间通常是不够的！这些学科需要广泛的实践、经验和耐心才能获得专业水平的能力。与许多时尚职业一样，能开始和成功完成工作是至关重要的，也是作为客户和雇主满意的参考。

渠道商

本文承认两种渠道商或两种时尚的卖家。批发商，他们为零售商提供时尚。零售商，他们负责销售服装、配件和其他时尚物品给最终用户或消费者。

时尚职业：时尚展示室代表（Fashion Showroom Representatives）

许多大规模陈列室雇人来帮助买家了解时尚，填写订单和理解展厅规则。拥有本科学位和在这些专业销售领域工作对职业生涯有着很大的帮助。时尚批发是为那些对自己事业很感兴趣同时也能与专业人士协作的人提供的工作。他们帮助零售商开发和发展，通过指定和提供他们认为能成功的产品、款式和品牌，使零售商店能从中盈利。批发商需要对时尚商业有兴趣同时能从容应对。

时尚职业：时尚零售代表（Fashion Retail）

持之以恒！本文的目的是解释时尚和时尚零售世界如何遵循时尚理论。在这里，你将探索各种相关的职业以及这些职业需要怎样的条件。一般来说，拥有时尚商品营销或零售的本科学历对任何零售业的职业发展都是有益的。除非你的愿望是经营自己的商店，而零售业是"合作"的职业。这些需要在特定的管理结构中，在短时间内以及利润的压力下与他人合作。当你进一步学习，继续思考什么样的工作任务能让你依然有兴趣时，时尚相关的行业为各种背景和技能的人提供了从业的可能性。

许多时尚产业规则参与者进入批发或零售销售场所开始他们的职业。因为零售对许多人来说是一个重要的职业入口，非常值得关注。零售业有很多职业形式。当然，其中有零售销售职业。这些是基于提成的工作，这意味着销售员在每次销售中会获得回报。不要只认为这仅仅只是一个职业道路，这样的职位相当有利可图。一些有大型客户的销售人员已经赚取甚至大大超过商业和管理零售职业的人。

一般来说，买手职业需要精通电子表格软件（Microsoft Excel）这样的专业工具。"数字处理"实际上是零售业通过数字计算来确定商店或企业的盈利能力。入门级或助理人员通常负责记录销售清单，执行降价和监控可用库存。中级买手采购，那些工作了几年的人，可能负责购买在一定的价格范围内的货物（如袜类物品）或来自一个特定供应商的产品（如化妆品和香水部门），而不使商店库存过度，造成降价处理。他们负责帮一个或几个商店来获取商品。

高级买手监督整个部门或地区的商品选择和采购，并确定向消费者提供"混合商品"。"混合"是指所提供的产品可以在一个或多个商店中找到。通常，买手必须通过数学计算来确定提供的物品，它们必须不损害商店的时尚形象，并仍然能取利润。

零售采购最近的一个趋势是廉价和昂贵物品的混合，这样做既能反映了商店，又能反映了品牌，做到既有形象又可以盈利。下一次你看到昂贵的配件边上只有冲动才会购买的蜡烛，你现在应该知道为什么！混合商品，可做到彼此搭配出售。例如，可能无力承担昂贵价格的消费者可以购买较便宜的商品，并且相信昂贵产品的魅力会共享给它。同样，富裕的消费者可以购买全部，他们认为每个项目都具有吸引力和充满了魅力，他们以不同的方式享受每一件商品。正如你所了解，有技巧的混合可帮助商店销售更多的商品，并满足各类预算的消费者。

商品经理（General Merchandise Managers，GMMs）监督整个公司的采购和交易业务。例如，他们与采购和商家团队合作，计划何时、以何种方式呈现商品。他们与高级采购和高级商品陈列设计师一起负责确定时尚趋势、品牌和具有吸引的产品，并在不同的时尚季节激发消费者对他们商店的兴趣。这就是为什么他们会出现时装秀上！

所有的零售职业都需要与人沟通的技能。这是零售管理职位最强调的。每天，管理人员用自己的方式处理带着各种情绪的购物人员、店内员工和外部供应商。总之，任何一个进入商店的人，都可能与业务关联。这些忙碌的人通常开始作为部门或区域经理，努力确保在他们的责任范围之内的事情顺利运行。这意味着需要在商店规则内让客户安心。他还要求确保员工维持商店规则和执行步骤。这种责任的一个例子包括遵守"营业"和"停止营业"程序，准备商品销售区域，然后对其进行登记。更高级别的零售经理负责更大的商店，更多的人员，或部分超出商店管理范围的工作，如运营（运输，收货和安全）。

高级零售经理通常需要负责大型或高利润的商店的所有业务。此外，他们还负责几家或很多家商店，这些商店经理向他们报告。一些可负责大型业务的经理都有销售、营销或运营背景。像梅西百货这样商店会为那些获得更多职业技能的人提供灵活的职业道路。一般来说，采购买手需要的能力不如其他职业那么明显。这些时尚产业规则参与者必须知道如何组织员工和激励他们，这样才能让购买者满意。

推广者

许多不同的专业人士推动时尚，并让人们对时尚产生兴趣，增加了解它的机会。在这种时尚职业中存在许多可能性。

时尚职业：时尚编辑（Fashion Editor）

编辑通常有本科学位的新闻背景，当他们成为高级编辑时，会拥有特定的领域的广泛经验，譬如时尚领域。发现新潮流、新设计的天赋和拥有很多受众，是定义成功时尚编辑的几个任务。

时尚职业：造型师（Stylist）

造型师可能有着各种不同的背景。拥有时装设计或商品销售的经历是很有帮助的。可以构建关于你工作的图片和影像。时尚造型就是你向别人解释什么是时尚趋势。从商店中获取服装和配件，然后找到对你的服务感兴趣的人！

时尚职业：公共关系（Public Relations）和特别活动策划（Special Events Planning）

拥有在新闻、广告、媒体和时尚的经历可以让你进入公共关系职业。在这个职业取得成功意味着要了解合作方，与他们及他们的公司合作，推出新产品和服务。这涉及文稿写作、与新闻和其他媒体紧密联系，两者兼具才能生成头条。通常，成功的公共关系专业人员在开展自己的业务前都是为他人工作的。同样那些对特殊活动如举办时装表演和推广新产品感兴趣的人，需要在开展自己的业务之前学会如何和其他的策划者一起合作。拥有时尚商品企划学位可以有益于学习时尚产业及运作流程。

时尚职业：公司赞助人（Corporate Sponsorship）

思考一下公司生活？通常如上述的那些大型企业，主要零售商和时尚制造商会雇用联络者、公关、社区活动开展及活动赞助的负责人。这样的职业需要拥有本科学历，与时尚，营销和管理相关。执行关键决策的职位通常需要多年的成功赞助项目的经历。

时尚职业：博主（Blogger）

只要有电脑，几乎所有人都可以开始经营一个博客。许多有"时尚热情"的人在创立自己的时尚博客后获得了名声。但他们不是唯一的。现在博客可以覆盖很多主题！如果你真的有兴趣和激情，那么何不开一个自己的博客，记录你的时尚经历和丰富多彩的工作经验，以独特的视角关注没人知道但即将发生的事情！许多互联

任何人都可以成为一个时尚博主，你所需要的只是一个电脑或平板

网网站可以免费开博客。经营博客能成为一个职业吗？这取决于你是否能够找到愿意付费在你博客上显示广告的公司或能够获得个人和公司的财务支持。祝你好运！

时尚职业：时尚预测员（Fashion Forecasting）

如果你拥有时尚设计或时尚商品企划的学位，外加时尚预测经历，那么你就可以从事时尚预测员这个职业了。了解时尚和零售行业及其运营是至关重要的。这意味着要详细了解织物和服装是如何生产的，以及时装设计师和他们的业务如何运作。通常，它意味着了解消费者，研究他们，并发现他们的兴趣是什么，他们在寻求怎样的时尚。有了这些知识，就能够预测未来哪些会吸引消费者。

时尚职业：商品陈列设计师（Visual Merchandising）

商品陈列设计师在本科期间参加时尚商品企划项目，然后成为实习生，再到工作人员或助理商品陈列设计师，最后成为商品陈列设计部门的负责人。手工和艺术能力以及对颜色和设计的理解，加上品牌营销概念，这是商品陈列设计师必备的技能。顺便说一下，这个令人兴奋的时尚商品领域是由弗兰克·鲍姆率先开始的。这个名字听起来很熟悉吗？他是《绿野仙踪》的作者。

时尚职业：时尚策展人（Museum Curator）

策展方向是提供专门用于开展、保存和展示博物馆服装和时尚收藏的专业课程。从本质上讲，开始策展职业需要了解两个方面的知识：了解高科技保存产品的技术及科学方法，以及如何布置博物馆或画廊，让参观者有兴趣去了解展品。没有外部的赞助，策展性工作，甚至整个部门都可以被移除，它也意味着考虑预算和与他人合作。一般来说，开始这个职业通常本科就开始学习策展，再到博物馆作为实习生，然后成为正式工作人员。

时尚职业：时尚教育者（Fashion Education）

从事时尚教育需要消费者科学、人类生态学或类似领域的学位，重点是时尚设计或时尚商品企划专业的学位。对于那些对大学职位感兴趣的人，如教授，那么获得博士学位是至关重要的。这样做意味着首先获得本科和硕士学位以及完成原始研究，讲师通常有广泛的行业或"动手"经验。高中和中学时尚教育者通常有关注消费者科学的教育学学士学位。

时尚职业：其他领域强调时尚的职业

也许你正在考虑除了时尚之外领域的职业！但像许多人一样，你喜欢时尚。你会惊讶于在追求一个完全不相关的职业时，也有很多方式融入你的时尚兴趣：

会计师与时尚零售客户合作，确保他们遵循健全的、良好的商业条例。财务规划师为新兴时尚和零售公司制定业务计划，帮助他们开始和成长。

律师处理这些合同上的问题（约束性协议），如协助两个或更多时尚公司并购、合并或提供百分比所有权的上市业务。关于时尚及其行业的流程，知道得越多越好！律师和会计师经常在兼并和收购工作的过程中进行"详细调查"研究，或者在时装公司新成立时向大众投资者开放股票买卖。进行这样的研究需要深入了解时尚企业的运作方式。

人口学家、心理学家和社会学家将消费者同时作为个人和群体来进行研究。时装专业人士使用这些信息来主导时尚产品的购买和使用潮流。时尚和社会科学互助互惠。

回忆一下时尚产业规则"公平"。如你所知，这包括以道德和可持续的方式工作。如果这正是你希望用在工作中的，下面这几个时尚职业领域可以考虑：

执法人员和刑事司法人员致力于保护消费者远离仿冒时尚产品。他们还努力保护那些拥有专利和品牌的制造商，使他们的理念和努力不至于被盗窃。这些专业人士的目标是保持良好的时尚产品市场环境。他们持有搜查令，没收可疑的，或"假的"时尚商品，并与法院检察官合作判定是否涉嫌违反相关法律。

为了防止仿冒商品重新进入市场，这些专业人士还要确保赝品被彻底销毁。许多执法专业人员对品牌和产品设计有高度的了解，能够发现甚至最相近的模仿！

对于动物毛皮、血汗工厂和童工等问题，倡导者和特殊利益群体（SIG）的成员希望他们在提出这些问题之后能得到整个社会的重视。能够改变并确保在世界各地对于道德和动物制品以及劳动有一个更加公平的做法。正由于社交媒体、倡导团体（由专业组织者和感兴趣的消费者组成）有着很大的影响力。所有在时尚职业工作的人必须了解是和谁一起寻找解决方案。

时尚职业中包含许多学生和追随者。例如，那些具有室内设计和装饰背景或对应用美术教育有兴趣的人，他们可以在家庭产品设计的新兴领域找到工作。根据当前流行的颜色、所处的季节或两者皆有，以一种令人兴奋的方式将时尚的设计带入家庭。熟悉产品制造、采购和法律法规的知识，例如许可协议，这些知识同样适用于时尚产品，这也是一个特殊的时尚职业选择。

时尚职业选择

从第一章到现在，建议了许多不同你可以参与到时尚产业规则的职业。你认为你可以在哪里找到那些会让你走向伟大时尚的职业？同样，你会想知道一个重要的问题：这工作可以赚多少钱？

在互联网中，可以找到很多资源。当然，不要忘记浏览参考你的学校所能提供的就业或职业服务。同时，请记住，时尚是一个关于联系和接触，并把你的想法与他人的资源融合以让事情做成的行业。寻找一份工作，并成为你的职业？根据下面的想法，开始你的搜索：

1. 找到一个可以让你施展才能的地方！有没有一个你想为之工作的商店？你可能对他们提供的哪类工作感兴趣？如果可行的话，请通过人力资源或人事部门询问他们希望找寻拥有哪些品质的员工。

2. 找一个你仰慕的人！有没有一个人，可以提供你可能感兴趣的那种工作？通过自己的研究，尽可能多地了解这个人怎样成为专家的。如果可能，请通过联系他们进行面谈或询问，提出你的兴趣和他们可能愿意分享的职业发展相关建议。

3. 为自己争取一席之地！问问自己喜欢并能做好什么。利用你所拥有的知识和经验，找到优秀的做事方式、其余人认同并愿意与你合作的方式。许多人开始时选择销售作为时尚职业，通过现场销售和跟踪客户，了解他们想要什么和他们不想要什么，以及需要什么服务来支持销售等实践经验，来建立你对于时尚的认识。同买家和商家分享这类信息。显示出你的兴趣和

家庭产品设计和室内设计的职业会使用许多与时尚设计相同的技能

能力，当有工作空缺时，别人会考虑你。

4. 保持耐心！没有容易的职业，时尚也不例外。通常需要几年的经验，才能获得有吸引力的薪水和福利的工作。对许多人来说，这意味着坚持不懈地通过可能是刚出学校最困难的几年。讽刺的是时尚的产品、相关的经验、甚至生活方式，都需要大量的金钱来维持，但时尚行业职业薪水通常不足以支付这样的购买方式。总之，你必须热爱你的工作，即使你目前需要努力偿还学生贷款和支付当前开销。这样做非常困难，需要平衡，但你需要意识到这点，你是走在时尚行业这条职业道路上。

时尚职业和薪水信息

快速参考时尚行业的工作和对应薪水。下表总结了最常用的几个。祝你好运！

职业资源	特性
www.stylecareers.com www.wwd.com/wwdcareers.com	这些是针对时尚职业搜索的行业标准网站。对特定公司感兴趣？查看他们的互联网网站。允许你注册后获得空缺职位的更新信息
www.salary.com www.cbsalary.com	关于薪酬和福利的知识能帮助你确认是否有能力承担特定工作。根据这些资源你能够做出合理的决定（注意：建立你自己职业文件，喜欢什么工作，期望的对应薪水是多少，有利于应聘工作时的谈判）

找出你擅长的领域是步入时尚职业的第一步

透视你的兴趣和能力

现在，你有一个时尚的愿景，也可能有一些恐惧。现在，你如何评估实现目标和减轻恐惧？许多专业的研究人员会经常使用态势分析法（SWOT）来分析个人和商业问题。专注于评估竞争优势，这种方法有时非常复杂。例如，当时尚公司正在考虑是否开展新的业务，引入新产品，购买新设施，或其他业务，由于会面临来自其他公司的竞争，导致经常使用高度复杂的SWOT分析。在这里不需要使用它。不过它是一个好的方式，可以用来分析你的兴趣和能力。

首先，想想你想要踏入的时尚生涯，一个真正令你感兴趣，你愿意探索的领域。你对那些已经工作的人了解了什么？带着答案，回答SWOT分析法的问题。两部分项目都使用SWOT分析，一个在时尚产业规则模拟项目中，一个为你的个人职业发展。

S优势：你多了解什么或哪些做得比别人好？重要的是这个想法：你觉得你有一个什么样的特长，比其他人在你感兴趣并追求的职业生涯上有优势？

W劣势：在教育或经验方面，你比其他竞争者欠缺哪些？你是否需要更多的教育、经验，或两者、还是其他方面，才能得到想要的那种工作吗？

O机会：如何才能获取到更多的东西？在社区、教育里，以及同事、家人、朋友中哪些资源能够帮助你战胜那些弱点？

T威胁：哪些正妨碍着你达成目标？这是机会的反面，找出它并克服和解决，以实现你的目标。

本章小结

如果你真的对时尚感兴趣，那么你也应该对这个行业的先驱者和那些让这个行业前进的人感兴趣。尽可能的研究这些个人和他们的事业。这样做能让你想出加入他们行列，甚至超过他们的方式。时尚产业规则能让你了解参与者的类别和他们分别执行什么样的功能，然后确定你感兴趣的那一部分。通过你的研究，内在驱动力和韧性，你可以成为时尚职业者！时尚提供许多职业，这里只交代了一些。无论将来你是自己创业还是与他人合作，都需要考虑将面对的挑战以及奖励。

问题回顾：你发现了什么？

1. 发现两种基本的职业道路，并给出例子。
2. 什么是企业家，他们如何参与时尚？
3. 描述投资者和风险资本家在时尚企业中的作用。
4. 对于那些对企业零售生涯感兴趣的人来说，一般的职业道路是什么？这与创业或面向销售的职业有什么不同？
5. 注意和每种类型的时尚产业规则参与者相关的几种职业。
6. 首字母缩写SWOT分别代表什么样的问题？
7. SWOT分析法如何用于专业和个人职业搜索？

8. 给出一些关于学生如何识别并获得时尚界工作的看法。

9. 他们可能从哪些资源来获得有关职业选择和薪酬的信息?

10. 什么是一些与时尚相关但没有直接参与生产、制造、销售或推广时尚的职业?

专业术语

企业家（Entrepreneur）

小型企业管理局（Small Business Administration）

风险投资/风险资本家（Venture Capital/Venture Capitalist）

商品经理（General Merchandise Manager）

视觉陈列（Visual Merchandising）

造型师（Stylist）

时尚编辑（Fashion Editor）

时尚预测（Fashion Forecasting）

SWOT和SWOT分析法（SWOT and SWOT Analysis）

就业为主的职业（Employment-based Careers）

投资者（Investors）

市场日模拟项目工作表

欢迎来到市场日！

项目目标	伟大的一天！这是令人兴奋的事件的记录
第一步	附上你的图片和简短的书面说明

_____
_____
_____
_____
_____
_____
_____

第二步	描述举办活动的地点。有多少业务陈述？带我们到你说明的活动中。那里的气氛如何

_____
_____
_____
_____
_____
_____
_____
_____
_____

第三步	还有其他感兴趣的演示吗？可能是那些与你或你团队的产品或服务相似的活动？描述一些令人难忘、独特或令人兴奋的事

_____
_____
_____
_____
_____
_____
_____
_____

行动中的时尚产业规则（可选项目）

在其他国家时尚的推广力量

项目重点	完成这个项目后，你会发现时尚如何有说服力地并有效地让看似相似的时尚物品具有不同的特点和个性
第一步	选择两个相同的时尚产品。例如，两个制造商的牛仔裤
第二步	通过以下方式比较和对比两个产品
	对于组成相同的产品，你以何种方式进行选择

他们的价格是多少＿＿＿＿＿＿＿＿＿＿＿＿＿＿＿＿＿＿＿＿＿＿＿＿＿＿＿＿＿

发现他们的商店类型是什么＿＿＿＿＿＿＿＿＿＿＿＿＿＿＿＿＿＿＿＿＿＿＿

这些产品的品牌有什么形象

＿＿＿＿＿＿＿＿＿＿＿＿＿＿＿＿＿＿＿＿＿＿＿＿＿＿＿＿＿＿＿＿＿＿＿

＿＿＿＿＿＿＿＿＿＿＿＿＿＿＿＿＿＿＿＿＿＿＿＿＿＿＿＿＿＿＿＿＿＿＿

＿＿＿＿＿＿＿＿＿＿＿＿＿＿＿＿＿＿＿＿＿＿＿＿＿＿＿＿＿＿＿＿＿＿＿

如何向消费者展示（你和其他人能够轻松地访问它们，或者你必须到其他地方寻找它们）

＿＿＿＿＿＿＿＿＿＿＿＿＿＿＿＿＿＿＿＿＿＿＿＿＿＿＿＿＿＿＿＿＿＿＿

＿＿＿＿＿＿＿＿＿＿＿＿＿＿＿＿＿＿＿＿＿＿＿＿＿＿＿＿＿＿＿＿＿＿＿

＿＿＿＿＿＿＿＿＿＿＿＿＿＿＿＿＿＿＿＿＿＿＿＿＿＿＿＿＿＿＿＿＿＿＿

查找用于宣传这两个产品的宣传材料。他们如何让消费者对这些产品，它们的品质和特点有印象

＿＿＿＿＿＿＿＿＿＿＿＿＿＿＿＿＿＿＿＿＿＿＿＿＿＿＿＿＿＿＿＿＿＿＿

＿＿＿＿＿＿＿＿＿＿＿＿＿＿＿＿＿＿＿＿＿＿＿＿＿＿＿＿＿＿＿＿＿＿＿

＿＿＿＿＿＿＿＿＿＿＿＿＿＿＿＿＿＿＿＿＿＿＿＿＿＿＿＿＿＿＿＿＿＿＿

第三步	写出你对这两个产品的评价，特别注意在营销和销售上如何使它们各自独特

开展你的第一次
时尚产业行动

前言

还剩下什么等着你去发现？可能是如何开展你自己的时尚生涯！从设计师、板型师、销售代表、教师到其他专业人员，你已经熟悉了许多不同的与时尚有关的行业。你如何选择呢？记住时尚产业规则的目的：提供一个框架，一种思考时尚、时尚零售和其他相关产业的方式。下一个话题：准备成为时尚产业规则参与者中的一员。这是本章的主要内容。这里你将发现从时尚产业规则参与者那里收集到的很多手段和建议，都是有关如何在时尚产业中开展重要而又大胆的行动。

本章内容

- 探索了时尚产业规则，用来满足职业生涯目标。
- 描述了简历和相关文档的准备思路，用于时尚相关行业。
- 提出了如何更好地使用社交媒体资源来收集时尚行业信息。

第12章

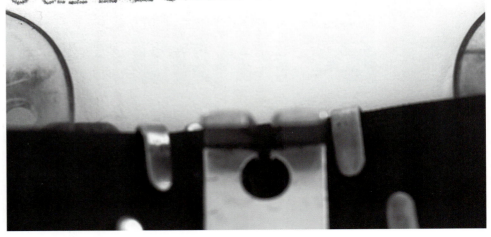

如果你想要在时尚行业中成功的找到工作，如何推销、装扮、准备自己的简历会给你带来很大的变化

我的第一次时尚行动应该是？

如果你选择时尚行业，将会面临很多事情。那么你如何开展你的第一次行动呢？从本文的视角来说，关于时尚产业的建议很多。关键点如下，这里有一个列表便于你开始：

1. 考虑到时尚产业的规则是什么，根据在全文中你已经了解和体验到的四点知识，选择适合自己的。
2. 定义最初的职业路线。你可以改变你的想法或寻找其他更适合的机会。非常好！你首先要从某一个地方开始，那就从这里开始探索。
3. 准备好你需要的材料，开始这条职业生涯。

第1步：使用时尚产业规则

为什么不将使用时尚产业规则作为你职业生涯的开始？如果你和许多学生一样，确实不会使用；如果你和其他已经拥有工作的人一样，你可能不确定长期的职业兴趣真正是指什么。当涉及时尚、零售和与其有关的行业时，这是尤其重要的。毕竟面临着各种不同的需要被考虑的选择，包括每天改变的可能性。该怎么做？如何开始？找到第一份工作并决定职业方向是非常令人困惑和害怕的。

这里有一个好消息！

附：

当涉及时尚有关的行业时，这里几乎能满足一切兴趣。当你询问类似的问题时，你可能也想到如何回答。有一个熟悉的方法。使用时尚产业规则，牢记时尚产业规则强调的四点，可能会带给你提示。

如果你喜欢并擅长画画，你可以考虑时装设计和绘制方面的职业生涯

成为（你自己的）大品牌！

你已经看到品牌策略是如何区分产品的。通过集中分析目标消费群体及其兴趣、渴望和需求，品牌专业人员能够给特定的产品赋予独有的特征。在这种情况下，他们再将其呈现在消费者面前，使用动人的语言和激动人心的图片。此外，他们还会通过新媒体方式，如网络、社交媒体、手机技术等，将品牌和与之有关的产品都呈现出来。许多相同的品牌策划技术都适用于独立的产品。

你如何使用你知道的品牌知识来帮助你找到一份工作，或甚至自己开展一个职业生涯？

形成个性化品牌战略

品牌化是突出和维持品牌形象的独有特征，不管该品牌形象是否属于产品或者专业人员。确实，这两者是有区别的：人不可能被程序化设定而像一个产品一样地被展出。但是，个性化可以用来代表每个个体，就如自身的品牌。那么，你如何创建自身品牌和构建时尚生涯战略？

从你知道的出发：什么样的教育、能力和经验将会使你脱颖而出？试想你能做什么可以比别人做得更好，更加有激情？在此过程中目标职业生涯（Target Career Market）的方向是你该考虑的第一步。例如，什么会使一家服装产品公司或者销售商感兴趣？第一可能就是找到具有较好技术能力的职工。因此，你是否能展现一段特殊的才能，比如精确快速的立体裁剪、样板绘制、CAD 程序使用，或者是裁剪、缝制和完善整理？你能否展示以上工作的操作案例？

如果你对成为时装设计师或时尚推动者感兴趣，你能否从独特的时尚角度来展示你的成果？此外，一个服装零售商，可能会寻找具有销售能力或定量分析能力的职员，甚至是具有视觉营销能力天赋的人。再次强调，你对以上哪一种感兴趣？且你能展示什么？总之，你对于时尚了解什么？潜在雇主和你的兴趣是什么？如果你对一些事情是感兴趣，甚至是有激情的，你就会全力追求它。

重点如下：跟随你的直觉，做好你喜欢的事情，你就会建立起代表你自身的品牌识别性，帮助你找到你的职业方向。

建立个人品牌的因素

激情和能力是关键，所以也会吸引雇主的注意。什么样的品牌元素会帮助实现这些？在建立你自己的品牌时，你组织的文字和图片是最有力的工具。你用什么样的话描述自身、自己的教育和工作经历？如何用一段文字描述你重要的作品？尤其是，你的文字如何说服潜在的雇主让你加入他们的公司？

这些可能是非常难回答的问题，立刻能回答的很少。你可能还没有完成你的学业。你可能目前还只有有限的工作经验。但是，时尚品牌专业人员每天都会问自己该如何将产品变成消费者追求的产品。反过来，服装企业者会让他们遇到的许多应聘者展示他们了解的知识以及能为企业带来的积极影响。那么，你如何超越其他竞争者成为候选者之一呢？

推出自身品牌

网络已经改变了世界，将全世界的人们根据兴趣和爱好汇聚在一起。可能你已经拥有自己的网站。无论你有没有做，个人网站（Personal Internet Sites）提供了一个平台来更好地展示你的品牌。在那里，你可以提供你的教育资质，描述你的相关工作经验，贴出你完成的工作照片，甚至是邀请其他人进行评论和提问。现在有很多方式建立网站。从雇佣专业网站设计师到使用网站设计模板，你有很多选择来建立一个让人印象深刻的个人品牌平台。

社交媒体（Social Media）为你提供了另一种直接的平台来建立你的专业品牌。这里，它提供了你向别人展示你的品牌的方式。例如，使用脸书，你可以描绘自己、你的兴趣和工作。此外，它也能上传你工作的照片，或者你对别人工作的深度见解。随着手机技术的出现，例如手机应用程序（APP），可以让用户在手机上查阅脸书的更新，这样比以前更容易地向别人展示你自己、你的品牌和作品，通常只需短短数秒。领英（LinkedIn）也是不容忽略的。这些社交媒体输出口允许专业人员展示相关职业环境（如果可以获得）、证书和工作经验。许多企业雇佣的人事职员或经理会根据这些途径来寻找新职工。你可以进一步阅读来发现如何使用这些新媒体。

迅速发展的博客圈（Blogosphere）或者精彩的互联网世界成了另一个品牌和职业建立者。数不清的软件可以让你拥有数秒成为出版作家的能力。泰薇·盖文森（Tavi Gevinson）和布莱恩·格雷·扬保（BryanBoy）已经通过他们的博客成为时尚圈内具有影响力的思想领导者。

还有另一个平台，在这里有一个不能被忽视的关键点：时尚是一个以人为本的行业。由个人交际圈形成的联系是你向别人展示自身和品牌的另一种方式。这是一对一的交流。你对在时尚行业的特定部门为公司、个人或设计师工作有兴趣吗？自己去寻找机会与这些人单独地见面。你不需要为了这个机会而跑去时尚之都。来自行业的店长、买手和这些时尚了解者会指引你向着你感兴趣的小组、企业或人群。更直接点说：个人联系和正常交际（通过社交媒体更有效）是你在时尚行业中脱颖而出的一个手段。

这个方法需要有效的社交手段和耐心，同时是建立自身职业品牌的有效手段。展开来考虑，如何以意想不到的手段来简洁地向别人介绍自己的技能，就是快速地向别人推销自己并且能成功引起他们的兴趣。十分可能由于你更有创造性或者更有价值，时尚职业者成功地被你吸引了。利用这个兴趣来找到一个独特而有趣的方式去了解你所关注的时尚或零售行业部门。

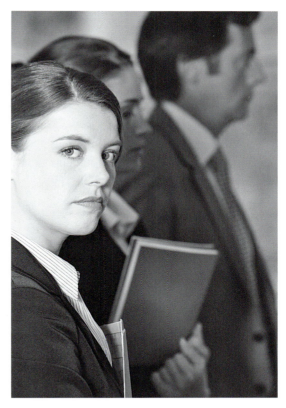

你如何穿着和展示自己是建立个人职业品牌的重要方面

公平

目前为止，你已经了解了时尚产业规则的两部分：道德标准和可持续性发展。时尚企业尽力在实践中做到这两个特征，且将这两点融入品牌识别中。你如何在个人和职业实践中做到公平这一点呢？

道德和你的时尚职业

出于对道德的尊重，企业老板越来越希望自己的员工拥有以下的性格特征，如公平、诚实、正直、没有偏见。违反这些规则会引起严重的后果。随着社交媒体的出现，没有遵行这些道德规范的案例会迅速地被其他人了解。约翰·加利亚诺（John Galliano），曾经因为他在迪奥公司的设计方向和自身拥有的与之齐名的品牌而备受尊敬，却由于他过度的贬损和攻击性的评论被迪奥解雇了且受到了法国法律制裁（失去了享有名望的荣誉军团勋章），那些评论都被手机照相机拍摄下来且都通过优兔网（YouTube）传送到世界各地。时尚，就如所有的行业一样每天都提供机会让你做出选择，但也都存在不同的后果。

没有人可以（成功地）争论加利亚诺的行为是符合道德的。这些不太显著的例子是很难解决的。时尚，就像所有的行业一样，在"应该"和"是"之间提供了冲突机会。怎么会这样？通常，对服装的真正起源了解甚少。谁实际生产产品、何处生产，对于这些信息，采购专业人员可能仅依赖于他们被告知的信息。他们可能没有理由怀疑不正当行为。不，现在不应该这样，他们应该质问缝纫工作是由家庭作坊的无报酬童工还是工厂里的有薪工人进行的？他们这样不深入探究的行为是否符合道德？毕竟，他们应该负责确保在整个生产过程中遵守了公平的工作惯例。然而，他们做了现在经常做的：不作为。受时间、物流和财力制约的影响，他们往往在做完订单后会推进新项目或其他工作。

消费者对道德问题感兴趣吗？像专业人士一样，他们应该关心所穿服装的道德起源。但是，他们似乎正在做的也是普遍的：寻找并只愿意支付最低的价格。当购物者很少关注"制造"商标，而只问"这是否在打折？"时，他们的行为是符合道德的吗？时尚和零售行业的专业人士是否应该做更多的事情来向消费者强调在他们眼中为"看不见，不在乎"的问题的重要性？试想：国家知名的百货店、咖啡店和餐馆日常销售他们的"公平交易"（经过被支付具有竞争性薪资的劳动者处理过的合法原材料）产品，即咖啡和茶饮。将在这些场所中看到的标志、桌面展示卡和海报的数量与可能存在于服装零售店的服饰和配件物品的数量进行比较。那么，消费者是否对与食物和饮料相关的问题更加关心，而不是与时尚相关的？当然，有许多时尚品牌是建立在公平和可持续性的基础上。但是，与那些相当大数量的不遵守可持续发展实施战略的公司相比，这些公司非常少见。

在你的职业生涯中你会如何改变？

这些都是未来的时尚产业规则参与者可能会被要求回答的重要问题。提供"反馈"或产品评论功能的购物网站经常包含消费者对一些问题的查询功能，如当信息不明确时，可以询问产品是否属于"自由贸易"来源。当你考虑建立你的个人职业品牌时，考虑你如何将道德因素包含在内，尤其是那些难以调解的问题。

可持续性和你的时尚职业

在产品生产之前、期间和之后对资源的可持续性或谨慎管理是服装行业的未来趋势。你已经在回收和升级再造这样的实践中看到了这些概念的案例，生产出比从前更有效的产品。此外，你也很熟悉并尝试着去减少产品制造和运输之后留下的污染和"碳足迹"。在可持续发展实践中培养专业知识是突出自身和建立品牌的一种方式。服装企业越来越多地去寻求那些了解可持续发展和如何将价格和利润意识融入在其中的专业人士。

口头上说可持续性发展很重要这句话十分容易。使可持续性成为现实不是那么容易的。首先，赋予服装产品可持续的特征需要丰富的知识和能力。为此，它意味着要掌握大量的有关服装产品的信息。为了生产纺织品如棉纤维和二次处理织物如水洗牛仔布需要巨大的资源。尤其大量的电和水是必要的。寻求减少原材料生产中使用量的方法是实现可持续性的其中一步。

实现可持续发展也需要彻底了解服装生产的过程。在非常简单的服装生产期间，许多面料会被切割，留下难以使用的废料。为了一个普通行业实践的可持续性发展，需要对整个服装生产过程进行重新设计——从使用部件原材料，处理副产品到寻找方法实现废弃服装的再利用。最近，"零浪费"的理念正在为服装设计和产品提供信息，以应对其中的一些挑战。

再次强调"零浪费"的想法：它是基于寻找利用每一个部件的方法。这样做将减少废弃和剩余的纺织品数量。为了实现这一点，整个传统生产过程，从初始服装或产品设计开始，将会被更周详的考虑。你将对"零浪费"过程贡献什么？你能找到一种方法在服装生产中彻底完全地使用原材料吗？或者作为一个跟单员，你能找

时尚结构中的原材料再利用在零浪费活动中起到了作用

到和促进正在结合这种做法的服装生产商的下一代产品吗？反思传统的服装生产方式是"零浪费"设计的核心。

当"活力"脱离飒拉，当 H & M 的激动人心的地方变成"沉闷"时，会发生什么？需要采取其他措施来提高可持续性，进行一些更具挑战性的反思！核心之处在于：时尚是关于消费，而不是保护。消费者已经改变，转而去寻找最流行、最新的激动人心的产品，然后一旦他们不满足这样的标准就丢弃它们。

"快时尚"品牌，就像飒拉（Zara）和 H & M 一样，它们的快速生产周转时间和层出不穷的新产品是一个结果。这意味着现在可以每隔几个星期产生一个几乎全新的衣柜。但想想下面的观点。在流行过去之后，衣服被磨损和曝光，其他人会感叹：它们会变成什么？是否应该进一步使用它们？如何重新利用而不被拒绝？你如何围绕这些概念建立一个服装品牌和企业？

目前，服装极不可能被消费者重新使用。公平地说，要做到像我们的祖先一样彻底地重制衣服来改变它们，我们当中有谁拥有非常熟练的技术？为什么我们应该为此烦恼？你会做什么来说服消费者？你如何来刺激服装的重复使用？举一个例子，当消费者携带先前穿戴过的物品时，就可以在购买新产品时提供价格折扣或其他物质激励。如此获得的物品可捐赠给慈善机构，或在处理后制成新产品。你怎么看？

如果坚持可持续发展，就有可能转变传统的服装生产过程。如果你对反思服装及其生产过程感兴趣，那么，你可能找到了你的毕生事业，即寻找公平问题下的解决方法！当你想到成功的服装事业、那些杰出的设计师、零售商、你遇到的任何时尚产业规则参与者，咨询他们是怎么变成这样，他们是如何被认为是风格的领导者。通常，他们变得如此是因为他们带来了产品，提供了服务，或是他人无法或不

愿意做到的。你如何利用你的知识和专长成为行业领导者？解决与道德采购和"零浪费"行为中相关的问题可能是一种方式。

合法

法律定义了数不清种类的关系，包括那些涉及商业交易的关系。你已经看到了法律是如何被使用来形成和经营时尚企业的。此外，你已经探索了保护时尚创新性的法律。有无数的案例体现了法律和时尚是如何互动的。那么，如何合法地使用这些时尚游戏规则来为自己和自己的事业亲自打造品牌标识？一个想法是看一看你想要做什么，然后再次回想，再次！换句话说，使用一个360°的方法来发现法律是以何种方式影响你、你的工作和其他。为了让你更好地开始，请了解商店政策具有的法律含义。

许多人通过零售管理开始他们的时尚职业。你如何在这样的舞台上成功地使用这个360°的方法？例如，假设你负责大型商店中的一个部门。那么，试想你是在一个圆的中心。当以这种身份工作时，你觉得什么样的合法利益是重要的？

发现利益相关者的利益

当然，首先是雇员的利益，比如你自己和其他员工。您和他们是利益相关者（Stakeholders），即在结果中具有个人利益（风险）的个人。询问商店的雇佣合同是否正常实施，例如他们招聘员工的过程。当然，终止员工合同是法律允许的。如果你不确定，请从其他管理者和法律资源中来更多了解你关心的问题。从人力资源或其他人员经理处及时了解这些最新要求。

接下来，考虑商店的利益。他们对其他商店和企业的做法是否符合你认为在法律上允许的？再者，如果你有问题，请描述你关心的问题，然后寻求答案。与此相关的是与商店开展业务的人的利益，例如外部的第三方供应商和承包商。这些可能是批发商和其他货物、服务的承包商。这些个人和企业是否与商店或者与你，在你认为具有法律效应的范围内合作？例如，他们和商店是否彼此公平地交易？每个人是否履行了诸如合同等书面协议所规定的义务？请从可靠的来源寻求你所关注问题的答案。

当然，商店购物者也可以作为分析的一部分来考虑。例如，商店提供和销售的产品可能是"不好的"，也就是说，它们的使用过程不安全？就这一点而言，商店对购物者来说安全吗？它们是否符合有关使用法律？再者，如果你作为一名管理者，不确定商店的某些条件或行为是否会引起法律问题，寻求这些问题的答案至关重要。了解消费者的需求以及他们如何受到法律保护对于经理来说非常重要。如果你发现你对消费者安全和法律保护问题特别感兴趣，作为产品安全或法律专业人士的一个全面事业可能构成你的职业品牌的基础。你如何很好地识别潜在的法律利益和寻求相关的解决方法可能是另一个将你定义为时尚专业人士的特征。

负责确定安全生产行为是服装行业中另一个职业选择

寻找法律解答

在你的职业生涯中"合法"并不意味着你必须知道或将知道如何解决法律问题。正如你所看到的，能够确保那些参与者的利益是重要的第一步。与其他人合作和确保他们的利益对于职业成功是必要的。下一步涉及知道在哪里找到法律答案。高级管理人员、人力资源主管和法律专业人员都是关于如何合法保护各种利益信息的来源。服装专业人士应该知道影响他们行业和具体工作的合法环境。完成这些是需要时间的。要获得更完整的理解，教育和经验是必要的。通过确保利益和及时寻求对所关心问题的合法解决途径是将时尚产业规则融入你的职业品牌中行之有效的一种方式。

有利可图

这条规则可以更好地为现代时尚游戏的要求重新分类！无论你的职业兴趣和你如何定位你的个人职业品牌，雇主会寻求那些可以为他们的公司赚取利润的员工。运营企业的成本加上缺乏盈利是敲在那些即将破产的服装企业头上的拳头。时尚之都包含了许多这样的例子，尽管那些设计师和企业表现出了创造力和激情，但是都因无利可图并最终失败了。

法国设计师克里斯汀·拉克鲁瓦（Christian Lacroix）就是一个例子。他的设计以大胆的、西班牙风格的印花和颜色而享有盛誉，及其众所周知的裙撑风格的裙子［采用英国电视节目《绝对精彩》（*Absolutely Fabulous*）中的名字使其不被

这个空店面曾经可能是一个繁荣的服装零售店。如果公司不盈利，他们将不会在时尚行业得以生存

遗忘]，但现如今已经彻底消失了。拉克鲁瓦（Lacroix）的母公司、路威酩轩集团（Louis Vuitton / Moet-Hennessey）在经过多年的经营所有权后卖掉了这个品牌。据估计，在公司存在的 20 多年里，它从来没有赚到利润！然而，它确实为路威酩轩（LVMH）集团和法国服装产业带来了广泛的媒体关注。现在，除了几个许可产品，例如男士领带，一点也看不出来这个品牌曾经是时尚新闻和潮流引领者的宠儿。

制作、销售、推广和购买服装是昂贵的。在"花钱赚钱"的基础上，很容易证明所有这些方面的支出是正当的。花费和超支产生的最小结果也会发生。然而，回想时尚产业规则的目标：消费者。当他们有理由购买或继续购买你或你的企业向他们提供的产品时，利润随之而来。他们是企业的"利润中心（Profit Centers）"。此外还要求生产（和其他）成本保持尽可能低，这些是企业的"成本中心（Cost Centers）"。结合这些，同时保持与产品和商店相关联的时尚品牌的完整性和品牌形象是在时尚产业规则中"参与"的一部分。在这些背景下工作可以是基于时尚产业规则建立个人职业品牌的另一种方式。

第 2 步：进入时尚产业

与他人合作？作为一个企业家自己工作？这是进入时尚产业规则的两种方式。可能的话，你最开始将与其他人在一个公司或商店工作。什么对你最有意义？如果你已经拥有丰富的经验和财力，对新的时尚产品或服务有很好的想法，作为企业家可能会更适合你。另外，你则可能需要获得经验。与他人合作是一个很好的实现方式。一旦你有了这些基础，在做重要的决定时，想想你需要些什么文档和技能。

第3步：基本的求职文档和技能

你是独特的。你为了进入时尚行业所准备的文档和媒体材料应该会体现这一点。

简历

简历（Resume）可以用来识别你和提供你的联系信息。更重要的是，会描述你的教育和工作经验。也通常会涵盖以下信息：学术机构的名称和地点、开始日期以及所获的所有证书、学位和荣誉。在准备和使用简历时，有几个方面要考虑。

首先，所有包含的信息应准确和真实。由于社交媒体和互联网相关的搜索引擎，潜在雇主越来越容易发现信息的差异。其次，简历可能会被潜在雇主电子扫描。这意味着可能会通过寻找关键词和短语来配置特别的岗位。例如，一个正在寻找助理买手的零售店老板可能会尤其对具有"定量分析技能""熟练使用、分析电子表格"和"使用电子表格软件（Excel）"技能的应聘者特别感兴趣。这个案例意味着简历（包括纸质版和电子版）必须仔细审查。这两个版本都应该正确地反映职位要求中包含的能力和语言要求。你在书面上会被如何看待？将你的简历展示出来！

在求职过程中，你将需要建立简历来展示你在时尚行业的任何经验

求职信或介绍信

　　求职信（Cover Letters）应附在简历之后，并提及你感兴趣的职位。主要目的是寻求获得潜在雇主的面试。这些也是简历的独特"面"。简历给你在时尚行业的兴趣提供了一个机会。首先你为什么对这份工作感兴趣？你为什么会是最好的候选人呢？如果你得到它，你会在工作中做什么？换句话说，求职信给你提供了表达和详细说明如何为应聘企业增值的机会。再换句话说，你是给潜在雇主提供了想要更多了解你的原因，即将会在面试过程中寻求的信息。

作品集

　　在线的或纸质版的作品集（Portfolios）会显示出你的专业能力。这些可以让那些时装设计师、视觉陈列师和其他寻求就业的人的作品被其他人看到。作品集的内容展示了你的视觉创造力和解决问题的能力。例如，你是否从设计到动手制作完成了一件服装，而不是为该任务专门购买的？你是否感兴趣地在做这些，以一种"以前从未想过"的方式？诸如此类的成果，包括你赢得了奖项或受到了关注的成果，都将成为作品集的备选。作品集体现出了你的创意观点和专业技能。

　　如同简历一样，作品集内容可能不得不关注招聘者在工作信息中表达的需求。例如，你是否已经为特定的目标客户开发了一个完整的季度系列，包含创意主题及其他变化款式？你可以在设计作品中使用现有的品牌元素（如颜色和标志）进行创造性地发挥吗？那些寻求职位的设计师或视觉陈列师可能会被要求证明这些能力。因此，作品集内容可能必须着重关注这些能力，而不是那些潜在雇主不感兴趣的能力。如果时尚设计是职业兴趣，你可以期待以后特别关注强调作品企划的课程。

　　服装设计课程的教师可能对作品集内容和形式有更详细的建议，但一般来说作品集应该：

1. 展示优秀的素描能力和媒介使用能力，如铅笔、钢笔、水彩或计算机辅助设计（CAD）程序。
2. 包含个性化服装的精彩效果图，展示设计原则和色彩使用方面的知识和能力。
3. 理解如何组织一个主题一致的作品或一系列相关的服装设计。
4. 展现"干净利索"的工作，不会显示出匆忙和粗心的痕迹，使用清晰和准确的画纸。发布到网站的作品集应易于访问和浏览。

　　如果你对样板和样衣制作感兴趣，必须要准备完整样板或你能成功完成的一些作品集，例如定制的西装或晚礼服。可以准备成品服装及其细节的照片来展示你的能力。确保带好你完成的完美的作品，如造型设计作品。

其他应聘材料

许多雇主，特别是零售商，要求求职者完成预打印的，有时也要非常详细的申请书。这些是最基本的简历，虽然也可能是要求应聘者做的。由于简历是为招聘公司准备的，但通常也会为应聘者提供机会，以识别和解释他们以前的就业经历。应聘材料还可以引出应聘者的陈述，关于他们如何认为自己将会是符合公司、其业务目标以及公司使命或目标的人选。可以填写好相应文档留到职位到位时或在雇主寻求填补的职位空缺时提交。详细但必要的申请表可以让雇主知道潜在员工的技能。

对于传统应聘程序，从简历、求职信方式到搜索职位的方法，留意更新的趋势是非常重要的。现在，求职者在求职过程中广泛分发材料文件夹是越来越普遍。这意味着向潜在的雇主提供这些材料，有些职位可能还没有开放，但是那些申请人却非常感兴趣。这些可能由企业进行存档。此外，这些个人简历可能在面试后留给潜在的雇主。这些文件夹包含一些简单的参考信息、工作形象（可以展示应聘者最有突出的能力）和书面材料，使他们成为最适合这些职位的候选人。

目前，电子媒体包含了各种各样展示你的证书和突出你的能力的方法。如上所述，现在设置个人互联网站点，甚至开启一个博客是非常容易的。向朋友非正式地或在正式面试期间展示这些的另一种方式是通过使用 iPad 或其他平板设备。获取和使用这些设备可以让你轻松地"收集"许多文档、图片和其他你可能需要的媒介。此外，它也是你在面试期间方便展示设计和图片的一种手段。例如，你可以在面试官面前直接呈现想法，完成建议的颜色和面料设计。跟上新技术和使用这些先进设备可以促使你成功地找到工作，同时为自己的职业品牌增添光彩。

工作技能：面试

无论是打印版的还是电子版的材料，都缺乏个人面对面访问的维度和深度。面试（Interview）是招聘者和应聘者见面和探讨两者之间是否专业"适合"。你知道面试所需的诸如简历和其他材料，并用这些文件来寻找工作。那面试怎么样？你期望和回想什么对他们是重要的？

无论你面试的是第一个实习工作还是管理职位，也许最好的事情就是记住要有所期待！一些面试是在舒适的会议室进行，也有一些在狭窄的办公室或隔开的车间，附近还有繁忙工作的其他人。无论在什么情况，面试成功的建议包括：

1. 勇敢的表达自己，就跟一个服装专业人士一样。这意味着要穿着合适，点头致礼。无论这个职位或者目前的流行风格是多么的开放，要避免过度暴露，穿着不合身的服装。

2. 良好的装扮和举止行为也有助于你的形象。太过招摇的妆容或发型（除了对于相关行业的求职者）会遮盖你的专业能力。曾经文身和穿孔是非常受

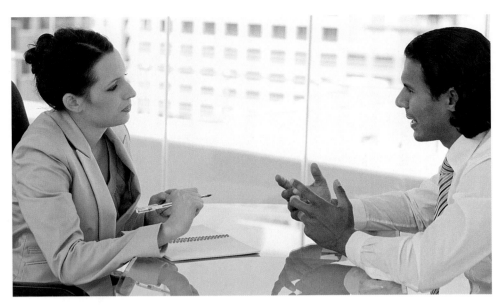
面试给你提供了建立和推销自己的机会

欢迎的，那些往往是应聘者自信的表现。如今，在面试过程中这种展示被认为是不合适和分心的，应尽量减少其出现。你可能会需要长袖连衣裙或衬衫这种"主流"服饰的替代，包括低调的首饰。此外，及时到达会显示出对招聘者的尊敬，虽然可能在面试开始前会有一段等待时间。通常，所有公司参与者到齐也会需要一段时间。技术提供了许多优势，但不适当的使用（如在面试期间讲电话或发短信）对于展示专业形象是没有帮助的。

3. 你的简历显示了你的教育、以往的经验、你的外表和正式的形象，但什么来表明你的激情？这包括你对你正在申请的工作和时尚本身的热情。在面试中使用你对行业和公司所了解的知识（通过个人研究收集）是至关重要的。此外还要展示你如何进步，同时仍然在进一步学习。

4. 面试中"该做的"和"不该做的"事情可能是数不清的。上面的建议只是考虑的几个方面。应该增加对进入该公司和行业的渴望、能量、甚至是激动。即使你已经知道了很多关于公司和你选择的职业领域信息，还是应该做进一步的研究。这样做将为你指引进一步成功的方法，指导你在面试中可以使用的方式。此外，在回答各种各样的问题时，展示"随机应变"的能力是另一个重要的技能。大多数招聘者都有兴趣知道你与他人合作的情况，特别是在困难的情况下。你的简历应该反映这些能力，你可能需要思考你在面试时如何强调它们。最终，你会被问为什么你想要应聘这份工作。其中一个理想的回答应该是一个逻辑表达清晰的答案，可以反映你过去的成就，以及未来的希望。

再次重申：对任何事情抱有希望，且已做好准备，包括你的成功。

工作技能：使用社交媒体开始你的时尚事业

据估计，现在大多数招聘者会通过社交媒体寻找新员工。脸书是之前讨论过的其中一个这样的平台。就跟你知道的一样，在那里，个人能够张贴个人资料，并与他人互动。随着时间的推移，它的使用已经扩展到企业，如求职和职业发展。由于这个原因，它的用户越来越多地将关于他们专业生活的页面添加到个人页面中。推特随着实时的发展，可以保持个人和团体之间的信息流动。每个人都可以通过它持续更新，特别是当社交媒体平台与移动技术结合使用时。社交媒体将工作和人们聚在一起，特别是在时尚和零售业。

领英（LinkedIn）是另一个极度重要的社交媒体平台。专家估计，它是用于做业务联系（例如招聘员工）的主要社交媒体。它的重要性仅次于脸书，然后才是推特。像推特和脸书一样，领英需要用户注册才能使用其服务并与其他人互动。然而，与它们不同的是，领英几乎仅专注于职业领域：将雇主和潜在员工、顾问和其他专业人士聚在一起。领英不像推特那样可以实时操作。因此，保持尽可能及时的发布仍然至关重要。当然也存在其他平台，似乎每年都有一个"流行"的方式！事实上，了解最新的方法，在其他人之前发现和使用这些技术，是使用技术为你和你的职业品牌提供优势的一种方式！

博客	社区	联系
数据	信息	更多信息
文件夹	网站	www

图片中列出的所有项目是你能向潜在雇主推销自身的方式

社交媒体可以使你和你的职业品牌更出众

记住时尚产业规则"成为一个大品牌"？你已经看到了如何自己做到这一点，以及找到一个平台来推出它的重要性。你怎么才能做到呢？社交媒体专家提出以下建议：

1. 在姓名旁边的标题或描述性区域中描述清楚你的能力范围。职位名称可能不足以传达你的专业能力范围。因此，想一个口号表达你和你的职业品牌。例如，思考不同的短语表达了什么不同的印象，如"视觉趋势传播者"和"视觉营销者"相比。

2. 用不同的方式描述自己，将自己定位为所在专业的专家或思想领袖。你在你目前和过去的工作中做了什么很少有人能够完成的事情？你是否已经在网上发表了文章或建立了博客，且有其他人跟随和评论？

3. 使用能够吸引潜在雇主的表达语言。阅读在你职业领域中发布出来的职位。为达到目的而采用其中使用的术语和短语。使用词语来演示你的专业能力，以解决问题，并使项目最终成功，给雇主带来切实的好处。例如，

使用在线工具比传统简历形式更容易展示你更多种类的个人能力

寻求提升自己事业的时尚零售经理可能会注意到他们的合作者，以及在销售部门和其他团队成员之间启动和实施的管理目标。在这些声明之后将会解释这些目标是如何实现的，以及如何最终让公司受益。潜在雇主在寻求具有受欢迎的技能和经验的个人时，会看到社交媒体的帖子。你如何通过熟练使用语言来定位自己，这就意味着雇主们如何找到你！

4. 寻找你所在地区的真实或虚拟专业人士群体，他们经常交流关于他们工作的信息和故事，无论是真实的还是向往的。在那里建立一个展示空间，让人们知道怎么联系你，以及后续的发展！在时尚界，绝对有一个"社交渠道"，一个你和任何人都可以建立的联系网络。

5. 定期更新维护你的职业和联系信息。对于这一点，设法避免你社交媒体帖子与简历之间的信息差异性。你来并不是为了解释你的信息差异。所有潜在的雇主参考的是你通过发布表达自己的内容和方式。确保可以轻松访问。这意味着设置收件箱隐私控制，这样可以收到来自除现有联系人列表之外的其他人的电子邮件和文本。还需要确保你通过移动设备连接到脸书等平台。随着趋势发展，你作为时尚专业人士的信誉现在可以扩展到技术的使用上！社交媒体应用及其使用每天都在变化发展。研究你职业领域发展的一部分是跟上这些以及它们可能被使用的创新方式。通过了解最近、最新的技术进步和应用程序，以及如何将其集成到企业中，你可能会成为思想领袖。

其他重要的求职文档

某些类型的时尚企业需要商业企划（Business Plans）。对于从自己的财政储备以外的来源寻求资金的企业家尤其如此。商业企划是一份对个人及其创业思想的正式且高度详细的描述。这些文件包括：

1. 商业企划的理想结果，其目标及其任务，目的和存在的理由。
2. 要生产或提供的产品、服务的种类。
3. "目标市场"，这些可能被吸引的消费者。
4. 对提供相同或类似商品、服务的竞争企业的调查。
5. 如何构建和管理新业务。
6. 详细描述产品将如何制作，包括在哪里、由谁制作，或如何建立和提供服务。
7. 在一定时间内开始和运营该实体所需费用的资金估计。
8. 可能从运营收到的款项估计。
9. 促进业务所需的营销和广告推广措施。
10. 支持业务所需的其他职能信息，如法律、会计和人力资源管理。
11. 对每个部门细节进行正式的态势分析法（强项、弱点、机会和威胁）。

也许你还没有准备好开始作为一个时尚企业家的职业生涯。实际上，当你在为时尚职业做准备时，会出现什么想法？需要牢记的如下：

1. 参加招聘会（Job Fairs）和他们的社交网络是很好的方式，使他人能知道你的存在和兴趣。与那些已经在时尚行业的人们一起参加展会和行业见面会可以让你亲身经历地参与专业人士活动，听他们说，并最终自己决定是否能执行他们的任务。

2. 时尚行业的第一份工作可能不是吸引人的、高报酬的、甚至是根本没有报酬。然而，他们让你可以慢慢地接近这个行业，了解它如何运作。实习（Internships），即学生和应届毕业生为各种形式建立的时尚公司工作，通常是许多人进入时尚的第一步。

实习经常需要很长一段时间，做一些诸如监控社交媒体发布、接听电话、整理资料或者可能为老板运行个人差事之类的事情。你可以决定是否对实习感兴趣，并且在你从事实习工作时保证有其他资金来源。诚然，你会获得经验和机会，正如许多人所发现的。你可以作为实习生开始自己的社交网络，然后同时从那里开始。

如果你的学校提供正式有组织的实习作为最终成绩或文凭的一部分，请确保你了解作为实习生将需要参加哪些活动和履行的任务，以及你和指导顾问在学校、工作场所如何记录此类工作。如果不这样做，可能会导致你的努力无法获得学分。如果你必须自己找到实习工作，你要学会平衡，如作为实习生你可能会获得什么，而你可能会为此花费自己空余的时间、精力和其他资源，并要有足够的钱来应对。例如，你会放弃在零售商富足的职业工作，而作为一家时装公司的有薪行政助理重新开始吗？只有你自己能知道。

许多实习职位承诺如果事情顺利完成，将来就会获得全职的有偿岗位。在知道自己是否会被雇佣而拥有一份真正的工作之前，要问自己这份工作是否理想以及自己愿意接受的程度。询问公司最终雇用了多少实习生。时尚职业是关于选择。你已掌握的关于时尚和这里学到的关于时尚产业发展战略方法的知识可能会帮助你把"无酬"变成"专业"。你准备好迎接这个挑战了吗？

本章小结 Summery

在某个地方，你已经遇到了哪些面对时尚职业的想法。当然你还得到了一些关于如何追求这些目标的想法。一旦开始工作，考虑、了解、反思和运用所有这些信息将是十分重要的。但是工作可能是什么？这是一个你必须回答的问题。还有你真正感兴趣的是什么？

问自己，这种兴趣是否足够强大、持久，我们对时尚职业要足够诚实和坚韧。你是否有各种各样的动力去经历时尚产业中所描述的各类活动和实际工作，以及随之而来的挑战？

时尚产业规则范式的核心是在时尚职业中提供一种直接的方式来思考、建立和受益。做一个大胆的第一步，寻找适合你、你的兴趣和你的个人目标的职业，了解时尚产业发展策略可以帮助你。无论你做什么，你对时尚是否有贡献，只要知道你做出了正确的选择，而且是你自己的选择！

祝你好运！

问题回顾：你发现了什么？

1. 描述如何运用时尚产业规则的四大原则来寻找与时尚有关的工作？

2. 时尚行业有哪些基本的职业道路？它们的特征、利益和挑战是什么？

3. 描述简历、作品集的目的和内容。

4. 企业家可能会用到哪些类型的文档以及特点是什么？

5. 描述在寻找时尚行业工作时"社交技能"的重要性。举两个例子说明这类能力对工作前景的重要性。

专业词汇

简历（Resume）

面试（Interview）

作品集（Portfolio）

商业计划（Business Plans）

招聘会（Job Fair）

求职信（Cover Letter）

个人网站（Personal Internet Sites）

社交媒体（Social Media）

博客圈（Blogosphere）

个人网络（Personal Networking）

利益相关者（Stakeholders）

利润中心（Profit Centers）

成本中心（Cost Centers）

市场日模拟项目工作表

市场日会发生什么？

项目目标	在准备和兴奋之后，你的报告该如何出场？在活动上会发生什么？在这个项目上你讲描述你的努力		
第一步	你的展示会有多少参观者	第二步	他们会说些什么？记录下他们的评论
第三步	评估竞争！描述其他参与者对市场日的贡献。有什么突出的地方？为什么这么有趣呢		
第四步	你有什么可以做得更好？你可能失去了哪些精彩之处		

你如何参与到时尚产业规则中（可选项目）

你会置身何处

项目重点	通过想象时尚以及你的行业的未来，你能获得灵感。思考你做了哪些贡献，以及这些贡献如何使你获得成功
第一步	描述毕业后的5年里你想在时尚生涯内完成哪些任务 预测那时的时尚行业将发生什么变化？你如何从那些变化中获益
第二步	描述毕业后的10年内你想在时尚生涯内完成哪些任务 预测那时的时尚行业将发生什么变化？你如何从那些变化中获益
第三步	当涉及时尚职业生涯时，你最大的优势和弱势是什么？你如何发挥优势并弥补弱势

附表

市场日模拟项目表
跟踪市场日准备情况
第2天：　　完成任务列表

目的　　关于这个项目你是否需要其他帮助？用这张表格
制作副本，如果你需要附页来记录过程，或帮助其他团队成员完成任务
目前你已经完成了什么

_____
_____
_____
_____
_____

还剩下哪些任务？将你或你团队的任务列出来

_____
_____
_____
_____
_____
_____
_____
_____
_____
_____
_____

带给你时尚的零售店铺（可选项目）

一个时尚零售店简介

目的	零售店有自己的个性！在这个项目中，您将调查您觉得有趣的任何形式的特定商店。然后你会收集信息，在备忘录里写下你的发现，与别人分享
第一步	你选择的商店_____
第二步	你如何区分商店类型（奢侈品、百货商店等）
第三步	描述你认为被商店及其产品吸引而来的时尚消费者类型
第四步	商店提供了哪些服务用于提升其形象
第五步	你觉得商店应该在哪些方面努力做得出色来吸引和维持目标消费群
第六步	在那些努力中你选择的商店哪些方面做得更好
第七步	选择可以代表你所选商店的形象，解释为什么可以代表企业形象

文献注释（Annotated Bibliography）

You may skip bibliography sections in other texts, but take a look at this feature of *The Fashion Game*. There's something here if you wish to know more about just a few of the sources used to compile this text. The following references are highlighted because they are both interesting and readable. As such, they may be helpful, easy starting points for research in other classes. The sources here may be inspirational, too—places where you will find information that will further your personal interest in and knowledge about fashion. Also, most of these resources contain engaging images that will expand your visual "vocabulary."

These sources should be available in your school's library and through Internet resources such as *WWD* online. More esoteric ones may require further research, but all are available as of this text's publication date. Fashion, like any other profession, owes much to its past and commentary on its current meaning. With your interpretations, these sources can become foundations of fashion's future.

I. General Interest and Current Events Related to Fashion and Retail

Boucher, Francois. 1987. *20,000 Years of Fashion: The History of Costume and Personal Adornment, Expanded Edition.* New York: Harry N. Abrams, Inc.

Detailed recounting of costume history, encyclopedic in scope and detail for research purposes, yet fascinating on its own to read.

Drake, Alicia. 2006. *The Beautiful Fall: Lagerfeld, Saint Laurent, and Glorious Excess in 1970s Paris.* New York: Little, Brown & Co.

The stories behind fashion juggernauts Yves Saint Laurent and Karl Lagerfeld are joined in this exciting work, much of which was derived and written from the author's own original research. Fascinating firsthand recounts and interviews.

Hethorn, Janet, and Connie Ulasewicz. 2008. *Sustainable Fashion: Why Now?* New York: Fairchild Books.

This is a new era, and a new consumer has emerged: one who is concerned with making as small an impact on the environment as possible. A good "first read" for those interested in this growing area of the fashion business.

Hsiung, Ping-Chun. 1996. *Living Rooms as Factories: Class, Gender, and the Satellite Factory System in Taiwan.* Philadelphia, PA: Temple University Press.

The darker side of garment manufacture is described in this work. Some fashion companies now expressly forbid "take home" piecework in an effort to prevent entire families, including children, from becoming de facto laborers.

Landis, Deborah Nadoolman, and Anjelica Huston (Foreword). 2007. *Dressed: A Century of Hollywood Costume Design.* New York: HarperCollins Publishers.

Hollywood has had an undeniable influence on fashion. This work explores that concept in thrilling detail. As well, costume design for film and theater could be a practical career for those interested in fashion history; a work such as this is a good starting point to learn more about what is involved.

Marcus, Stanley. 1975. *Minding the Store.* New York: Signet Press Paperback.

Legendary Dallas, Texas, retailer Stanley Marcus lived much of retail history in the twentieth century. From taking over management of the Neiman Marcus stores to establishing World War II–era fabric and clothing construction standards to working with every major (and minor) fashion designer, his influence is still felt.

---. 1979. *Quest for the Best.* New York: Viking Press.

Fashion brands and their development and management explained from the viewpoint of a luxury retailer; Marcus was among the earliest to attempt to define brand image, or in his term, "mystique," a concept he explores in great detail in this work. Marcus is one of the few retailers to write about his experiences and observations as early as the 1970s.

Milbank, Caroline Rennolds. 1997. *Couture: The Great Designers*. New York: Harry Abrams, Inc.

One of the most beautiful pictorial references of fashion history available, it contains images of both well-known and lesser-known, but otherwise highly influential, fashion designers. Detailed and erudite in tone, but a fascinating read.

Neimark, Ira. 2006–2007. *Crossing Fifth Avenue to Bergdorf Goodman: An Insider's Account on the Rise of Luxury Retailing*. New York: Specialist Press International.

As brands become ever more specific as to their intended customers, the "luxury" category has emerged as an important niche. This text explores how one retailer identified and developed a preeminent luxury retail business.

Schnurnberger, Lynn. 1991. *Let There Be Clothes: 40,000 Years of Fashion*. New York: Workman Publishing.

This general-interest book is a humorous, colorful look at fashion history throughout the ages. Presented in "scrapbook" format, it is a fun read.

Strasser, Susan. 1989. *Satisfaction Guaranteed: The Making of the American Mass Market.* New York: Pantheon Books.

Ostensibly about packaged consumer goods, this consumer-interest work details the ways in which such items became as accepted and as commonplace as they are in modern American society; there is much information on how early department stores and visual merchandising efforts were effective to those ends.

---. 1999. *Waste and Want: A Social History of Trash*. New York: Henry Holt, LLC.

---. 2000. (Reprint). *Never Done: A History of American Housework*. New York: Owl Books.

Both works recount in painstaking detail what life was like before shopping malls and the ready availability of apparel items.

Weber, Caroline. 2007. *Queen of Fashion: What Marie-Antoinette Wore to the Revolution.* Picador, USA.

And you worry about what to wear? The fascinating political, and sometimes bloody, implications surrounding fashion and the symbolism of dress in eighteenth-century France is explored in this amazing recounting of French fashion's earliest beginnings.

Underhill, Paco. 1999. *Why We Buy: The Science of Shopping*. New York: Simon & Schuster.

---. 2004. *Call of the Mall: The Geography of Shopping*. New York: Simon & Schuster.

Both should be required reading for those interested in management of fashion brands, visual merchandising, fashion marketing, retailing—in short, for just about anyone interested in careers that rely on enticing consumers to purchase goods offered for sale in physical, brick-and-mortar venues such as malls and stores.

II. Selected Articles and Periodical Publications

Part One: What Is the Fashion Game About?

Newsmakers of the Year: The Twenty Nominees. WWD.com. November 28, 2012. Retrieved November 28, 2012.

Grinberg, Emanuella. Cash-Strapped Millennials Curate Style via Social Media. CNN.com. October 16, 2012. Retrieved November 28, 2012.

Lockwood, Lisa. Hispanics Tip the Fashion Vote. WWD.com. December 3, 2012. Retrieved December 5, 2012.

Conti, Samantha and Evan Clark. Retail Stocks Outpace Market. WWD.com. November 28, 2012. Retrieved November 28, 2012.

Clark, Evan. Women at Work: Fashion's Glass Ceiling Prevails. WWD.com. October 29, 2012. Retrieved November 28, 2012.

Part Two: Fashion Game Players in Action

Friedman, Arthur. Fiber Innovations Answer the Call. WWD.com. November 19, 2012. Retrieved November 28, 2012.

Wilson, Eric. Why Does This Pair of Pants Cost $550? WWD.com. April 28, 2010. Retrieved April 16, 2013.

Clifford, Stephanie. One Size Fits Nobody: Seeking a Steady 4 or 10. WWD.com. April 24, 2011. Retrieved April 16, 2013.

Karr, Arnold J. USA: Consumers Say They Will Pay. WWD.com. September 5, 2012. Retrieved November 28, 2012.

Lewis, Jacquelyn. Spring Breaks: The Launch Craze. WWD.com. September 17, 2012. Retrieved November 28, 2012.

Lockwood, Lisa. Special Report: Catering to the Ever-Demanding Customer. WWD.com. October 24, 2012. Retrieved November 28, 2012.

Getting Personal: Retailers Mine Data to Offer Consumers Tailored Experiences. WWD.com in conjunction with Cotton Incorporated. August 2, 2012. Retrieved November 28, 2012.

Screen Time: Mobile Devices Become Increasingly Essential to Retail. WWD.com in conjunction with Cotton Incorporated. November 15, 2012. Retrieved November 28, 2012.

Part Three: Fashion Game Issues

Ellis, Kristi. Design Piracy Bill Reintroduced in Congress. WWD.com. September 10, 2012. Retrieved November 28, 2012.

Friedman, Arthur, with contributions from Mayu Saini, Ellen Sheng. Manufacturing's Lament: Factory Abuses Persist. WWD.com. November 27, 2012. Retrieved November 28, 2012.

Carpenter, Susan. Yes, Even Clothes Can Be Recycled. *Los Angeles Times* (latimes.com). March 21, 2010. Retrieved September 8, 2012.

Part Four: The Fashion Game in Motion

Clark, Evan. Top 10 Emerging Markets. WWD.com. November 19, 2012. Retrieved November 28, 2012.

Farrar, Lisa. Chinese Homegrown Brands to Watch. WWD.com. December 28, 2012. Retrieved December 28, 2012.

Edelson, Sharon. Recruiting in a Digital World. February 7, 2012. WWD.com. February 7, 2012. Retrieved November 28, 2012.

致谢（Acknowledgments）

Publishing, like fashion, is a game. It has been my pleasure to team with Pearson Education, and its "players." I wish to thank Vern Anthony, Doug Greive, Sara Eilert, Janet Portisch, Alicia ("Woz") Wozniak, Amanda Cerreto, and, of course, Laura Weaver, publishing's most patient editor, for their support of this project as it took various developmental turns. As well, I would like to thank Susan McIntyre and Cindy Miller of Cenveo© Publisher Services for assistance with this text's final manuscript. They were always available and helpful in bringing about what has become *The Fashion Game*.

Thanks, too, is due other players. These include the previously unknown to me, but certainly influential, reviewers. Their insights—gleaned from years of education, research, and teaching—ultimately helped determine the content of *The Fashion Game*. The efforts of these contributors are greatly appreciated. They include:

Debra Powell, The Art Institutes
Elena Karpova, Iowa State University
Patricia Cunningham, The Ohio State University
Robert Battle, Nassau Community College
Kathleen Colussy, The Art Institutes
Dhona Spacinsky, Academy of Couture Art
Della Reams, Virginia Commonwealth University in Qatar
Doris Treptow, Savannah College of Art and Design
Jim McLaughlin, Florida State University
Laurabeth Allyn, Cazenovia College
Cherie Bodenstab, Fashion Institute of Design and Merchandising

Other fashion education professionals I would like to acknowledge include Marilyn Sullivan, Fashion Marketing Coordinator of Dallas's El Centro College, professional mentor and friend. I value the insights and suggestions she, her students, and colleagues offered about this project during my association with the college. Over the last year of this project, the faculty, staff, and students of L.I.M. College, New York, offered informative feedback and encouragement, all beneficial toward completion of this project. Especially, I would like to thank fellow textbook author and L.I.M. Dean of Academic Affairs, Michael P. Londrigan, for his interest and encouragement. How did this all begin? I would be remiss if I did not mention Dr. Beth Wuest, Associate Vice President for Institutional Effectiveness at Texas State University, who, not really so long ago, offered positive, realistic suggestions about my career change into fashion merchandising.

My personal team includes those who experienced this project along with me, always asking, hopefully, how "the book" was progressing. I acknowledge with thanks the talented, concerned, and insightful friends who kept me on track:

Dr. Wayne R. Kirkham, MD, and Sally L. Kirkham, PhD, of Dallas, Texas: gracious, encouraging, always "A little bit crazy, Man!" and ever the more lovable.

Throughout, Harlen Fleming and Eric Bown of Chicago remained interested in and supportive of *The Fashion Game*. Bill Taylor, family friend for two generations, Gene W. Voskuhl, MD, David J. Rodriguez, and Anita (Ani) and Pedro Nosnik, MD, made up my Dallas team of well wishers, too. Thanks, guys! The longtime "Austin Gang," Carla Cox, Michael Helferich and Gene Brenek, Laura Martin and Brian Watkins, Lucius and Lynn Bunton, and Susan Adler, MD, and Marvin Zellner, MD, always encourage my writing endeavors. Thanks to them as well!

Virginia Regier, accomplished writer and newspaper editor in her own right, remains an attentive listening ear and source of insights about the writing and publishing processes. I appreciate and thank her for her interest in and support of all my writing endeavors.

Michael Regier, to whom I dedicate this text—may *The Fashion Game* serve as testament to your belief in me and my abilities.

作者简介（Author Biography）

Gordon T. Kendall, JD, MBA, is a freelance author based in New York and New Jersey. He has served on the adjunct fashion merchandising faculty at Southwest Texas State University (now Texas State University) in San Marcos, Texas. He has also served as a lecturer and member of the fashion advisory committee at El Centro College in Dallas, Texas. He is an executive member of the New York (Manhattan) Chapter of Fashion Group International and a Professional Member, International Textile and Apparel Association (Pending). As well, he is an adjunct faculty member at L.I.M. College, New York. His previous titles include: *Designing Your Business: Strategies for Interior Design Professionals* (2003) and *Fashion Brand Merchandising* (2009) as well as articles about fashion history, design, retail, and brand management.

资源简介（Instructor Resources）

DOWNLOAD INSTRUCTOR RESOURCES FROM THE INSTRUCTOR RESOURCE CENTER

To access supplementary materials online, instructors need to request an instructor access code. Go to www.pearsonhighered.com/irc to register for an instructor access code. Within 48 hours of registering, you will receive a confirming email including an instructor access code. Once you have received your code, locate your text in the online catalog and click on the 'Instructor Resources' button on the left side of the catalog product page. Select a supplement, and a login page will appear. Once you have logged in, you can access the instructor material for all Pearson textbooks. If you have any difficulties accessing the site or downloading a supplement, please contact Customer Service at http://247pearsoned.custhelp.com.

◐第4页，大部分跟时尚有关的经历都起源于购物和观看实体店的橱窗展示

◐第6页，时装秀将涉及时尚及零售行业的各个代表者们聚集在一起

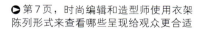◐第7页，时尚编辑和造型师使用衣架陈列形式来查看哪些呈现给观众更合适

◑第8页，萨尔玛·海耶克（Salma Hayek）的红毯照。设计师可以通过大型宴会活动获得曝光率

◑第10页，零售商店是分销渠道的一部分，使得时尚进入到市场

◑第11页，鞋子的商店展示是视觉营销的一个例子

◐ 第16页，购物中心完美呈现了时尚产业规则的许多领域：生产商，时尚采购商，渠道商和消费者

◐ 第24页，在18世纪只有极少数消费者能够接触时尚。材料十分昂贵，大部分时装是来自家庭制作的

◐ 第25页，服装面料直到
18世纪才开始手工制造

◑ 第36页，婴儿潮有着相当的影响力，
需要合适的款式和良好的消费服务

◐ 第39页，零售店铺的陈列展示了
时尚创意，并根据市场改变

◐第46页，一个时尚团队，不管是在媒体工作还是时尚领域，都包括了不同岗位的所有人

◐第57页，许多企业超过基本标准，建立了安全的办公室、工厂、仓库和其他工作平台

◐第59页，营销策略一般指利用广告、宣传和折扣来支持产品

◐ 第71页，缝纫机是一种技术进步，确保纺织品可大规模生产，更利于进入市场

◐ 第72页，这些纺织品是许多纱线通过不同的技术获得的，呈现出了良好的外观

◐ 第73页，图中陈列的大衣主要是由皮毛制成的

◗ 第74页，棉是制作
面料最基本的原材料

◗ 第79页，通过染色将图案
印在面料上

◗ 第85页，牛仔裤上的线迹使其比平
纹牛仔布显得更加与众不同

第87页，拉链是时尚中一种重要的装饰

第95页，草图是创作服装大致轮廓的必经步骤

第97页，设计师制作的系列
服装都是围绕特定主题的

第99页，设计师经常基于经典服装的款式、颜色和面料设计系列款式

第101页，这些数字代表了制造商和指定产品

第109页，大型购物中心包含了不同制作商提供的产品

○ 第114页，个性商店卖特别类型的产品，如化妆品

○ 第134页，葡萄酒时尚广告

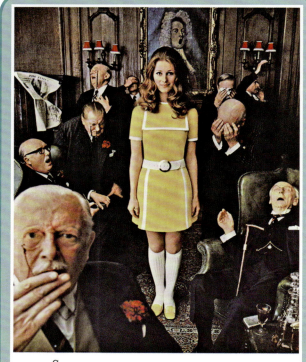

Shatter the rules in Terlenka. Invade the stuffiest men's preserve in this gay, young creation of St. Honoré.

The bold belt and yoke effect is beautifully accented by white piping.

And, of course, Terlenka means it couldn't be easier to care for. Colours include Navy, Peach, Saffron, Red and Dove Grey. About £6.

○ 第135页，商店用许多工具来进行宣传

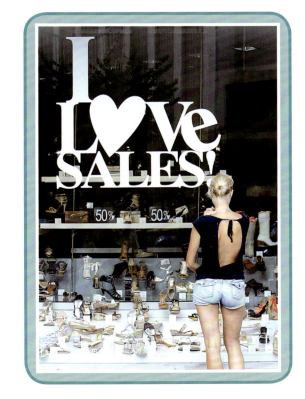

◐第139页，时尚杂志都是宣传不同产品的广告

◑第141页，打折促销是最好的时尚推广方式

◐第142页，哪种促销的理念是店铺促销？

第146页，教育为分享时尚知识和经验提供了许多机会

第158页，设计师手包是最流行的名牌仿制品之一

第161页，大量出现的仿冒品是规范时尚行业中遇到的严重问题

◐ 第183页，生产环保牛
仔布的部分原料来自塑料

◐ 第190页，时尚的传播取
决于文化背景和经济趋势

◐ 第192页，在中国销售的都是类似这样的西式衬衫

◐ 第195页，其他国家的人们通过杂志广告受"西方"时尚的影响。即使如此，一些本地服装习惯仍然适用

◐ 第205页，大多数金融投资者需要详细的商业企划。企划书应包括此图中列出的所有部分

◗ 第214页，家庭产品设计和室内设计的
职业会使用许多与时尚设计相同的技能

◗ 第223页，如果你喜欢并擅长
画画，你可以考虑时装设计和绘
制方面的职业生涯

◗ 第227页，时尚结构中的原材料再利用
在零浪费活历中起到了作用

第229页，负责确定安全生产行为是服
装行业中另一个职业选择

第230页，这个空店面曾经可能是一
个繁荣的服装零售店。如果公司不盈
利，他们将不会在时尚行业得以生存

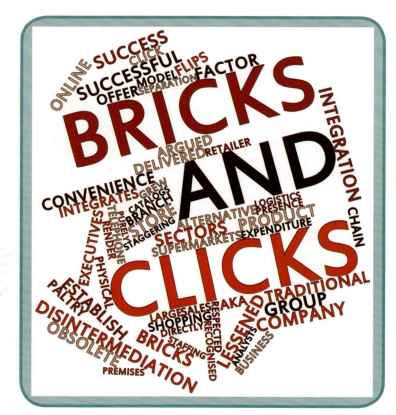

第236页，使用在线工具比传统简历形
式更容易展示你更多种类的个人能力